纽约简史

NEW YORK CITY
A SHORT HISTORY

[美] 乔治·J·兰克维奇 著

辛亨复 译

上海人民出版社

译者序

《纽约简史》系美国纽约市立大学布朗克斯社区学院历史学荣誉教授乔治·J·兰克维奇的一部力作，他把纽约市将近四个世纪之久的历史浓缩成一本厚度适中、可读性很强的书。

纽约，从第一批来到哈德孙河口的荷兰人建起的小镇，一直到今天成为举世瞩目的全球金融中心，可以说是整个美国社会发展的缩影。本书以纽约城市发展的重要历史阶段为主干，同时穿插纽约州、美国乃至全世界的重大事件，说明其对纽约市各方面所产生的影响、纽约市民的反应以及市政府所采取的对策。原著初版于1998年，2002年再版时，作者写了新的前言，阐述"9·11"事件对纽约市的影响，并增添了叙述纽约新近历史的最后一章。

和封闭式社会相比，纽约社会最鲜明的特点是其阶级界线早已被打破。处于主宰地位的工商界领袖，一直面临活跃的中产阶级的挑战，后者又转而意识到来自下层不断进取的压力。许多新移民刚来纽约时几乎身无分文，但通过自己的不懈努力，从干体力活过渡到当一名消防员或警察，接着上免费的市立大学深造，进而从政或经商，总有机会找到一条晋升之道。正是纽约社会为下层人民所提供的这种向上发展机会，使这座城市能够始终保持其特有的活力，也使平均主义意识很早就在纽约的政治生活中深入人心。

纽约还是一个众多民族的大熔炉。从早期来自荷兰与英国的新教徒，到后来的爱尔兰人、德意志人、意大利人、俄罗斯人、犹太人和黑人，直至近代的西班牙语裔、中东族裔及亚裔移民，纽约堪称全球居民共处一室的样板。虽然欧洲殖民者当初对土著印第安人的处置极为不公，南北战争时期及以后对待黑人的态度也有失偏颇，但从总体上看，世界各民族间的冲突较少延伸到纽约，即使当美国其他许多城市同时发生种族暴乱时也一样。对此，纽约市民间传统的宽容起了决定性作用。

与此同时，纽约不断面临市政腐败和政治欺诈的挑战。19世纪形成的坦慕尼协会，即纽约市民主党核心集团，是一个市政官员和商人的联盟，前者颁发承包合同和营业执照，后者通过贿赂攫取大有油水可捞的生意。官职被拍卖给出价最高的人们，买主日后不惜牺牲城市利益以收回自己的投资。及至政霸集团时代，盗窃与欺骗成为其主要运作方式，侵吞公款和选举舞弊更是屡见不鲜。这些罪恶行径由于新闻界人士拒绝受贿而被公诸于众，市民代表随即组成调查委员会，集团头目也因之面对法律的制裁。此后，腐败现象虽时有所闻，然而开放的新闻媒体、独立的司法系统以及定期的竞选制度已成为遏制其蔓延的主要力量。

纽约又经历过多次周期性的财政危机，其中最严重的一次发生在20世纪70年代中期。那是一个经济滞胀的年代，整个美国社会陷入危机之中，纽约尚未从前几年的经济衰退中恢复过来。该市领导人一度花费多于市政收入，他们运用创造性会计手段隐瞒差额，并逐年增加信贷以支付日常开销及先前发行债券的累计利息，以致城市债务高达45亿美元。州监察人员宣布纽约市处于财政危机状态后，州政府迅速出面干预，提供应急贷款并对该市实行严格的财政管制，联邦政府也给予纽约23亿美元贷款，该市的债务清偿能力终于得到保障。

纽约历史上最受尊崇的领导人是费奥雷罗·亨利·拉瓜迪亚（1882—1947），这位共和党人曾在融合派的旗帜下连续三届当选为纽约市市长（1934—1945）。拉瓜迪亚市长的目标是建立一个"超党派、非政治性的地方政府"，在施政上与民主党总统罗斯福默契配合，因其巩固财政、救助贫困、打击犯罪、整治腐败、改革市政和繁荣城市等方面成绩卓著而驰名全国。纽约拉瓜迪亚机场即以其姓氏命名。本书专门有一章详述他的时代。

原著附有文献目录和专用名词及人名索引，因考虑我国绝大部分读者对这两部分内容不会有太多需求，经与出版社商定，不予译出。对于我国读者不一定熟悉的一些名词、事件和人物，译者都加了注释，以便于大家阅读。

这个译本初版于2004年，时正值家乡人民努力在为上海成为国际金融中心创造条件，译者推介此书，正是希望为上海市的发展提供某些借鉴。上海在我国的战略地位，犹如纽约之于美国，两座城市有许多相通之处。两市人民之间的交流多年来也一直在不断深化。值此本书再版之际，恰逢特朗普政府主导的反全球化及贸易保护主义的逆流甚嚣尘上之时，但我相信，任何力量都无法扭转全球化的客观历史进程，也无法阻止这两座具有海纳百川胸怀和百折不挠精神的伟大城市一如既往，继续前行。愿上海这个20世纪二三十年代东方的巴黎，作为当今中国面向全球、融入世界大家庭的标志性城市，到21世纪中叶能够成为东方的纽约。

辛亨复

2019年6月于上海

目录

新版前言

　　2001 年 9 月 11 日，一个阳光明媚的星期二早晨，多名恐怖主义亡命之徒劫持了两架波音 767 客机，直向位于下曼哈顿的世贸中心双厦撞去；至少有 2 893 人在这场可怕的灾难中丧生。仅在两小时之内，这一对纽约市的最高大楼，世界先进大都会的偶像和美国作为全球经济大国的象征，被随之而来的一系列爆炸夷为烈火熊熊的六层高废墟。回想起来，美国的敌人选择了它最伟大的城市，选择了他们所憎恨的资本主义制度及所惧怕异端的致命中心，作为他们的袭击目标，自然是顺理成章的事。没有其他城市比"大苹果"，即纽约州的纽约市，能够更全面地代表美国的富有、多元化和创造精神。如果能使世界第一强国首屈一指的大都市威风扫地、屈膝求饶，那么恐怖主义就如愿以偿了。但袭击者们完全低估了这座城市百折不挠的性格、力量和无限生机，这些特质两个多世纪以来一直集中体现着美国的前程和精神。若对历史有较深的了解，他们原本或许会信服，即使是对纽约一次成功的突袭，也只能给他们带来短暂的收益。

　　由纽约州和新泽西州港务局建造起来的双厦，自 1973 年 4 月 4 日落成以来，一直是世界最著名空中轮廓线中的代表性建筑。大楼系典型的纽约风格，又时常被人当作笑料。内部人称之为"戴维"和"纳尔逊"，以资纪念促成建造这两幢大楼的洛克菲勒兄弟；建筑师哀叹其四四方方、平庸乏味的外观；导游们则声称，从建筑物顶端的观光平台向四周眺望的最大好处，就是你再也看不到世贸中心了。但是过了四

1

分之一世纪之后——这对于一座以不断打破记录超越过去而闻名的城市来说简直近乎永恒了——大楼成了纽约市自身形象不可分割的一部分。双厦性质上虽是商务活动中心，但也像自由女神像和帝国大厦一样，已成为纽约市民的心灵支柱。哈德孙河以远的整个民族都有此同感。大楼被摧毁所造成的震撼，无辜生命的大量毁灭以及城市景观上留下的"空洞"，不仅仅是对这座城市的打击，而且也是对全体美国人的打击。经过最初的一阵愤怒与悲伤之后，同情和声援的浪潮向着受难的大都会滚滚而来，甚至还来自那些对纽约深怀偏见的人们；成千上百万人曾认为，两个世纪来纽约终于第一次威风扫地。但恰恰相反，已够冗长的城市成就史册中又将增添一个新的篇章。

冷战时代开始，散文作家 E·B·怀特在其《这就是纽约》(1949)一文中警告说，只需一颗炸弹，就足以"立即结束这个岛屿的梦想，烧毁商业中心，炸断桥梁，把地下通道变成禁闭室，使数百万人化为灰烬"。但纽约人从未真正理会那则预言。在 9 月 11 日遭受将客机用作导弹这一前所未有的方式袭击之后，全市人民一致团结在市长鲁道夫·朱利亚尼的周围，并再一次显示出已成为纽约市全部历史特征的强大恢复力。虽然生命的丧失几乎难以估量，"远远超出我们中任何人所能承受的程度"，但重建的具体任务已被证实较易完成。到 2002 年 1 月，共有一百余万吨的残骸瓦砾被运走，再发展计划也到了已引起公众争议的地步。随着城市的恢复，纽约爱挑战各种权威的秉性再一次得到展现，无论这种秉性是载誉天下还是声名狼藉。尽管损失 1 050 亿美元，减少 10 万个工作岗位，并缺少 2 500 万平方英尺办公楼面积，但都市的商业活动很快恢复到同往常一样火红；证券交易所仅暂停四天即重新开放。甚至正当受任期约束的朱利亚尼的领导才能和勇气得到全球的赞扬，纽约市主办当年度世界棒球锦标赛之际，选民们平静地选出了另一位新的市长。作为世界有史以来最严重恐怖袭击的受害者，纽约仅在数月内就恢复了其在商界的领导地位。即使在遭遇惨剧的状态下，其举世无双的特质再一次得到验证。

纽约总是显得过于讲求现实，过于自以为是，过于人口稠密，过于种族混杂，以致对普通美国人而言，很少有吸引力。纽约系 17 世纪创造出来的一个金钱制造工厂，现在已是一座老城，包含说着如此众多不同语言的人口，这常使来访者望而生畏，也使历史学家茫然不知所措。在 2000 年，境外出生的居民再一次占其居民总人口的 40%。虽然自独立战争以来从未遭受过暴力袭击，但其存在的每一天无不充满着积极进取的市民间永无休止的求胜之争。苦心经营，迫切进取，是在这些刻薄的大街小巷夹缝中生存的一成不变的法则，这些街巷已成了演出永恒挑战、人为拥塞、剧烈竞争和短暂胜利的大舞台。这座城市的环境只吸引梦想者和投机家；它愿意接受不断涌入的为自由竞争的挑战所吸引的雄心勃勃的人们。而对目光短浅的人或老是对未来忧心忡忡的悲观主义者，则总是嗤之以鼻。在与整个国家一起发展的同时，它又超越所有对手，开始在银行业、商品业、制造业、娱乐业和心智活动等方面傲视全国。两百年来，它一直作为美国最大、最富有的城市中心占据统治地位。詹姆斯·费尼莫·库珀完全懂得其魅力所在，他描述该城市"无论在影响、地位还是追求方面，本质上是全国性的。没有人会认为这地方属于某一个特定的州，它属于整个美国"。由于被怀疑、被误解，加上不止一点点使人畏惧，纽约对于其他地方的美国人来说，既是阴森的威胁，又是光辉的典范。对大多数人而言，这是"一个值得一去的地方，但我不打算在那里居住"。不过，它的魅力、它的神秘气氛以及它赋予全国心智不可磨灭的形象，使它成为全国所有外地人未经承认的第二故乡。

没有别的城市对形成美国人民的集体意识贡献更大。埃利斯岛不禁使人联想起我们都是移民的后裔。华尔街意味着金融业，如同第七大道以时尚为其特色一般。麦迪逊大道即与广告业同义，第五大道则表示优雅的购物。提起哈莱姆，就会产生爵士时代即一种文化的"文艺复兴"的印象，贫民窟的经济公寓恰如"格林尼治村"暗示波希米亚生活方式。百老汇传递着音乐剧院和感人剧目的信息，而坦慕尼大楼仅简略表达核心政治的口是心非和贪赃枉法。 耸立在港口的自由女神像以及在时报广场上的除夕之夜，属于大西洋沿岸地区，属于中西部农夫，属于南方佬，就与它们同属于纽约市四个"周边行政区"一样。悲剧在于，它承受了"9·11"事件而把这个现实家园交给一个失去亲人的国家。 这个国家代表一个遭受打击的大都市而决心向敌人开战。

有关纽约的书出得比关于任何其他城市都要多，其文字遗产甚至超过伦敦。 但由于它的错综复杂，原始资料又浩如烟海，当该市在1998年准备庆祝它成立一百周年时，根本没有一部简易的大纽约地区通史存在。 撰写本书就是为了填补这一空白，一方面作为许多城市史课程的基础教材，另一方面也有助于普通读者对美国最伟大的大都市有一个全方位的了解。 这些目标似乎已经实现，这次新版，则把纽约的故事向前推进到2002年。 随着"9·11"事件的发生，这座城市的精神受到挑战，它对于恐怖事件作出的反应不同凡响。 六个月之后，其力量恢复得如此之快以致全国、全球都为之惊叹。 百折不挠、足智多谋一直主宰着该市的历史；这些也是惯于奋发向上的民众永远能够体现出来的品质。 为向这种精神表示敬意，谨以本书献给纽约市的人民。

前　言

　　"纽约是一座丑陋的城市，一座肮脏的城市。 其气候令人厌恶。其政治像是唬弄孩子。 其交通几近疯狂，其竞争更是你死我活、残酷无情。 但有一件关于它的好事—— 一旦你住进了纽约，一旦它成了你的家，那么所有其他地方都会显得不够理想。"约翰·斯坦贝克对美国最有魅力城市的这一段勉强的赞扬，被用作另一本有关纽约之书的导言，而该书又为一位钦佩它的市民所著，看来是再恰当不过了。

　　每个美国人都知道纽约，知道这只从一个贸易点起家，先成为国家首都，后成为世界级大都会的"大苹果"。 有史以来三分之一进入美国的所有人口和货物，都经过这条一英里宽的纽约湾海峡，该海峡现已被韦拉扎诺大桥所跨越。 尽管有着成百上千万个词语和成千上万本专著讲述它的过去，但却从未出版过一本有关该市历史的简易通俗读物。正如鸿篇巨制《纽约市百科全书》的编辑们在 1995 年发现的，撰写这样一部历史书，是一项极其艰难而令人望而生畏的任务。 他们通过整整十三年的辛勤工作，终于设法将该市的历史压缩成 1 289 页的三卷本书籍，即便如此，几乎每一次对百科全书的审核，总会为遗漏某些重要事实而惋惜。 因此，本书在撰写时作者充分理解，肯定无法为我们中某些人囊括世界最伟大城市的全部故事。

　　没有其他城市像纽约这样几乎被完全等同于个人自由和经济机会。对世世代代的我国公民而言，纽约既象征着可能存在的机会，又象征着都市生活的危险。 它的历史总是表现为匮乏与丰盈并存，高贵和低贱同行，正如某些奇花异草既诱人又具毒性。 纽约既为天才提供最伟大的舞台，同时也接受成百上千万失败者的痛苦。 没有别的地方会这般面向公众，却又如此与世隔绝。

《纽约简史》展现了纽约市开始作为荷兰人的一个村落直到目前成为世界最伟大的城市之一这样一部完整的历史。 本书在编排上完全按照年代顺序，内容则受一定的篇幅限制，主要目的是为读者提供有关纽约发展、经济实力和多民族风土人情等多方位景观。 由于新人口的不断涌入，纽约始终处于变革之中。 如果说这部历史有一个可概括一切的主题，那就是政治、经济和变化着的社区之间的相互作用，赋予这座城市以远胜于统计数据所反映的弹性和力量。

纽约在整个美国的每一个历史阶段都扮演重要角色。 它对于欧洲货物和人群来说，一直是其便利的集散地，但又从未仅限于作为大陆文化的西部前哨。 曼哈顿老是体现出与众不同，它是反映新世界经历性质的一件独特的美国精品，远比各种批评意见愿意承认的要好得多。 一位来访者说，这座城市是一个"为看看整个世界能否共处一室的试验场"，而一位近代的市长则说它不只是全国的大熔炉，而且还是"砂锅、火锅和木炭烤架"。 如此众多的民族能否找到相互利益的共同基础呢；他们将如何被管理；他们怎么会繁荣兴旺？ 纽约的回答从来就是一成不变的"很不错"。 宽容是一种过于细微的感觉以致从未被确认，但它对这座城市的成功起了决定性的作用。 多国文字、多语种混用、资本主义制度、容纳数百万富有责任感的市民加上一些粗俗男子，这座城市永远别具一格。

第一章

新阿姆斯特丹变为纽约

　　纽约市的主要特征，自其发端于一个荷兰人的小村镇，直至现代占支配地位的综合性都市，总是处于不断而迅速的变革之中。 350 多年来，这座位于哈德孙河口的城市一直是美国人生活的一个重要中心，欧洲的人民和文化正是通过这一渠道进入美国的。 由于该市向来就是美国社会的一个样板，通过考察其历史我们就有可能更好地理解美国的过去、现在和将来。 无论它是原始的贸易点，还是财政上遭遇麻烦的大都市，纽约始终具有巨大的影响力。 对美国这座最大城市的看法，没有人保持中立；它不是被人喜爱，就是遭人厌恶，但对美国的历程而言，它无可非议地举足轻重。

　　如同大多数在美洲的殖民定居地一样，纽约的兴起并非政府周密合理规划的结果。 恰恰相反，它是紧随哥伦布远航之后，在主导欧洲生活的经济与宗教动乱期间发祥的。 荷兰人对纽约地区的兴趣，始自商业上的进取之心，由此逐步扩展到帝国的各个方面。 小小的贸易点成了欧洲文明及其人民得以从欧洲转往美国的一个重要站台。 最初构成的许多影响都来自荷兰人，但纽约始终是一座"文化大熔炉"、一个新旧事物的交汇点、一种将新世界转变成美国所必需的催化剂。

　　16 世纪早期，欧洲人对西半球陆地的面积和地貌缺乏明确的概念。 克里斯托弗·哥伦布尚未来到北美洲；约翰·卡伯特仅短暂进入北欧海盗一度出没过的北部严寒地带；只有费迪南·麦哲伦在南部大陆一带发现过一条难行的过道。 西班牙探险家们已经在探索加勒比海地区，但仍存在着广大的未知地区，也许还有一条通往中国的海上航道。一定是这些充满希望的梦想激励着法国国王弗兰西斯一世，他雇用了一位意大利航海探险家，允许他从法国海军那里借用一艘 100 吨重的船只，派他进行一次具有历史意义的航行，这次航行，使法国得以在早期认领北美的大部分土地。

1524 年 4 月 17 日，弗兰西斯一世的这位佛罗伦萨船长乔瓦尼·达·韦拉扎诺（1482—1528），出色的航海家兼业余海盗，无意中来到纽约港入口，即现在我们称之为纽约湾海峡的地方。韦拉扎诺让他的"法国王妃号"帆船抛锚停泊后，派出船上的大艇驶入海湾，并注意到了这个"位于两座凸起的高地中十分舒适的地方"。划船进入海湾的水手们想必见到过曼哈顿岛，因为他们在突发的风暴下迫使"法国王妃号"起锚前已瞥见一条"伟大河流"。回想起来，韦拉扎诺仿佛异乎寻常地缺乏好奇心，他当时竟就此扬帆远去，从而失去了他本可成为在纽约立足的欧洲第一人的机会。他命名上部海湾为圣玛加丽塔后，巡航北上，直至布洛克岛和缅因海岸。他于 7 月回到法国，告诉弗兰西斯说在欧洲和中国之间有一块不可逾越的大陆存在。1964 年，韦拉扎诺的姓氏被选用于命名横跨 1 英里宽的纽约湾海峡的吊桥，这是当年世界上最长的吊桥。在整个 16 世纪，由这位探险家的孪生兄弟讲述的关于一片广袤无垠的"韦拉扎诺海"的神话，把其他爱冒险的船长们都吸引到纽约来。1526 年 1 月，一位为西班牙服务的葡萄牙探险家埃斯特班·戈麦斯也发现了这一"伟大河流"，并将之命名为圣安东尼奥，但随后他也继续他的航行去了。

1609 年，这片传闻中的海洋——或许是传说中通往印度的必经之路——也把英国航海家亨利·哈德孙吸引到了这个伟大港口。如同他的意大利和葡萄牙先驱一样，哈德孙（卒于 1611 年）系欧洲当时探求全水路去远东的一员。作为一名专业水手，他以自己丰富的探险阅历赢得了最高出价。他在为俄罗斯公司效力期间，未能找到一条（横跨北美大陆的）西北通道，但荷兰的东印度公司决定雇用他作再一次尝试。于是在 1609 年 3 月 25 日，他驾着他 8 吨重的西班牙大帆船"半月号"离别阿姆斯特丹，驶入茫茫大海。 至 9 月，哈德孙到达纽约湾附近，他继续穿过纽约湾海峡，驶入港口。 广袤无垠的"韦拉扎诺海"正展现在他的面前，这是一个相当于巴塞罗那纬度以南、终年不冻的内陆良港。 哈德孙小心翼翼地让他的"半月号"抢风驶往后来被称为曼哈顿的地方。"群峰环绕的陆地"、"旋涡之地"以及"群山之地"都曾被提出用以翻译"曼哈顿"，但如今已无人知晓，这个词对当时生活在那里的印第安人来说究竟意味着什么。

无论他如何英勇无畏，哈德孙或许理应被他的公司雇主告上法庭，因为他被明确指令自欧洲向东航行。 而这里，他是在未来的纽约湾，名副其实的西部，他这样做无非想证明他下的赌注会支付高额红利。在与印第安人交易过程中，哈德孙手下的十八位水手获得了一些精美的动物毛皮，尽管发生过一些不愉快，水手长的伙伴约翰·科尔曼被杀。科尔曼也因此赢得了一直有争议的第一个在纽约被杀白人的荣誉。 9 月 11 日，正当"半月号"沿着这条"西部"河流慢慢逆水而上时，突发的风暴又迫使它驶往斯伯伊登·杜伊维尔小湾躲避，该小湾将曼哈顿同未来的布朗克斯区分割开来。 结果，这艘船到过的最北端就是奥尔巴尼的现址。 小船则走得更远，而水质也变得更为清纯。 这条他们本希望会是去中国路线的河流，原来是一个巨型港湾，从山上奔泻而下的水流在那里注入大西洋。 想找到一条通往远东之路的希望又一次遭到破灭。 于是在做完几笔买卖之后，哈德孙驾船顺流而下，驶离那条后来以他姓氏命名的河流。

哈德孙回到欧洲，除了一些海狸毛皮、一本写得很好的主要出自其伙伴手笔的航海日志以及历史上的不朽功名之外，在可显示他的努力方面几无所获。 不过他的荷兰雇主从此再未见过他，因为他驶入达特默思港时，英国当局逮捕了他，罪名是他在外国国旗下效力，并没收了他的船只、航海日志和毛皮。 历史的一则奇妙讽刺是，哈德孙和韦拉扎诺都被认为没有完成他们的使命。 甚至更具讽刺意味的是，两人再一次回到新世界后都不久于人世，韦拉扎诺成了加勒比印第安人的美餐，哈德孙则被反叛的水手们丢弃于哈德孙湾的冰冻河段。

在所有欧洲国家中，是荷兰共和国率先意识到新世界的商机：至1610 年夏，其船只在缅因到新泽西一带建立起了一些毛皮交易站。1614 年，亨德里克·克里斯蒂安森船长在奥尔巴尼地区建造了一座粗糙的要塞，而在 1613 至 1614 年之间的冬季，以船长阿德里安·布洛克（卒于 1624 年）为首的一群荷兰水手在船只被火焚毁后，实际上在曼哈顿岛上过了冬。 1614 年春季，在代用船"永不宁静号"上，布洛克船长发现了赫勒格特河——东河与长岛海峡的交汇处，随后又发现了胡萨托尼克河及康涅狄格河。"永不宁静号"继续航行以将布洛克岛绘入海图，并以这位荷兰船长的姓氏，而不是其最初发现者韦拉扎诺的姓氏，命名该岛。 布洛克的航行证明曼哈顿和长岛是分开的两块陆地，这一事实很快得到了科尔内留斯·梅船长的证实。 上述这些探索所造成的结果是：所有位于特拉华河与康涅狄格河之间的领土都被荷兰人认领，并被统称为新尼德兰；这片土地在他们能够占有的情况下一直是他们的。

1614 年初，海牙的荷兰议会授予十三位荷兰商人三年期贸易垄断权，这些商人组成了新尼德兰公司。 虽然商人们知道开拓殖民地是他们事业的关键，但他们完全未能这样做。 他们的特许状在 1618 年到期后，荷兰政府继续寻求其他商人，只要他们愿意尝试这一艰难但大有获利潜力的任务，即在尚未绘入地图的大陆上这一富饶和交易毛皮之地的心脏建立一个殖民地。 英、法对新世界野心勃勃已尽人皆知，所以建立更为永久的定居地而非贸易点成了当务之急。

1621 年 6 月 3 日，一张为期二十四年的特许状授予了荷兰西印度公司，该公司系仿效其前辈东印度公司的模式而建立。 这两家荷兰公司是当时世界上最大的公司，拥有资产至少为英国弗吉尼亚公司的十倍。成立这家新企业的主要目标，是把荷兰的贸易范围扩展到自西非至纽芬兰之间的广大地区。 公司认为在哈德孙到过的地区建立一个永久定居地，将有助于上述目标的实现。 这一新殖民地的规章简则于1623年3月拟就，1624年以科尔内留斯·梅为首的一批瓦龙人家庭被"新尼德兰号"输送出海。 新居民被严禁与外国人进行贸易，他们分布在奥兰治堡(奥尔巴尼)、拿骚堡(新泽西的格洛斯特)以及纽约湾的尼特岛。 更多的定居者于1624年8月到达，简易小屋随之分布到布鲁克林岸上的瓦拉布特湾以及曼哈顿的边缘。 当年从这些不同地方出口到荷兰的毛皮总价值为27 000荷兰盾。 及至1625年4月22日，一个名为新阿姆斯特丹的定居地在曼哈顿岛的最南端建立起来。 荷兰人的纽约由此开创。

新阿姆斯特丹虽不是荷兰人建立的第一个定居地，但却迅速成为荷兰在新世界实力展现的中心。 耕牛、农业机械以及更多的定居者远渡重洋接踵而至，公司还去除了一个名为威廉·费尔胡尔斯特的相当不称职的领导人，是他开了将毛皮交易所得转入自己账户的恶性先例。1625年从阿姆斯特丹派来的工程师克林·弗雷德里克斯，设计了一座带有星状棱堡的要塞，并为斯泰特街风车选址，该风车成为镇上最显眼的早期建筑之一。 人们对用于农田和道路的土地分别进行了测量，总督官邸和公司办公室都被置于要塞之内。 很快显现为荷兰西印度公司受雇单位的农场纷纷在要塞里安顿下来，大家所希望的，是一个自给自足、繁荣昌盛的殖民事业。 虽然英国国王也认领了这片土地，但荷兰人已据捷足先登之利。 以后的四十年间，在新阿姆斯特丹和新英格兰之间，帝国与商业虚张声势的口舌之争，一直接连不断，但实际上，曼哈顿的荷兰定居地早已树立起其首要地位。

西印度公司通过给新阿姆斯特丹和新荷兰下达商业定单来寻求利润。 公司董事们很快就意识到费尔胡尔斯特的拙劣不堪，1626年5月4日，彼得·米纽伊特(1580—1638)以代表公司利益新管事的身份来到新世界。 他随身带了两百多位定居者以及为巩固公司地位向印第安人购买曼哈顿的指令。 不出三个星期，米纽伊特同卡纳西印第安人达成一笔交易，荷兰人获得了曼哈顿22平方英里土地的所有权。 价格为60

荷兰盾，合 23.70 美元，这着实让米纽伊特成了所有时代最精明的地产经营者，因为如今这片土地的价值已超过 600 亿美元。但事实上，曼哈顿并不真正为任何印第安部落所拥有，此外，这些印第安转让者给了米纽伊特一张毫无价值的契约。卡纳西印第安人主要居住在长岛，仅用两河间的曼哈顿岛作为他们狩猎及贸易之地。定居者以后若需要更多土地，还得同居住在华盛顿高地附近的印第安部落重新谈判，而认领这些土地的印第安人也同样值得质疑。无论如何，土著美洲人在开发纽约方面所起的作用微乎其微。

合法性问题解决了，新阿姆斯特丹周围的荷兰定居地在大本营枪炮的直接护卫下，逐步向远处扩张。位于百老街的一道小水湾，被拓宽成黑雷·格拉赫特运河，不久，又有一座桥梁横跨其间，使这座成长中的城镇能够不时回忆起老阿姆斯特丹来。米纽伊特的新居民特遣队沿着岛的东岸建起了三十来幢房屋，哈德孙河两岸的农场为全镇供应粮食。1626 年 11 月，米纽伊特用"阿姆斯特丹之臂号"运回荷兰整整一船海狸、水貂和其他动物毛皮，以及新世界的木材样板。米纽伊特还试图把生意扩大到普利茅斯的英国新居民中间，但未能成功。尽管如此，到 1628 年早期，新阿姆斯特丹镇人口已达三百，而且又有 7 520 张海狸毛皮被运往欧洲。

在阿姆斯特丹，公司董事们对从新尼德兰那里获得的早期回报十分高兴，同时也认识到单凭雇用的劳力无法在公司拥有的大片原野上有效地开拓殖民地，因此决定设法加速人口扩张。于是，在 1629 年 6 月 7 日，公司制订了《自由与豁免宪章》，建立起其殖民地的第一届政府，并给予任何允诺四年内移居五十名成人去新尼德兰的富有的荷兰投资者大片土地。虽然这些享有大宗地产特权的业主可以持有这些土地作为"永久性封地"，但他们必须从印第安人手里买下这些土地的全部所有权。至 1630 年，已有五家大地产主团体组织起来，但除了奥尔巴尼附近的伦塞拉尔斯威克之外，其他四家在商业上均告失败。1640 年后，甚至在大地产主组织规模缩小的情况下，荷兰将欧洲的封建主义见解移植到未开垦处女地的努力，使这场试验以代价高昂的惨败而告终。　在荷兰人占有纽约期满时，只有两项土地转让被人重新购买。　最后，连"大地产主"这个词本身也开始象征将欧洲土地制度移植到美洲的做法毫无效果。　米夏埃尔·波夫的帕沃尼亚土地转让于 1637 年失败之后，被重新命名为斯塔滕岛，以纪念荷兰议会。　直到现代，这个区仍有居民相信，他们深受外国习惯势力之累，就是现在这些来自跨越港口市政厅的习惯势力。

虽然大地产主所有制鲜有成效，但这一尝试显示了西印度公司对其殖民地未来的关注。　不过，新阿姆斯特丹仅仅是广泛的公司事务的一部分，董事们都信任彼得·米纽伊特能够处置好其发展过程的细节。换言之，殖民地总督必须创造利润，让殖民主义者乐意效力，保护定居地免受印第安人袭击，并对其他国家有可能的入侵保持警惕。　所有这些，他都必须在没有足够的来自公司本部的意见或支持的情况下完成。更何况，由于总督所作的决定在荷兰经审核后有可能被否决，米纽伊特的地位一直是摇摇欲坠。

米纽伊特机敏沉着，坚持要公平地对待印第安人，但他又必须对他自己的人民负责。　他深知其村镇的商人会向公司抱怨他的各项政令，同时他又不得不迎合对其不动产寄予厚望的大地产主的意愿。　1628年，公司派遣一名牧师前来关心定居地居民的精神生活，但却从未对米纽伊特提供慷慨的支持。　他于 1631 年被召回对所受控告进行答辩，有人指责他过分偏袒大地产主，以及无法或不愿制止所有精明的定居者都暗中参与的私人毛皮交易。　而在此后的十五年间从未有过一位如此能干而忠实的主管来统领新阿姆斯特丹。

米纽伊特的第一位接替者是巴斯蒂安·扬森·克罗尔，他在掌管殖民地的一年里对有权有势的大地产商并不友好。　因此当 1633 年春一位新总督到任时，人们几乎没有感到吃惊。　27 岁的沃特·范特威勒的主要资格，就是他系大地产主基利安·范伦塞拉尔的外甥。　这位新主管随身带了 104 名士兵，他们马上开始着手建造一座拘留所和一个新的兵营,并加固已剥蚀衰败的要塞。 这个日益增长的定居地很快就有了它的第一座教堂和一位牧师——埃弗拉德斯牧师大人,以及三家锯木厂和一家啤酒酿造厂。 在康涅狄格河上建造好望堡,以及范特威勒驱逐一群在废弃的拿骚堡里安营扎寨的弗吉尼亚人,这一切都表明公司正在计划扩展其业务。 一支军队驻扎在特拉华流域保护该地区的贸易免受外国人入侵,而随着土地所有权授予了雅各布斯·范柯勒和沃尔弗特·格里特森,长岛定居地也在布鲁克林的弗拉特兰茨始见端倪。

范特威勒的新阿姆斯特丹在许多方面都很像它的母城:有山墙的房屋、带桥梁的运河、荷兰新教教堂以及吸着烟斗的市民。 至 1636 年,公司的劳工已建起五栋大型石屋用作商店,并将城堡和风车整修一新。一所学校于 1633 年开办,但校长亚当·鲁兰茨恩却经营得效能低下,以致他不得不在弗雷什沃特池边另外经营一块"漂白地"来补足他的收入,妇女们可以在那里晒干她们洗好的床单衣服。 这个地方就是现在的梅登弄。 滨水区一直在新阿姆斯特丹占主导地位;若干农场,诸如那些为鲁洛夫与安内特·扬斯、雅各布·范柯勒以及马林·阿德里安森所经营的农场,都位于远离村镇处。 农业发展缓慢,因为从毛皮上获取利润更直接,而在处女地上培植庄稼则是苦力活。 但机会在于创造一个更为与众不同的城镇。 那时新阿姆斯特丹的人口中已经有了几位黑人,1635 年又新添了其第一位来自意大利的居民,那是一位名叫彼得·阿尔贝蒂的威尼斯巧匠。 总体来说,该殖民地未能像公司董事们所期待的那样成功。 虽其外观处处"追随荷兰风格",然在野心和利润方面却十分令人失望。

范特威勒作为总督的主要任务是为他的雇主创造利润,但他却把他在新世界的任职视为营私自肥的机会。 在他统治早期的 1635 年,其领地的出口价值已增长至 134 925 荷兰盾,这是在十年内翻了一番的回报,但对整个公司来说,却仅仅是勉强盈利而已。 与其雇主相比,范特威勒显得更善于将财富增添于自己名下,特别是通过向印第安人购买更多的土地。 他购买了纳特岛——至今仍以为纪念他而命名的总督岛闻名——并利用公司雇用的劳工进行成功的经营。范特威勒的贪婪甚至发展到向来访的船长敲诈勒索钱财。范特威勒还对要求撤销他职务的博加德斯牧师一直怀恨在心。由于他一贯为富不仁，范特威勒终于被人取代，但他本人仍留在新阿姆斯特丹——他的发迹之地。

1638 年 3 月 28 日，威廉·基夫特（卒于 1647 年），一位自负、粗暴和腐败的阿姆斯特丹商人，乘着公司的"飞奔号"轮船到达新阿姆斯特丹，取代了范特威勒的总督职务。从未有人曾与基夫特称兄道弟，显然公司指令他前来向定居者施加压力，以迫使新阿姆斯特丹偿付更高的回报。然而基夫特却因颁布一系列关闭酒店及控制毛皮交易的法令而疏远了民众。他还下令停止整修公司不动产，诸如亟待修补的要塞和石屋等，同时又未经征询任何居民的意见而随意撤换地方官员。不久公民们就开始抱怨道："在一位国王治下，我们不可能有比这更糟的待遇。"接着，通往长岛的一个渡口开始营业，民兵也被组织起来，人民感到有了希望。但他们的希望很快就遭到破灭，因为基夫特强制实行一系列措施，旨在增加收益和人口。他决定征收烟草税，并告诉新阿姆斯特丹的居民说，他们进出曼哈顿都必须持有官方证件。他在 1640 年对大地产主制度的修正，是为了鼓励建立更多新的定居地，一项大规模的地产转让授予了约纳斯·布龙克，一位丹麦路德教农场主，他的姓氏已成为布朗克斯而名垂史册。基夫特似乎还想鼓励来自康涅狄格的英国人在荷兰人的领土内定居。这项政策，他的市民们都觉得难以理解，同时又损害公司利益。

对殖民地的未来造成最大损害的，是基夫特一次对印第安人事务的错误处置。那是在 1640 年夏季，斯塔滕岛的农场遗失了几头猪，这位总督轻率地认定是拉里坦印第安人之所为，这些人正对他新征谷物税深恶痛绝。随之而来的调查表明，是公司的水手偷了这些猪，但基夫特派往斯塔滕岛的民兵却为表现自己的勇敢而杀死了好几个印第安人。接着，一种不稳定的安宁笼罩着这个地区。第二年夏天，一名韦奎斯吉克部落的印第安武士，因数年前目睹了自己的叔叔被荷兰新居民杀害，在一位无辜的车轮修造工克拉斯·斯维茨身上施行突然而致命的报复。基夫特要求对方立即交出凶手，遭到韦奎斯吉克部落首领的拒绝，这进一步助长了仍感愤愤不平的拉里坦印第安人图谋报复的心理。于是，翌年的一系列血腥冲突使在新阿姆斯特丹的生活变得岌岌可危。

在绝望中，基夫特同意征询十二人的意见——这十二人系众多家庭推出的代表，而非由选举产生的正式官员——他们在暴乱期间成为他的顾问委员会。"十二人委员会"于1642年8月29日同基夫特晤，他们一致同意发动一场战役，主要针对拉里坦部落、韦奎斯吉克部落以及下哈德孙流域的印第安人——阿耳冈昆部族。但战役失败了，同年晚些时候，在约纳斯·布龙克的支持下，荷兰人谈判成一项休战协定。印第安人曾允诺（他们自己）要"公正惩处"杀害斯维茨的凶手，但他们是否曾这样做至今仍不得而知。

随着印第安人威胁的减轻，基夫特的顾问们要求重建地方政府构架。1642年1月21日，他们建议创立一个五人委员会为总督提供咨询，给予定居者更多的搬迁自由，以及对英国耕牛和定居者的进入加以限制。此大胆冒险之举使基夫特觉得忍无可忍，他便通知该委员会其职责范围仅限于"为有关已故克拉斯·斯维茨被杀提供建议"。在2月8日，他对他们那项服务以及他们主动提出的这一建议表示感谢，并指令他们今后不必再举行任何会议。

虽然朝着代议制政体已迈出了第一步，但到1642年底公司董事不容挑战的地位又得以恢复。基夫特利用他恢复的权威将其暴行施展到无以复加的地步。用奥兰治堡以毛皮交易换得的枪炮武装起来的莫霍克印第安人，不断向南推进，直逼下哈德孙流域的各印第安部落。一大批印第安难民忽然出现在帕沃尼亚（新泽西）和上曼哈顿的荷兰新居民中间。不管公民们及博加德斯牧师如何劝说，基夫特执意要西印度公司民兵杀死这些难民，他主观地认为所有印第安人都是他的敌人。于是，在1643年2月25日及26日夜，共有120余名土著美洲人惨遭屠杀，大部分人的尸体被扔进河里。一个印第安各部落的联盟即刻建立起来，只是由于运气和善于变通——后者并不为顽固不化的基夫特所具备——又一个休战协定于 4 月间签署。

至 1643 年 9 月，看起来永无休止的印第安人问题再一次引发战事。基夫特对这场冲突没有责任，冲突起自康涅狄格，然后扩散到哈德孙流域，但那事实并不会给予那些失去生命或财产的新居民多少安慰。难民如同潮水一般涌入下曼哈顿，在那里基夫特再一次召集起一个顾问委员会，这次系"八人委员会"，其中两名是英国人。以斯塔滕岛大地产主科尔内留斯·梅林为主席，该新委员会决定向阿耳冈昆部族发动进攻，但同来自长岛的印第安人谋求和平。更重要的，是委员会和基夫特决定雇用一位英国籍印度老战士约翰·昂德希尔船长，同时，建筑一道城市防御线，基本上就是现在华尔街的位置。

不过当时的前景看来十分黯淡，八人委员会在 11 月 3 日致荷兰议会的信中报告说："几乎所有地方都丢失了……我们甚至不能安全地待上一个小时……我们中要想保全性命的，就必须敢冒明年挨饿的风险。"但几乎和预期相反，新阿姆斯特丹生存下来了。昂德希尔领导的成功反击，造成在康涅狄格和韦斯特切斯特数百名印第安人死亡，危机过去了。1644 年 4 月，由基夫特出面，与大部分参战部落签署停战协定，接下来，地区的任务是战后重建以及追究前事责任。

根据八人委员会的观点，是基夫特总督的行为造成印第安人起来反对荷兰殖民地。而和平仿佛仅仅增强了他的独断专横，基夫特于 6 月决定，重建所需的资金将通过直接向定居者征税来解决。但按照荷兰共和国的惯例，总督必须获得委员会的批准才行，于是他被迫召集八人委员会开会。这是自 11 月危机以来的第一次会议，基夫特对顾问们的劝告置若罔闻，强行增加新的税收，包括向所有种族殖民者酿造和消费的荷兰啤酒征税。

曼哈顿的居民当时已包括：英国援军、来自巴西和库拉索的荷兰增援部队、来自特拉华地区的瑞典人、黑人、印第安同盟军以及形形色色的其他种族。1643 年，当伊撒克·若格神父，一位从莫霍克战俘中招聘的耶稣会传教士，在新阿姆斯特丹休养时，他统计过镇上人共说着十八种不同的语言，战争的后果之一是语言种类又有增加。 若格神父还强调，荷兰新教教会名义上的排外性并未影响到大都市气氛。 虽然曼哈顿的总人口仅约七百人，然其多元化已显而易见。 在熙来攘往中，基夫特察觉出了一个赚钱的机会。 他开设了自己的酿酒厂，并放宽了他不久前对于酒店的种种限制。 随即，有四分之一的房屋都成了酒店，博加德斯牧师布道时猛烈抨击基夫特的行为，如同他当年抨击范特威勒一样。 由于基夫特难得去教堂做礼拜，他下令镇上的民兵在博加德斯布道之际，伴随鼓声进行操练，借此对之进行报复。 这对于八人委员会来说实在是太过分了，于是他们在 1644 年 8 月，接着又在 10 月，秘密向荷兰议会请愿，要求撤换他们的总督。

但基夫特的任期还有两年才届满，而且他在任上也并非毫无建树。1645 年 8 月 30 日，他在阿姆斯特丹堡主持与本地区所有印第安部落签署总条约，一个通过抽一斗"在天国茫茫苍穹下"的烟草而取得的和平。 随着农场和村庄的重建，荷兰人在长岛上从格拉弗森德到弗拉兴的势力也就此得到恢复。 1644 年，基夫特又允许英国定居者在亨普斯特德社区进行耕种，该社区即今拿骚县一带。 但当荷兰殖民地的定居者向北移往康涅狄格时，他们开始同英国人的纽黑文当局发生越来越多的冲突。

基夫特与新英格兰联合殖民地的外交通信，其中大多采用拉丁语，显示出日益增长的失败记录。 新阿姆斯特丹的政治、精神及商业领袖纷纷联合起来反对他的各项政策，而在他北部和东部不断增多的英国新居民，则对公司指挥构成更大威胁。 1647 年 4 月，基夫特亲自通知康涅狄格的约翰·温思罗普总督说，他自己将很快被人取代。 他开始着手准备他的辩护文本，不出一个月，他在阿姆斯特丹堡正式迎接了他的继任。 但基夫特的辩护从未被人听到，这是历史的一个缺憾，因为在回荷兰的路上，他，还有博加德斯牧师，以及其他几位官员，由于他们乘坐的"公主号"船在布里斯托尔海峡沉没而全部遇难。

"总长大人"彼得·斯特伊弗桑特(1610—1672)于1647年5月11日接管新阿姆斯特丹，这位身材魁梧、精力充沛的年轻人，是一位牧师的儿子，他有过一段出色的从军经历，并在为公司工作期间失去了一条腿。 他来到殖民地，被授予放宽现行贸易监管条款的权力，希望借此刺激殖民地的农业、商业和雄心。 斯特伊弗桑特的道德力量、高超效率和学者智慧使他着实相信，他能够在三年内使新阿姆斯特丹走上正轨，随即他可奔赴下一个任命他担任的职位。 在其第一次对镇民的演说中，他发誓说他的所有行为都会"像是父亲对待他的孩子，为了得天独厚的西印度公司、镇上居民和整个国家的利益。"确实有许多事要做，从确保两位总督权力交接的平稳过渡，到移去要塞围墙附近吃草的牛羊。 行为准则必须恢复，违反规章制度理应得到惩罚，教堂应予修葺，市镇容貌当修整到符合荷兰的标准。 总之，全方位的改造已势在必行，斯特伊弗桑特着手工作。

他下令酒店在晚上9点以后必须关门，颁布苛刻的新管制条例以结束基夫特对之放任自流的货物走私，同时指令对酒类饮料及毛皮征税用以支付市政改善工程。 不久，港口内"建筑、奠定石基、制造、破土和修缮"之声此伏彼起。 总督又下令建造一座船坞(后于1648年竣工)并完成土地的系统性测量。 最后，在1647年9月25日，斯特伊弗桑特同意由本镇居民代表组成九人顾问委员会。 这一机构虽然为斯特伊弗桑特所紧密控制，但很快就保持住其本身的独立，并在许多方面都堪称新阿姆斯特丹第一届合法政府。 当然其顾问地位取决于总督的合作，而这位总督的傲慢秉性使这种合作甚为困难。 斯特伊弗桑特有一种压制不同意见的倾向，因为他的主要任务是维护公司利益。 而对维护公众利益不可避免的曲解和抵触很快就导致了政治冲突。

1649年7月，"九人委员会"将其一系列不满迅速发送至荷兰议会。 他们声称，由于荷兰西印度公司管理不力及其所任命掌管殖民地者的平庸无能，新尼德兰即使未被毁灭，也已被大大削弱。 九人委员会强调说，只有让国民政府实际上将殖民地接管过来，才能改变"极其贫乏和最为卑劣"的状况，而地方政权必须交与当地居民手中。 这一请愿要求更大程度地摆脱"本国人难以忍受的骄傲自大"，认为那是殖民地人口匮乏的原因之一。 如果小镇能够免除关税及所得税，并收回公司的权力，新尼德兰就能够繁荣昌盛，整个荷兰都将受惠于此。 虽然请愿主要不是直接针对斯特伊弗桑特，但显然是将其家长式统治的态度视为造成殖民地产生许多问题的重要根源。

毫不奇怪，荷兰西印度公司反对这一请愿，总督派出一名代表前往驳斥那些论点，但请愿的确促使荷兰议会采取行动。 1659 年 5 月 25 日，荷兰议会发布一项命令，要求放宽对新尼德兰移民的限制，并号召改组地方机构，只不过荷兰政府拒绝接受管理殖民地的任务。 但其结论使公司董事们懂得必须作出一些让步，而在同荷兰议会谈判时，他们相信斯特伊弗桑特能够对该殖民地加以控制。 经过两年的耽搁，公司被指令重组新阿姆斯特丹市政府，但即便在那时，斯特伊弗桑特的撤换因同英国的战争爆发而继续被搁置。

按照荷兰议会的指令，斯特伊弗桑特于 1653 年 2 月 2 日在新阿姆斯特丹组成一个市民政府。 由他任命两名市长、五名市政委员会委员以及一名新的行政司法长官，事实上他是在领导位于美洲的第一个市政委员会。 市民的权利得以确认，同时，在新阿姆斯特丹经商必须付费。 市政厅被置于曾一度为基夫特所拥有的一家酒店内，要塞和护城墙的改进都得到了加强。 是年夏天，一道 2 340 英尺长横跨岛屿的防卫栅栏竣工，中间有六座水塔和几扇城门。 但栅栏从未被启用。 英国在一场从未扩展到美洲的冲突中获胜，新阿姆斯特丹作为属于英国海中的一个荷兰岛屿生存下来。 1654 年以保持国际和平及斯特伊弗桑特与其委员会互颂国内友谊而告终。

斯特伊弗桑特统治新阿姆斯特丹达整整十七年之久，远非他事先预期的三年。 他开始体现社区精神，在一个小小的王国内作了许多改进，但从未向北超越炮台 600 码。 到他的统治期接近尾声时，他已塑造出一个远比他 1647 年接手时更适于居住、更富有效率的村镇。 他要

14

求进行土地测量，至 1656 年已准确地将 120 栋房屋在指定的街上整齐排列。根据 1653 年的市政约定，市长将负责未来的公路建设。至 1664 年，该市的人口已增长到超过一千五百人，二十四条街和七条铺筑的主干道径直穿过这一扩展中的海港，一系列基本交通规则被采用，借以保护行人以及大车和运货车驾驶者。

荷兰人市政府还作过一次协同性努力清洁街道。早在 1647 年，斯特伊弗桑特就下令对让其猪、羊或牛离群乱走的居民课以罚金；翌年凡发现没有放牧者的山羊即被下令没收。整洁是一个长期存在的问题，1657 年通过一则立法，禁止往街上倾倒垃圾废物；补充的法令要求房主负责清扫他们房屋前的街道。同时，对禁止——或者至少是限制——人们通常让猪群在街上随意乱走的做法也作过多次尝试。猪可成为有用的清道夫，但也会造成道路拥塞和路上更多的污物。虽有一系列法令被实施以消除这一麻烦，但都不怎么成功，而这头"无处不在的猪"则继续困惑市政府直至 19 世纪。

同时代人经常批评新阿姆斯特丹的"恶"臭，市政府不得不承认许多居民将垃圾倒入流经市中心的大格拉赫特河。1657 年，有五处地点被指定作为通常垃圾的倾倒站，又有一系列关于厕所、屠宰场和公墓的法令获得通过。虽然这些法律在一定程度上有助于改善城市的卫生状况，但纽约已经以持续至今的肮脏闻名于世。医疗设施也滞后于村镇发展的需要。虽至少有五名受过训练的医生在新阿姆斯特丹行医，但大多充其量不过是理发师兼看外科和牙科一类人员，更擅长理发而非治病。一家小型医院于 1659 年 2 月开张，但只是在英国人占据这座城市、更多的医生来到之后，医疗设施才有所改观。

曼哈顿还要竭力满足居民对火警和治安的基本需求。1653 年，市政府实施了一系列建筑物监管条例，意在消除火灾的主要隐患，至 1658 年，这些准则已延伸到包含屋顶、烟囱和外墙。另外，至 1660 年，斯特伊弗桑特和他的委员会获得了包括水桶、长梯、挂钩及储存棚在内的消防设施；同时他们还任命几位消防设备保管员以保管和修理这些器械。 总督还颁布了一项指令，要求每一位房主都得在门口放置一个水桶用于消防。

同样重要的需求是警力治安。 在城市发展的早期很少有这类服务的需要，因为新阿姆斯特丹的荷兰人基本上都守法。 即便酗酒现象并不非同寻常，但抢劫、强奸和谋杀却是鲜有所闻，每人都生活在对印第安人的恐惧之中。 然而随着这座城市海港商业活动的日趋频繁，因船上水手而非公司来访带来的争吵和暴力也不断增加。 1638 年曾通过一项法律，禁止船上水手在城里留宿，但在斯特伊弗桑特时代，该法律常被人们忽略。 直到 1649 年，"老银钉"率先组织起一支步行巡逻队，夜间在街上来回巡察，而富裕的市民觉得不要这项服务更合算。 但随着越来越多的仆人、奴隶、水手和士兵在新阿姆斯特丹定居，更正规的治安机构显然已成为必需。 1653 年，在要塞开设了一所监狱，接着，作为兼理一般司法事务的地方官，市政委员会委员和行政司法长官就开始有许多事情要做。 至 1658 年 8 月 12 日，一支"响铃值夜队"被组建起来维护夜间街头治安。 虽在 1660 年因资金匮乏而暂告解散，但至 1661 年又重振旗鼓，并一直保持发挥其职能，直至英国人统治时期才告一段落。

在定居地的早期阶段，是荷兰新教教会，而不是公司或乡镇，担当起了照顾贫困家庭的责任。 到斯特伊弗桑特走马上任时，贫困人数已增长到需要更多照顾的程度。 及至新阿姆斯特丹被授予市政级别，其首届行政委员会任命了一批"孤儿保育员"负责照料儿童。 接着，在 1655 年，一场短暂的印第安人战争造成更多的孤儿后，村镇政府建立起一家永久性的"孤儿保育院"。 同年，荷兰新教教会又同时开设一家济贫院和一家济贫农场。 市政府于 1661 年颁布一则"济贫法典"，但城市领导人依然认为私人慈善性捐赠和宗教施舍是济贫的最好方式。除了上述勉强的开端之外，新阿姆斯特丹对这个日益严重的问题根本没有给以足够的注意。

新阿姆斯特丹的城市发展同贸易及商业的增长息息相关，而这座海港的财富、人口和各类问题也随之增长。 1648 年，一个农贸市场在珍珠街开张，在荷兰人统治时期以星期二和星期六作为贸易日。 按斯特伊弗桑特指令建造的码头，在一定程度上为卸货程序提供了方便，但由于其为仅有的一座码头，货物的装卸仍十分缓慢而且杂乱无章。 确实，在 17 世纪的大部分时间里，尽管其难以匹敌的港口地位，新阿姆斯特丹在商业的重要性方面从未接近过波士顿。 然而，大多数市民相信，贸易是殖民地未来的关键，他们从未忽视过快速的买卖。 在 1664 年之前，曼哈顿一直是荷兰商品的主要入口，在那里所有船舶都被要求卸货并交纳必要的关税。 新阿姆斯特丹是通往一片辽阔富饶腹地的入口，自 17 世纪 30 年代以来，一项"轮渡服务"将之同哈德孙河沿岸直至奥兰治堡的农场和小镇连接在一起。 在斯特伊弗桑特治下，肉类、奶制品、毛皮以及酒类等都是重要的贸易商品。 尽管曼哈顿的居民长期以来一直抱怨说，贸易监管条例使他们在经济上相对于西印度公司处于劣势，但事实上市场情况却相当繁荣。

制造业和零售业也在不断增长。 1637 年后，两架风车运转起来研磨面粉用以出口，几位面包师在镇上开设了商店。 至 1664 年，有十家面包店向日渐扩展的顾客群销售面包和甜饼干。 的确，由于在 1648 年 3 月有如此众多的零售商店开张，以致总督和市政委员会特意颁布了有关公平定价、称重、度量以及竞争等一系列监管条例。 在一次旨在将贸易局限于荷兰公民的毫无结果的尝试中，非居民商人被禁止在此海港经商。 这些限制规则于 1657 年又有所扩展，那一年斯特伊弗桑特要求任何希望在曼哈顿从事"贸易或商业"的人必须取得"市民资格"。 那时镇上服务于居民的工匠和店主计有：几名制革匠、十名面包师、十二名屠夫、若干名酿酒师、六名食品杂货商、一名玻璃匠和三名银匠。而对于一座成长中城市至关重要的普通劳力，似乎是供不应求。 荷兰西印度公司充实工人队伍的不懈努力未见成效，因为在新世界的其他机遇不会让他们安于干苦力活的现状。 不过，对于这些以普通劳动为生的人们，还是通过了一系列监管其工作时间和工资的有关法令。 在

1646年第一艘运送奴隶的船只到达之后，又有了另一个劳力的来源。最后，斯特伊弗桑特通过改革复杂的贝壳串珠—海狸—金—银—信托交易体制，使他的商人选民心悦诚服，因为该体制在他当政之前一直阻碍着商业的发展。

到了17世纪中叶，一个多元化的城市社会开始在新阿姆斯特丹渐成雏形，尽管人们为保持其纯荷兰性质作出过不少努力。斯特伊弗桑特于1647年到任后，禁止了除荷兰新教教会之外的所有宗教活动。他认为在新世界多元化可能意味着潜在的危险。后来在1654年9月，阿瑟·利维引领二十三名犹太人来到该市。代表已确立教会权力的约翰内斯·梅加波伦西斯牧师试图让人把他们撵走，他认为"顽固不化、坚定不移的"犹太人只会给新阿姆斯特丹带来混乱。但由于西印度公司希望犹太人留下——借以增添人口——他的异议只是徒费口舌而已。虽然犹太人社区从1654年开始秘密庆祝起他们的岁首节①，但却在仅两年内被获准有他们自己的墓地。这片净土位于护城墙外一英里处，其中一部分即现今的查塔姆广场，系曼哈顿岛最古老的公墓。犹太人花了三年时间被准许购买土地，之后他们又很快获准参加响铃值夜队。

由利维引领的这批犹太人分别参加清教徒、路德教派、天主教和贵格会私下做礼拜，因为这些教会的公开礼拜为官方教会所禁止。由于住在布鲁克林的新居民觉得星期天上曼哈顿做礼拜不方便，荷兰新教教会于1655年将其势力扩展到东河以远直至弗拉特布什。总督允许弗拉特布什社区有自己的牧师，但条件是牧师星期天下午必须在斯特伊弗桑特的农场布道。斯特伊弗桑特的私人祈祷处就位于圣马克教堂内，"老银钉"的忠骨即长眠于此。

斯特伊弗桑特个人的宗教狂热导致他同不信奉国教者长期积怨。1656年他草率地将长岛路德教派处以监禁及随后的罚款，对此公司十分反感，命令他要显示更多的灵活性。斯特伊弗桑特最为拙劣的争执

---

① 即犹太教历的新年。——译者注

发生在他与贵格会之间，这是一组安分守己又有高度道德原则的人群，其中一部分生活在新阿姆斯特丹，更多的人则住在长岛各村。 1657年秋，一位刚从英国来的二十三岁贵格会教徒罗伯特·霍奇森，因在亨普斯特德布道而遭逮捕，并被处以当众鞭笞。 斯特伊弗桑特接着让人将其关进单人牢房，不给他吃，还绑着他两个拇指将他全身吊起。 直到自己的姐妹干预后，这位总督才将霍奇森放逐到较为宽容的罗德岛去。

但斯特伊弗桑特与贵格会教徒们的怨恨并未就此了结，他试图阻止他们在弗拉兴进行宗教活动的努力，促成了美国一场最早期争取宗教自由斗争的来临。 在1657年12月27日的弗拉兴抗议书中，村镇会议通知斯特伊弗桑特说，他们的土地转让证书（颁布于1645年）曾向所有居民保障"内心自由"。 弗拉兴全体人民联合起来抗议总督的法令，呼吁"让每个人对自己的行为负责"。 当弗拉兴的治安官将抗议书递交给斯特伊弗桑特时，勃然大怒的总督立即解雇了他，最后还把他驱逐出自己的管辖区。 为加强其政策的一致性，斯特伊弗桑特于1662年逮捕了贵格会教派领袖约翰·鲍恩，当时后者刚刚在自己家里公开聚会做完礼拜。 总督随即将他遭送回荷兰，但是结果反而是总督自己蒙受羞辱，公司指令斯特伊弗桑特"闭上双眼"，尊重不扰乱社会的宗教。 鲍恩凯旋而归，他身后的子子孙孙共九代人一直生活在他那栋屋子里，该屋仍作为宗教自由的一座丰碑坐落在现在的王后区内。

虽然总督的权威从理论上说是绝对的，但斯特伊弗桑特除了不同别人分享外交政策的权力之外，在许多方面都接受妥协。 险情从所有战线威胁着这个弱小的殖民地，因为新尼德兰被夹在几个英国殖民地之间，由边界争执造成的紧张气氛长期存在。 除此之外，瑞典人又在特拉华河荷兰人已认领的土地上定居下来。 不过，斯特伊弗桑特同他的邻居相处得较为谨慎，这是由于他几乎无法指望从西印度公司那里得到一点帮助。 例如，在1653—1654年英荷战争期间，他随机应变的外交手腕和不愿让马萨诸塞地区介入战争挽救了新尼德兰。 然后在1655年，斯特伊弗桑特看准了一次夺回领地及解决问题的机会。 他迅速组织起一支远征军，攻打特拉华河流域的新瑞典，经过十天的激烈围攻，于 9 月 25 日夺取克里斯蒂娜堡。但甚至就在接受对方投降时，斯特伊弗桑特的胜利却已被淡化，因为在围城期间，他已得到消息，印第安各部落正在准备作战，这还是在他任期内的第一次。

如同其位于若干英国殖民地之间的厄运一样，新尼德兰的地理位置还分割了印第安人同盟，而他们怀有的敌意已历时多个世纪。9 月间，当总督外出征战新瑞典时，来自至少三个部落的数百名哈德孙流域印第安武士出现在新阿姆斯特丹，他们正前往袭击宿敌长岛卡纳西人的途中。武士们一路劫掠曼哈顿沿岸的农场。也许是命中注定，一位名叫亨德里克·范迪克的农场主开了枪，打死一名正在偷他果园里桃子的印第安妇女。至 9 月 15 日早晨，愤怒的印第安人在曼哈顿四处奔走，仅仅被含糊其辞的协议说服撤退。但新阿姆斯特丹的幸运却变为斯塔滕岛的悲剧，整整三天，愤怒的印第安人将该地区洗劫一空。等到斯特伊弗桑特从特拉华河流域回来，只知道"桃子之战"的结果，造成至少四十人丧生，一百余名妇女及儿童被俘，以及二十八个农场被毁。经济损失达 20 万荷兰盾。经过两年谈判，印第安人才同意遣返所有被掳掠者，而总督必须为他们的火药、铅等实物支付赎金。斯特伊弗桑特在战争开始时并不在场，但在拒绝进行一场报复性战争的过程中显示出卓越的智慧。为防止进一步流血，他禁止在布朗克斯继续开发农田，在俘房全部遣返后，斯特伊弗桑特才允许在北曼哈顿地区建立新的定居地。他在 1658 年批准以亨德里克·德福雷斯特为首的一批家庭创建一个名为纽哈莱姆的新镇。

由于斯特伊弗桑特的克制态度，17 世纪 50 年代后期成为新阿姆斯特丹的和平与满足时期。随着印第安人威胁的减轻，该市的社会生活变得十分活跃，清水池沿岸的野餐和垂钓聚会又变得习以为常。孩子们被期待着去上 1652 年创立起来的拉丁文学校，青年们则热衷于跳舞、在草地上滚木球以及"拔鹅毛"等。新阿姆斯特丹喜爱节日，并于 1654 年 8 月欢庆了该殖民地的第一个感恩节，当时传来消息说同英国的战事已告结束。 与新英格兰的清教徒不同，荷兰新居民将圣诞节视为既庄严又快乐的时刻。 荷兰人居住区最重要的传统之一，即是被现代美国作了很大修正的"圣诞老人"的形象，他在圣尼古拉斯节为儿童们分发礼品。 现在已不复存在的进行新年拜访的习惯也是一种荷兰风俗，新阿姆斯特丹翘首期盼年轻女子坐在客厅前迎接风流的年轻男子。 五朔节举办得如此狂热，但是树立五朔节花柱的做法自 1655 年起被禁止。

与其他统治者不同，斯特伊弗桑特企图通过限制酒类饮料来维护社会秩序，虽然他的法令收效甚微。 新阿姆斯特丹是一个消耗大量烈性酒的城市，其酒店的社会地位"仅教会可与之比肩，但教会的影响并非对所有阶层的人都一样"。 有营业执照的酒店是商店的最大组成部分，而非法的掺水烈酒饮酒会对于大胆的寻觅者来说也不难找到。 来访的水手、商人以及辛劳工作的市民任何时候都可享受酒店中的欢乐。

随着和平的持续与商业的兴盛，斯特伊弗桑特总督放弃了他在城内的住宅，并为自己建造了一座官邸，取名为怀特豪，曼哈顿商业区中的一条街至今仍沿用这个名字。 至 1660 年，他的城市已拥有 342 个家庭、一千五百多人口和几座运营的风车。 但这样少的人口同英国在新世界的扩张优势相比，新阿姆斯特丹显然势单力薄。 人口统计学家估计，在整个 17 世纪，新英格兰的人口以平均每年 2.7% 的速率递增，使微小的新尼德兰相形见绌。 不管荷兰西印度公司和尼德兰国会作出多大努力，该殖民地的人口增长就是缓慢，成百上千英国人业已安居在其康涅狄格和长岛的正式边界内。 新英格兰的特许土地到处与荷兰人认领的土地相交重叠，于是，解决不断发展的边界争执成了总督日常工作的一个特别繁重部分。

无论如何，斯特伊弗桑特总是努力同周边保持睦邻关系，他于 1660 年与弗吉尼亚签署了贸易协定，但每年须经英国国会批准才可能继续有效。 真正的保护看来仅在实际占有这些有争议的土地后方能取得，而英国定居者在人口方面的优势则几乎望尘莫及。 1661 年，斯特伊弗桑特为新乌特雷和拉斯特多普镇(牙买加)颁布特许状,但荷兰在长岛的居民仅保持着三分之一强。 英国人对荷兰人垄断同易洛魁和莫霍克部落的贸易以及新阿姆斯特丹征收高额进口税极为恼火。 尽管总督为维护他的殖民地费尽心机,但斯特伊弗桑特想必已意识到,殖民地的未来所取决的因素在他力所能及的范围之外。

事实上,新阿姆斯特丹在支配 17 世纪后半部分激烈的英荷商业竞争中只是一个微不足道的典当物。 由于海员普遍认为它是北美东海岸最重要的海港,该市势必卷入这些纷争。 不管斯特伊弗桑特有多少失策,战略近视显然不在其中,他老是不厌其烦地请求西印度公司运送来更多的给养和军队。 但公司并没有送来援助,而仅仅寄来鼓励的信件,以及国会于 1664 年 1 月 23 日再次确认其垄断特权的消息。

荷兰人还极不明智地要求英国国会确认有关设立长岛边界(从南奥伊斯特贝将岛一分为二)的《哈特福特条约》,斯特伊弗桑特曾在十四年前为之进行过谈判。 两百名荷兰士兵被增派到殖民地来,但随着康涅狄格人不断侵入长岛领土,而自治市的自由民又不急于拿起武器奋勇抵抗,新阿姆斯特丹的前景并不看好。 1664 年春,斯特伊弗桑特获悉英王查理二世册封其弟约克及奥尔巴尼公爵詹姆斯大片土地,包括"克罗伊克斯与肯纳贝克河之间及从东海岸到圣劳伦斯的所有缅因地区、科德角与纽约湾海峡之间的所有岛屿,以及从康涅狄格西部边界到特拉华湾东岸的所有土地"。 斯特伊弗桑特痛苦地意识到,荷兰在北美的地位已岌岌可危。

詹姆斯迅速采取行动,他派出一支由理查德·尼科尔斯上校率领的特遣部队,驾驶着四艘快速帆船直奔新尼德兰而来。 由于害怕遭受英国人袭击,斯特伊弗桑特和他的委员会下令建造新的防御工事,并分别于 1664 年 6 月及 7 月完成。 詹姆斯的舰队于 8 月 26 日才到达格雷夫森德附近,但此时居住在长岛东部的英国定居者乐意为之提供情报及志愿兵。 要抵抗英国人,斯特伊弗桑特仅有四百名士兵以及履行其就职誓言的坚定决心。 9 月 1 日,当尼科尔斯上校和马萨诸塞总督约翰·温思罗普开出相当宽厚的投降条件时，这位总督拒绝了，甚至未将那些条件告诉他的市民。虽然武器和人数都占劣势，斯特伊弗桑特决心坚持下去。9月2日，他提议双方都按兵不动，等待来自欧洲的命令。9月4日，斯特伊弗桑特轻蔑地撕毁了又一张劝降书，但这次连他期望抵抗的能力都在迅速消退。愤怒的市民们将此信粘贴在一起，接着在9月5日，93位重要市民和委员会成员敦请斯特伊弗桑特投降，使城市免遭"绝对的崩溃和毁灭"；在这些签名中间，总督发现了他自己儿子的签名。

尽管斯特伊弗桑特曾发誓他"宁死不屈"，但如今已别无选择。1664年9月8日，他在一个含有二十三项条款的条约上签了字。就这样不费一兵一卒，甚至在英荷两国正式宣战前，新阿姆斯特丹陷落了。在尼科尔斯的宽厚条件下，荷兰人享有宗教信仰自由和对现存财产及遗产的拥有权。根据条约的规定，与荷兰的直接贸易只被允许再进行六个月，但实际上一直进行到1668年。此外，荷兰市政官员被允许留任一年直至找到更适合詹姆斯的人选。10月20日，新阿姆斯特丹的全体市民，包括斯特伊弗桑特，同意宣誓效忠查理二世。征服就此大功告成，在过渡期间，尼科尔斯的军队控制了所有外围的荷兰要塞。西印度公司在10月24日提交给荷兰国会的报告比它意识到的更为确切：英国人已取得了"整个新尼德兰"，并"立即称呼同一城市为约克"。

第二章

英国镇变为美国城

　　纽约殖民地历史的第二阶段长达一个多世纪，以武装冲突开始，也以武装冲突告终。约克公爵詹姆斯的私人舰队实际不费一兵一卒攫取新阿姆斯特丹，拉开了1665—1667年第二次英荷战争的序幕。在这场冲突中，荷兰人于1665年在洛斯托夫特击败英军，使查理二世及英国皇家海军极为难堪，并在两年时断时续的冲突期间多次袭击伦敦船坞，就此结束了他们的远洋扩张。其他没完没了的战事耗尽了双方的财富，两国于1667年7月10日签署了《布雷达和约》，使大家如释重负。

　　虽然双方都保留了各自在战争中夺取的"地区、城市和要塞"，但荷兰人仍将此视为自己的胜利，因为他们继续保持了在东印度群岛的垄断地位，且英国人也承认他们对苏里纳姆的占有。不过詹姆斯获取新阿姆斯特丹也得到了确认。曼哈顿成了纽约，并受理查德·尼科尔斯（1642—1672）以其君主詹姆斯公爵的名义统治。尼科尔斯被证实为一位既受人欢迎又讲求效率的总督，连斯特伊弗桑特最终也成了他的朋友。尼科尔斯明智地不去制订一整套全新的规章制度，甚至保留了大部分地方官员，以抚慰民心。而英国人的管理方式及法律制度，则在该城镇融入大英帝国体制的过程中逐步实施。但随着纽约的兴盛，从大洋彼岸而来的规则，无论来自英国或荷兰，显然都不会适用于此地。因此在1775年纽约加入其他十二个英国殖民地，展开了一场反对英国的革命。不过在英国人统治下的这数十年，却为纽约提供了宝贵的商业网联系和贸易经验。 在英国人的控制下，纽约势不可挡地崛起，从而使之发展成为日后美国的首要城市中心。

尼科尔斯在 1664 年征服的这座城市，荷兰人占四分之三，不过这些居民被证实很容易适应统治方式的变更。 接受斯特伊弗桑特专制式统治并在西印度公司主持下辛勤劳作的公司雇员，从英国人统治的主要后果中看到了自己意想不到的机会。 特别引人注目的是没有一个荷兰居民利用尼科尔斯所提供的自由移居的机会；仅仅未能有效保卫阿姆斯特丹要塞的驻军被遣返回国。

在过渡时期的最初几个月里，显示新政权的惟一迹象，是 9 月份公开庆祝英国圣公会的宗教仪式。 尼科尔斯还鼓励大规模建造住宅、教堂和商店，并在 1665 年 2 月允许在任的镇级官员命名继任者，这是荷兰人统治时期最后几年本地的习惯做法。 但更激烈的变化在尼科尔斯总督于 1665 年 3 月 1 日颁布公爵的法令之后显得迫在眉睫。 法规包含从新英格兰模式中获取的民法和刑法规则，要求投票选举殖民地每个镇的监管者及一名警官、建立地方法院系统、授权组织民兵并保障所有居民的信仰自由。 在亨普斯特德，1665 年 3 月 11 日，来自十七个英国新拓居地的三十四位代表举行的会议批准了殖民地的新司法构架。 新尼德兰从未有过代议议会制度，虽然公爵法令的允诺可以被州长法令搁置，但对于即使是有限度自治的展望更具吸引力。

在此新的框架下，尼科尔斯总督重新获得了任命官员的特权，他于 1665 年 6 月任命托马斯·威利特为纽约市第一任市长。 威利特为人诚实，如同尼科尔斯任命的高级市政官一样，这是一个直至 19 世纪 30 年代在任命统治纽约官员过程中鲜有发现的品质。 尼科尔斯密切注意着市政府的动向，并明智地将官职册封给那些强有力的市民，如尼古拉斯·贝亚德、雅各布·基普和约翰尼斯·德佩斯特尔等。 实质上，他容忍了富有的荷兰寡头组织继续影响地方事务，同时又使之服从于英国规范。

如此开明的宽容并非意味着尼科尔斯未曾对其殖民地进行严格的控制。 事实上，他在 1664 年没收了西印度公司的农场和地产，理由是其长期缺席的董事会成员"使陛下之臣民遭受各种伤害"。 第二次英荷战争期间，他又剥夺了不愿宣誓效忠英王的郊外荷兰业主的地产。 虽然尼科尔斯的土地保有权改革管理完善，并旨在增加岁入，但在一个提高税收的时代足以引起人们的不满。 即使是移居到长岛寻求更富饶土地的新英格兰人，也对他别出心裁的强制收费大为恼火。 总之，所有殖民者对高额税收以及公爵随意任命他们地方行政官的特权愤愤不平。

也许前来接替的英国统治者所遭遇到的最大困难是无法理解荷兰人的骄傲。 一种自尊和群体感使荷兰人对纽约强有力的影响至少又维持了足足一个世纪。 1668 年 3 月当弗朗西斯·洛夫莱斯（1621—1675）接替尼科尔斯成为总督时，对纽约人民虽来自许多不同的族裔但喜欢炫耀"宫廷血统"表示惊讶。 曼哈顿社会同民主制相去甚远，但其荷兰领导人在反对一副屈尊俯就架势的英国主子过程中始终团结一致。 他们在经济上的支配地位使他们过着比他们的征服者奢侈得多的生活，他们完全打算维持这一优势。

当尼科尔斯成功结束其作为总督的任期并将权力移交给洛夫莱斯时，曼哈顿在社会和经济方面充满着紧张关系。 荷兰人的繁荣昌盛想必刺激了洛夫莱斯，因为他把该殖民地视为其个人发财致富的途径。不像尼科尔斯——一名士兵，少有的几位离开纽约时两袖清风的总督之一——洛夫莱斯怀着强烈的发财致富欲望来到殖民地，还有他的两位兄弟全力以赴帮助他成功。 开始，他继续采用他前任的怀柔政策，因此该城镇作为全省的商业中心继续保持繁荣。 拓展组织有方的领土成为洛夫莱斯的当务之急，1668 年 5 月，约翰·阿尔塞获准在布朗克斯河上游地区集居移民家庭；至 1673 年，这一社区成了福特哈姆镇。 这是第六次、同时也是最后一次从随和的印第安人手里购买土地，印第安人对于定居地的潜在威胁即随之消失。 而且，泽西岸与曼哈顿岛之间的轮渡服务也在洛夫莱斯任职期间开始启动。

但其任期内最重要的一项成就则是为斯塔滕岛获取了约克公爵的头衔，这是一块在其殖民地与新泽西之间的久争之地。 1665 年尼科尔斯以公爵私生子的名字里士满来命名这块土地，借此重申詹姆斯对之的认领。 1670 年早些时候，洛夫莱斯在两省间达成一项协议，将港口中凡能在二十四小时内航行抵达的所有岛屿都归属纽约市。 4 月，查尔斯·比洛普船长完成了绕圈航行一昼夜的棘手任务，为纽约市保全了斯塔滕岛。 比洛普被奖以一座巨大的庄园，他将之命名为本特利，以纪念他的船只。 他在那里兴建的别墅位于靠近现在纽约州最南端的托滕维尔，后来曾一度用作会议厅，企图制止独立战争爆发而最终破裂的谈判即在该处举行。

但当洛夫莱斯于 1670 年 4 月 13 日正式接管斯塔滕岛时，以上这些还都是后话而已。 他的乐观态度得到了证实，因为到 1700 年，至少有两百户人家在纽约市第五行政区建立起了农场。 洛夫莱斯的任期还带来其他一些显著进步。 一条通往哈莱姆区的货运铁路建成通车，连接更为遥远的布朗克斯的轮渡开始通航。 至 1671 年，长期受斯特伊弗桑特压制的路德教徒获准在科尔内留斯·普吕维尔家中做礼拜，从而又减少了一个不满的来源。 由于意识到贸易是这座城市发展的关键，洛夫莱斯竭力鼓励商人交易的扩张。 更多的货物为这位总督带来利润，日益增长的船只来到纽约港寻求安全和服务之所。

但到 1772 年，一艘远洋轮带来一则坏消息说，英荷之间和平又一次破裂，两国间的宿怨使战事再起。 7 月，洛夫莱斯下令修筑一条新的防御工事，并在纽约和马萨诸塞之间开设邮政业务。 他不想分享斯特伊弗桑特的不光彩结局，而是在争取能够在需要时迅速获得情报和来自新英格兰的增援。

尽管作了这些准备，洛夫莱斯还是因科尔内留斯·埃弗森率领的荷兰舰队于 1673 年 8 月 8 日突然出现在纽约港而大吃一惊。 当时他不在城里，其副手约翰·曼宁巡官是如此松懈，以致荷兰同情者甚至能用大钉打入他最好的大炮之中。 长岛所允诺的援助总共才不过十来人而已，要塞剩下的枪支大多已生锈。 到头来这份新世界的最高奖赏再易其手，而且几乎是不费一兵一卒。 笑逐颜开的荷兰居民宣布中立，只死了一个英国人，指挥荷兰登陆部队的安东尼·科尔弗舰长就占领了曼哈顿；8 月 12 日，他被任命为总督。 该省的其余部分也重新被占领；任命了荷兰官员；该省和纽约市暂时成了纽奥兰治。 但即使当科尔弗的队伍在摧毁旧阿姆斯特丹堡并在曼哈顿顶端建造新的防御工事时，在欧洲的谈判者们又一次决定着纽约的命运。

科尔弗几乎没有机会显示他的才能，因为纽奥兰治对于荷、英、法冲突中的帝国目标来说，几乎是无足轻重。 西印度公司的土地认领，被 1674 年签署的《威斯敏斯特条约》彻底忽略了。 在其有关条款中，对纽约的占有权又归还给了英国，荷兰永远失去了对北美土地的所有权。 在伦敦，查理二世于 1674 年 7 月 9 日再一次慷慨地确认了给他兄弟的馈赠。 詹姆斯则对殖民地的缺乏戒备大为恼火，在没收了洛夫莱斯的英国土地后，又撤销了他的职务。 1674 年 11 月 10 日，在经过十五个月的间歇之后，詹姆斯的公爵旗帜又一次高高地飘扬在城市上空，该市至此尚未给他带来多少回报。

由于仍想发掘他殖民地的潜力，詹姆斯派遣了一位老练的军人来充当纽约的总管。 埃德蒙·安德罗斯上校(1637—1714)，一位诚实但不很幸运的官僚，他曾在 17 世纪后期的政治生活中起着关键作用。 在迅速重新颁布詹姆斯公爵法规之后，他明智地让所有族裔分享官员的任命，改组效率低下的民兵，并重申城市增强贸易的目标。 安德罗斯意识到过渡性政府已削弱了其权威性，并大胆建议创立一个由选举产生的殖民地议会。 詹姆斯公爵拒绝考虑这一创举，并迅速将它打入冷宫，然而他的这一决定引发富裕商人的普遍不满，有相当长一段时间他们停止交纳进口税。 在其他领域，安德罗斯取得了长足的进展。 1675 年 11 月他授予拥有地产的商人以英国式的公民权。 新完成的建筑项目包括：一座路德教教堂(1676)、一所精神病院(1677)、一些更好的水井和第一批夜间路灯(1679)。 一个极其重要的商业设施于 1676 年竣工，那是在怀特豪街底的一座大船坞开始用于装运货物，该船坞一直被使用至1750年。

更为重要的是安德罗斯授予一些大商人一项面粉筛选特许权。虽然由此项垄断所带给商界精英的利润远远超过带给詹姆斯的肥水，但该政策对于纽约的发展极为关键。1680年1月7日颁布的伯尔廷法案正式规定，所有来自纽约地区用于出口的谷物都必须运送到纽约市，进行研磨、处理和包装。同时这位总督又宣布，纽约将是进入整个殖民地的惟一港口。这样做的结果是：价格、船只清仓及受惠商人赢利的激增。这一特许权究竟带来多大好处，长期以来人们众说纷纭，但那些未获此项特权的商人则控告安德罗斯任人惟亲，同荷兰人一起牟取暴利以及行政腐败。至1681年，安德罗斯被迫弃职还乡，在那里他被免受指控，还取得了爵士地位。他在经济上的遗产就是纽约历史上第一次真正的繁荣：在当世纪末面粉业垄断促使该市财富和入口都翻了三番。

面粉业特许权的盈利使詹姆斯信服，放松政治控制或许能给他带来经济收益。如果他授予殖民者更多的自主权，也许他们的高效工作就能显著增加他的岁入。安德罗斯和彭威廉①都建议詹姆斯准许有限的当地议会自主，这将确保商贾们的合作并产生更高的岁入。这一位将信将疑的公爵决定遵从他们的意见，1683年1月27日，詹姆斯任命托马斯·唐根(1634—1715)为他的新总督，指令他建立一个由选举产生的殖民地议会，并修正该殖民地的税收结构。

唐根于当年秋季抵达曼哈顿，他批准了纽约历史上第一次全殖民地选举。所有自由持有者都有权投票选举殖民地议会，经过一场短暂的竞选运动，从10个县选出的17位男子于10月27日在曼哈顿举行第一次会议。议员有权通过法律和增加税收，但都必须得到唐根总督的批准。不出三天，代表们发表了《自由权和特权宪章》，该宪章承认他们有自治、自征税、信仰自由、陪审团讯问之权以及英国人享有的其他特

———————————

①　William Penn(1644—1718)：英国基督教贵格会领导人、社会哲学家、殖民地领主。——译者注

权。 虽然他们保证在"总督、委员会和人民"之间进行合作，但宪章的基调预示着未来英属殖民者将会发出强烈得多的革命之声。 詹姆斯公爵一开始批准了该宪章，但在他登基即位及纽约转变为王室殖民地之后，他即宣布取消该宪章。

唐根被证实是一位坚强又有智慧的执行官。 虽然纽约的商界精英，无论是加尔文教派还是圣公会教派，起初都不信任他，因为他信奉天主教，但他很快就消除了他们的恐惧。 实际上他前来赴任时就带来了几位耶稣会教士，由他们主持纽约的第一场公众弥撒。 不过，当社区领袖察觉出唐根并非狂热的天主教徒后，宗教的动乱不安感顿时烟消云散；他们随即把注意力集中到唐根可给予的商业特权方面。 这位新总督为取悦公民，确认纽约在面粉筛选上的垄断和作为惟一的进口港地位。 在唐根授予曼哈顿的贸易商以独有的哈德孙河运输权后，商人们的金库迅速膨胀。

1683 年 12 月，总督给作为殖民地都城的纽约颁发新的市政特许状。 新特许状将该市划分为六个行政区（北区、南区、东区、西区、港区及哈莱姆区），规定由选举为每个区产生一名市政委员会委员和一名助理，但为总督保留了任命市长和刑事法院法官之权。 上述这十四位官员一起组成市议会，被授权根据英国的成文法对该市实施法令。 在重组城市的过程中，唐根命名了王后县，据称是为了纪念布拉干萨的凯瑟琳，查理二世的王后。

纽约的自治权吸引了许多移民群体——如法国的胡格诺派教徒等——在 17 世纪 80 年代来到这座城市。 虽然新的居民削弱了荷兰人的霸主地位，但到 1685 年，不少来访者发现，荷兰裔居民仍占该市总人口的四分之三。 政治解放还在继续，1686 年 4 月 27 日，唐根的第二份特许状开始生效，一年一度的行政区选举和一个地方性法院系统概括了此特许状的特色。 唐根总督和形形色色占据市政席位的商人们享受着和谐的工作关系。 长期以来关于不动产所有权及码头使用权的争执得到了妥善的解决，合作与繁荣的前景似乎已近在咫尺。 尽管在政体、宽容和经济上有了不少改进，1688 年纽约市还是参加了反对詹姆斯国王的光荣革命，这场革命推翻了斯图亚特王朝。

这场英美生活巨变的起源，是英王查理二世在 1685 年 2 月 6 日的暴卒，以及他的天主教徒兄弟詹姆斯二世的登基继承王位。詹姆斯专横跋扈的性格，以及商界巨头为他所提出的建议，使他坚信君主理应对其殖民地行使更大的管辖权。对于纽约而言，这就意味着取消自由权宪章和召回唐根。于是詹姆斯下令要安德罗斯告别他舒适的退休生活，并任命他担任由纽约、新泽西和全部新英格兰组成联合殖民地的总督。新英格兰的宗主权将使之成为抵御法国人从加拿大南下扩张的堡垒，及新贸易政策的样板。詹姆斯试图迫使他整个美洲的殖民地都遵守他帝国的贸易规范。虽然所有殖民地的商人们对詹姆斯的行动极为愤慨，但纽约比其他城市受害更甚，因为更严厉的法律实施威胁到它的贸易复兴。同时失去特许权的马萨诸塞和康涅狄格一样，纽约市也在期盼斯图亚特"暴政"的倾覆。

旧世界的政治又一次激发起新世界的重大事变。詹姆斯过度狂热于天主教及对政治感觉迟钝，促成了英国圣公会的建立。1688 年，光荣革命将詹姆斯国王及其子孙后代一并逐出英国。而作为失败君主代表的安德罗斯总督，被同样迅速地投入波士顿的监狱。安德罗斯在纽约的代表，一位名叫弗朗西斯·尼科尔森的不圆通而严格执行规章的人，发觉一时没了命令和指引。他在 1689 年 4 月所作的一则愚蠢的评论，致使烦躁不安的商人们惧怕他或许会烧毁城市而不向新政权投降，甚至尼科尔森可能将这一海港拱手奉送给天主教法国的谣言不胫而走。群情激奋促成了公安委员会的建立，由一位名叫雅各布·莱斯勒（1640—1691）的富商掌管民兵。

在唐根任内，莱斯勒因收税者为罗马天主教徒的缘故拒付一箱酒进口税而声誉日隆。于是，在 1689 年的混乱气氛中，莱斯勒象征着自由殖民地反对君主专制，象征新教教会反对天主教会，象征荷兰生活方式反对英国政治管制，而最重要的，是象征公众精神反对"一切达官贵人"。 1689 年 5 月 31 日晚，莱斯勒的民兵夺取并控制了这座城市，驱逐了尼科尔森、前总督唐根以及滞留在纽约为数不多的几位牧师。 6月 28 日，一次全体代表会议对莱斯勒的行动加以认可，他本人则进一步以人民的名义宣布效忠新的新教君主威廉和玛丽。 但当莱斯勒废除了他自己都持有的面粉垄断权，引起食品市场价格飞涨之后，商人们大为震惊。 作为实际上的独裁统治者，莱斯勒在此殖民时期赋予城市居民第一次，也是惟一的一次选举首席市政官的机会。 10 月 14 日，一名来自哈莱姆区的男子彼得·德拉诺伊，成为纽约第一任由选举产生的市长，而纽约最后一任由选举产生的市长，则是在 150 年之后。

莱斯勒及其支持者深信，他们夺取纽约定能取悦英国议会并保护英国人的自由。 经旁征博引宪法条文，莱斯勒声称自己有统治之权，因为 1689 年 12 月来自英国的信，是写给尼科尔森或"其他暂时的当权者"的。 他自然将此解释为他自己，并解散了当时正在与会期间的殖民地代表大会。 由于对莱斯勒单方面的行动极为不满，纽约的贵族家庭及其使者，包括尼科尔森，不久就出现在法庭上谴责这位"人民之子"。 为这些"民主"报告所惊恐，两位英国君主决定任命威廉·斯洛特上校取代莱斯勒为总督。

不幸的是斯洛特的下属理查德·英戈尔兹比先于新总督抵达纽约，但他没有官方文件证明他的身份。 日趋偏执的莱斯勒拒绝下台，他的民兵和英戈尔兹比军队间的冲突随之而起。 斯洛特于 1691 年 3 月姗姗来迟，莱斯勒将纽约恭顺地交给其合法的总督，这场骚乱始告终结。但投诚来得太晚。 他的短命王国既冒犯了英国当局，又疏远了纽约的统治阶级。 莱斯勒因此被指控犯有叛国罪而遭逮捕，经过一个特别组成法庭的审讯，莱斯勒和他的女婿雅各布·米尔本被判死刑。 无论如何强烈请求威廉国王赦免，两人仍于 1691 年 5 月 16 日在现在的市政厅附近被处以绞刑。

对莱斯勒的处决，在普通纽约人看来，不过是特权阶层对于胆敢服务民众的人所施加的报复而已；也可说是一起司法谋杀案。 1694 年，莱斯勒的支持者使英国议会信服，这是一宗严重的错案，莱斯勒得以平反昭雪、恢复名誉，他的财产发还给了他的后人。　但他的反叛所体现的阶级斗争幽灵，继续影响着下半世纪的政治生活。　其一项重要遗产，是得到扩展而威胁着商人霸权地位的城市居民选举权。　虽然财产要求使赤贫者无权投票，但斯洛特总督仍允许扩大的选民群体任命一代表议会，其第一次会议于 1691 年 4 月 9 日在珍珠街的一个小酒店举行。　由于害怕社会冲突，这位疑虑重重的总督在莱斯勒被处决之后，甚至重新颁布了自由权宪章。　但一直到斯洛特于 1691 年 6 月因饮酒过量而暴卒，君主、议会、种族和财富之间的权力之争从未停止。　随着其财源渐显枯竭、社会各阶层冲突不断以及欧洲战事再起，纽约正面临一个难以确定的未来。

　　1692 年春，又一位总督来到纽约。　本杰明·弗莱彻上校作为一名美国新圣公会教徒，建立了圣公会教会，并使之成为纽约官方宗教；他用富有纽约人的捐款，在 1698 年建造了第一座三一会①教堂。　遵从唐根开创的惯例，弗莱彻事实上允许自由信奉其他宗教。　宽容已确立为法则，希利斯·以色列的犹太教区于 1695 年成立；其后继团体至今仍在西中央公园聚会。　同他的许多前任一样，弗莱彻也希望自己能在纽约发家致富，因此他同所有富裕商人联手，无论他们是英国人、荷兰人，还是法国人。　虽然他撤销了伯尔廷法案，并建立起一个代表大会制度，但两者都未能阻挡上层人士的迅速致富。

　　弗莱彻利用英国议会的《海上贸易条例》控制港口，他向合法船只征收贸易费，向海盗船只收取更高的手续费。　作为对这些巨额贿赂的报偿，总督允许海盗雇用纽约的工人改装和修理他们的船只，以及招待他们的水手。　于是，也不需要摧毁这些船只。　合法商人由于有了弗莱彻的默契，可方便地以欧战为由替他们自己的走私行为辩解。　一些正派的商人甚至同被称为海盗天堂的马达加斯加岛订立了贸易协议。　在

---

　　①　指圣父、圣子、圣灵三位一体。——译者注

许多与总督合作的合法贸易者中间，有一位威廉·基德，他同时以政府
代理人和海盗两种身份展开贸易活动，后种身份使他在 1701 年上了绞
刑架。 至今仍有许多纽约人相信，基德埋藏的财宝有朝一日将会从沙
滩里被挖掘出来；长岛海峡中的加德纳斯岛是人们常提到的最有可能的
发掘地点。 弗莱彻关于自由贸易的含糊概念确实给纽约带来了繁荣。
异乎寻常的砖砌大楼很快就布满了华尔街以南地区，汽油灯于 1697 年
首次出现在纽约街头，那年恰是弗莱彻作为总督的最后一个整年。 由
于纽约未能为英国带来足够的税收，加上莱斯勒派别的控告，弗莱彻于
1698 年早些时候即被召回。

他的继任理查德·库特(1636—1701)，贝洛蒙特郡的伯爵，自 1698
至 1701 年期间掌管纽约，总的来说，在一个据官方统计有着 4 937 人口
的城市，不能算是一位差劲的管理者。 库特意识到他应把他的职位归
功于莱斯勒主义者们的控告，因此他为自己的政府配备了许多荷兰的支
持者。 为了给公民提供更多的服务，库特建造了国王大桥，以便利与
布朗克斯的贸易往来，并对清洁曼哈顿的街道作了又一次尝试。 位于
华尔街与拿骚街角的第二市政厅开始兴建，即现在纽约国库分库大楼的
旧址。 在威廉·维西教区长主持下举行的三一会教堂开张大典，使所
有纽约人都深感自豪，不管他们信奉何种宗教，而所幸者，正是来自所
有居民的税收，使建造该教堂成为可能。 甚至在提供军队这样秘密的
领域，库特能同平民及富商两方面都达成协议。 他在 1701 年的暴卒导
致了对爱德华·海德，即康伯里勋爵(1661—1723)，一位具有全然不同
才干者的任命。

在任职至 1708 年的纽约和新泽西总督海德的治下，出现了极少有
的腐败和弊政。 号称易装癖者实质上是窃贼，海德将其职位的获得归
功于自己是安妮女王的侄子。 他可能与 1702 年流行全镇的黄热病无
关，那是曾发生过的许多类似瘟疫中的第一次，但纽约人很快把所有一
切都归咎于他。 有一次，海德就将议会拨出用于修整海峡城市防卫的
专款径直放进自己的腰包。 海德个人如此肆无忌惮，致使纽约所有政

治派别联合起来上书女王列举其罪状。 1708 年 12 月，众叛亲离的康伯里可耻地被撤职。

根据纽约的商务记录，18 世纪头十年英美商人的联合，很快使荷兰人在经济上的优势相形见绌。 虽然这一转变不可避免，但所有企业家，无论其属何族裔，一致认为纽约必须获得财政上的独立。 在 18 世纪，相继就职的每一位王室总督都会遇到历经多朝的议员，他们控制着整个殖民地的钱袋，同时又很顺当地保持着权力。 1708 年之后，议会宣称它有权以投票决定每年给殖民地的拨款，以及任命其官员。 从伦敦新来的总督一旦意识到自己的薪金取决于同议会的关系，他为人处世就会三思而行。

在曼哈顿，该市一最富家族的后裔亚伯拉罕·德佩斯特尔，于 1708 年被任命为市政司库，并一直将此职位保持了 46 年之久。 在他的指引下，全市财政得到了很好的调整，并很快就开始反映出城市日益增长的财富状况。 约翰·洛弗雷斯，康伯里勋爵的继任，卒于 1709 年任职不足一年，掌管纽约时间太短，尚未来得及出现商人控制议会的问题。而薪金支付问题则在罗伯特·亨特少将任期内充分得到显现。

亨特（卒于 1734 年）经常被援引为"最佳"的殖民地总督，在其治下，全市的财政、轮渡业务，以及街道建设都得到了显著的改善。 作为一名战士，亨特加强了对加拿大法国人的防卫，作为一位作家，他写出了在北美出版的第一部剧作《安德罗博鲁斯》（1714 年）。 同时，在其任内，大批来自德国的难民使城市总人口猛增至将近七千。 尽管深受市民拥戴，亨特多年来拒绝领取他的薪金，以示对议会控制总督钱袋的抗议。 虽然他力主金钱的长期摊派须拨款专用，但直到他离职，尊敬他的议会方才设立好他的个人账户。 顶住了一切压力，纽约议会坚持控制总督的年薪，直至独立战争时期。 1756 年，议会承认纽约有权以投票方式决定每年的拨款，这是实现自治的一项重大胜利。

在亨特时代，纽约经历了其第一次严重的种族纠纷。 该市人口中包含着许多获得自由的黑人和一大批出生在安哥拉的黑奴，他们处于社会的最底层；某些统计数据表明，1710 年该市五分之一人口为黑人。一般白人觉得纽约的黑人有着太多的搬迁自由，有些人甚至认为一场暴乱正在策划之中。 1712 年 4 月初，一系列原因不明的火警，使人们的注意力集中到未受管理的黑人社区。 历史学家们一致认为公众的疑虑确有其因，看起来很像有组织的暴力事件。 其详细动机无法肯定，不过确有十名白人在暴乱中丧生，日益增强的恐怖气氛笼罩整个城市达两周之久。 当军队在城市进行搜捕时，一些黑人逃之夭夭，另一些则绝望自杀。 最终，亨特总督下令对 19 名黑人囚犯执行处决。 这种密谋策划中的种族恐惧，在以后该市的历史上经常重演。

在亨特之后，大多数奉派前往统治纽约的人，往往都缺乏经验、孤陋寡闻、贪得无厌，不适合担当总督职位。 但无论如何，他们每个人都对这一哈德孙河口伟大市场不断增长的财富和力量作出过贡献。 亨特的后继者是威廉·伯内特(任期 1720—1728 年)，他试图通过直接同殖民地内印第安部落谈判来规范毛皮交易。 一项由伯内特发起、后经威廉·约翰逊爵士制订的具有政治家风范的计划，激怒了颇有权势的纽约毛皮显贵。 他们在议会挫败了他的计划，并试图将他与商界精英隔绝。 伯内特任内的一件大事，即纽约第一份报纸、由威廉·布雷德福创办的《每周公报》于 1725 年 11 月 1 日开始发行。

约翰·蒙哥马利上校，一位和蔼可亲的苏格兰人，于 1728 年春接替伯内特，并在此后三年掌管纽约。 作为国王乔治二世的私交，蒙哥马利联合起商人，反对由法官刘易斯·莫里斯(1671—1746)领导下的莱斯勒旧部组成的人民党。 他通过征收迁出租费和许可证费巩固了该市的岁入。 在蒙哥马利任内，从纽约出口的货物首次超过波士顿和费城。 蒙哥马利至今最为人称道的，是他授予市政当局一张持续了一个世纪之久的特许状。 在 1731 年 2 月 11 日得到批准的该项授予，着实让居住在曼哈顿的市民支付了一大笔贿赂，但的确延伸了纽约市的边界，并扩大了市议会的立法权限。 而当现金基数确立之后，似乎还可能从蒙哥马利那里获得更多的特许权。 但他没有来得及那样做，他与另外五百名纽约人一起死于 1731 年夏爆发的毁灭性天花。

一位船东瑞普·范达姆领导管理纽约的市议会达 13 个月之久，直至蒙哥马利的继任抵达。 威廉·科斯比（1690—1736）是一位典型的王室官员，希望能从其公职中牟取私人暴利。 被任命为利伍德岛总督之后，科斯比实际上是在赴任途中得知在纽约有一个远比去利伍德岛更赚钱的机会。 然后折回伦敦，在获得公开授权之后，于 1732 年 8 月抵达曼哈顿。 由商人控制但又有意于独立行事的议会授予他 1 000 英镑见面礼，科斯比立即控告范达姆，声称他的前任应还给他在代理总督期间所获得的一半薪金，从而疏远了他潜在的支持者。 这位新总督创建了专门的财务大臣法院来听取他对现金的要求，但使他深感屈辱的是，他特意挑选的机构拒绝给他任何补偿。 科斯比把自己的当众受辱及经济损失统统归咎于首席法官莫里斯，并罗织"偏袒不公、司法延误和欺压人民"的罪名，于 1733 年 8 月 21 日将现任法官撤职。 无所畏惧的莫里斯反而为自已被免职而得意非凡，他利用科斯比的傲慢无理作为一场竞选运动的议题，从而使渐显式微的莱斯勒主义者联盟恢复了元气。1734 年，莫里斯赢得议会选举，他的党徒同时扫平市政委员会委员的选举。 由于科斯比的贪得无厌及独断专横，长期被认为已销声匿迹的阶级对立又在纽约死灰复燃。 莫里斯派其至在 1733 年 11 月创办了自已的报纸，以宣传他们关于选举争论的看法。

《一周纪事》由雄心勃勃的德意志移民约翰·彼得·曾格（1697—1746）担任主编。 翌年，曾格即以近乎诋毁的连珠妙语，对科斯比总督的权力欲和贪得无厌，展开了无情的讽刺和揭露。 终于，这位总督决定进行残酷的镇压。 1734 年 11 月 2 日，已出版的《纪事》被当众销毁，两周后曾格以诽谤罪被捕；并被处以极高的保释金而无法跨出监狱一步。 对曾格的迫害不但惊动了纽约，还激起整个殖民地的强烈反响。 新任命的首席法官詹姆斯·德兰西（1703—1760），科斯比的同伙，取消了准备为出版家辩护的本地律师的律师资格，这使其他殖民地的律师吃惊不小。 曾格不得不聘请一位"费城律师"接手他的案件。

对他的审讯终于在 1735 年 8 月 4 日开庭，辩护方以安德鲁·汉密尔顿为首，他是宾夕法尼亚一位最具天才的律师。汉密尔顿为曾格辩护时承认，主编确实书面发表了对科斯比的抨击，但又声称所有发表在《纪事》有关科斯比的情况都是事实。首席法官德兰西为科斯比竭尽全力，指示陪审团说只要煽动性言辞有损权力，其真实性已无关紧要。汉密尔顿回敬道："你现在所审判的，不是一个蹩脚的印刷商或只是有关纽约的案件……不！这是一个最重要的案件；一个与自由息息相关的案件。"汉密尔顿辩解说曾格公开发表的仅仅是事实，因此并不构成诽谤。陪审团亦有同感，没有顾及首席法官的指示而宣告曾格无罪释放。纽约市出乎意外对于新闻自由的辩护，成为宪法第一修正案的基础。这也是纽约在独立战争前公民不轻易顺从的精神典范。对曾格的审讯建立起这样一条准则，即政府官员随时可以被批评，只要这些指责都是事实。既然新闻自由得到确认，难道还能有其他权利被拒绝？

曾格案往往被忽略的后果是纽约市第一位真正"老板"的出现。虽然在这些程序中代表"错误"方，但首席法官德兰西成为该市政治生活的最重要喉舌，直到 1760 年逝世为止。作为商界精英的领袖，他显示出对选区中广受欢迎候选人感染力的控制才能，并迅速成为事实上操纵议会的权威。德兰西，这位对伦敦有政治影响的美利坚人，驾驭着议会中不断发展的反政治派别的战斗；大多数纽约人相信他比任何临时的王室总督更有实权。德兰西治下的曼哈顿，在 1737 年总人口为 10 664，到独立战争时这一数字几乎翻了三番。商业活动十分活跃，服装业、印刷业及出版业，都在这一时期起步。毛皮交易带来了丰厚的利润，在一系列对法战争的较长时期内，强大的商业利益集团纷纷云集该市。

蒙哥马利特许状的各项条款助长了特权阶层在政治上的垄断地位。虽然"自由民和自由持有者"可以投票，但他们必须为拥有这一特权支付现金。德兰西直至逝世之前才看到投票权手续费的降低。纽约很难说得上民主；其合格白种选民所占百分比，从 1731 年的 7% 至 1761 年的 10%，几乎没有增长。 妇女和黑人被拒于投票站大门之外，这是当时殖民地美国的普遍现象。 但即使商界显贵的经济实力通常占据绝对优势，在纽约举行的选举仍是充满活力的事件。 到了选举日，各行政区取得选举权的公民们用举手方式投票选举候选人。 行政区选举由市政委员会委员进行监督，但他们时常会操纵选举结果以有利于他们偏袒的候选人。 这一程序是如此轻松自在，以致议会很久没有改变这一制度，直到 1771 年，每个行政区都开始有选举专员奉派前往。

在独立战争之前的数十年间，被任命的市长及其市议会为改善城市服务承担起更大的责任。 有关扩大防火及警力保护、加强码头和港口监管以及经营公开市场的法令不时得以颁布。 此外，美国最老的贝尔维医院于 1736 年开张，用于照料精神病患者和乞丐。 尽管有这些改进，但如果没有殖民地议会批准，曼哈顿仍不能强征任何税收。 虽其人口仅为殖民地的五分之一，但城市商务所带来的收益已占整个殖民地的三分之一。

商务贸易系纽约的生命之血，而由船运传播的疾病始终威胁着这座海港城市居民的健康。 只是在 1738 年，市议会下令将所有来访船只先行隔离，直到医生检查后才准进港。 1744 年，一系列旨在改善城市健康和卫生状况的法令开始实施，1758 年，一所传染病院在贝德勒岛建造起来。 病人对医院的需求一直未能得到满足，直至 1771 年 5 月 28 日纽约医院组成公司。 曼哈顿也试图关怀它的贫困公民，并于 1735 年开设了一家公共贫民救济院，即现在市政厅公园的旧址。 这栋两层楼高的砖房不仅收容贫民，还接纳要饭人、流浪汉及无业游民。 因其很快超载，私人慈善性捐赠和教会施舍继续肩负着赈济贫困的更大份额。

该市对待罪犯及囚犯较为严厉，酷刑在这一时期使用得十分普遍。曼哈顿的囚犯被关押在市政厅的地下室，直至 1759 年 10 月在下议院开设了一所监狱。 尽管如此，严酷的现实仍不可避免，因为纽约是一座海港城市，经常有水手在这里度假，并不断有众多士兵、奴隶及小罪犯之间的纷争发生，所以很难维护社会治安。随时会上岸的水手帮派，不时与居民发生冲突，从而进一步加重了社会的杂乱无序。

对于暴力及骚乱的恐惧从未离开过该市管理者的意识。不知什么原因，1741 年有谣言盛传说黑人军人打算烧毁这座城市。反对所谓黑人阴谋的歇斯底里从 5 月一直延续到 8 月，在此期间，有 13 名黑人被施以火刑；另 16 名黑人同 4 名白人一起被吊死。随着这一阴谋事件告一段落，共有 70 多名黑人及一些白人被永久驱逐出英属北美，该阴谋可能从不存在，但反映出维护街头治安的迫切需要。赌博、卖淫及酗酒闹事仍是最常见的犯罪，但抢劫、强奸及谋杀也并不罕见。对犯罪的恐惧促使市议会决定成立一支夜间巡逻队，每个行政区每年选派两名警官。按照法律规定，所有居民都必须参与夜间巡逻，1742 年后一支由公民组成的夜间巡逻队得到恢复，每个体格健壮的男子都被要求轮到。虽然这一制度持续了二十年，但并不十分有效。到 1762 年市议会才决定设立一支领取工资的常备队伍，与此同时，又进一步扩展了城市街头的汽油路灯系统。

尽管高犯罪率成了纽约的痼疾，但对城市生活最危险的威胁还是火灾。纽约的市政官员通过了严格的建筑物管理规则，虽然其实施显得零星和松散。1731 年 12 月，两台灭火水泵从伦敦运抵纽约，此后更多的设备被逐步添置并在各行政区之间摊派。1737 年市议会批准创建志愿者消防分队的提案，30 名男子被选出来成立第一消防分队。到独立战争时期，已有 11 支这样的消防分队在该市服务，而这一不正规的志愿者制度，则一直延续到 1865 年之后。

同防火密切相关的是供水问题。仅够满足一个 17 世纪小村镇之需的矿泉和私人水井，显然难以满足一万人的需求。为此市政府授权通过征收专门税款开凿公共水井。六口公共水井中最著名的，要数在查塔姆和皮尔街角的"茶水泉"了。1741 年后，纽约各水站都装置了水泵。市议会终于认识到需要一个更有效的供水系统，并于 1774 年授权克里斯托弗·科利斯，起草一份详尽的有关构建公共供水系统的建议。 科利斯的项目事实上已经破土动工——在百老汇两边建造一座水库——但独立战争的爆发终止了这一计划。 因而在下一世纪的大部分时间里，纽约深受供水不足之苦，并遭到由饮用水源污染引起的许多疾病的入侵。

在城市继续发展过程中，少数持续不变的现象之一就是首席法官德兰西知人善任。 虽然他保持其职位需要取悦于王室总督，但他却能利用议会对资金的支配权从每一位新任者那里赢得特权。 例如在1744年，德兰西说服乔治·克林顿总督让他的司法职位成为一个永久的"模范行为"任命，作为他给予总督1560英镑的薪金的回报。 到了后来两者为纽约应在乔治王之战中扮演何种角色争执不休时，这位首席法官又使克林顿的任职变得难以忍受，以致总督决定放弃该殖民地。 在殖民地美洲，很少领导人能够夸耀自己有这样的成就。 当新来接替克林顿的丹弗斯·奥斯本爵士于1753年10月12日悬梁自尽后，首席法官成了纽约代理总督。 德兰西总督恭顺地接受了殖民地议会对他自己报酬的决定权，从而进一步巩固了政权脱离王室当局的变更。 的确，王室总督在德兰西首席法官任内无法真正理解纽约政治的错综复杂，他们一个接一个的更替过于迅速，没有人能够掌握一座崛起的大都市所产生的任何问题。 无论问题是涉及轮渡服务、济贫院、防疫站，还是监狱，伦敦的代表总是不及德兰西政权准备充分。

在一个处于不断变化中的城市，教育远不如社会流动性那样被置于优先地位。 大多数儿童根本无法受教育，即使是少数富有家庭的儿童，所受的教育也不完全。 只有为数不多的夜校，教学徒阅读、写作和简单数学。 在该市的荷兰新教教会管理着一所英国人征服前就创办的小学，但直到1772年校董事会才确认英语可用于教学。 宗教慈善学校招收一些贫困儿童；富有家庭聘用私人教师，而大部分中产阶级则将他们的子女送往私立学校。

这一时期教育方面最重要的成就，也许要算国王学院即现在的哥伦比亚大学了，学院于1754年获得许可证。 该校从公共彩票获取其第一笔基金，并建于三一会教堂所捐赠的土地上。 这是在美洲开办的第六所大学，其目标在于阻止共和思想的发展。 事实上，其办学纲领规定，校长永远必须是美利坚人，塞缪尔·约翰逊和迈尔斯·库珀校长都曾竭尽全力，将学校办成保守思想的堡垒。 不过，在独立战争爆发前的那些年代，一批爱国领袖曾在该校学生中涌现，其中最杰出的，就是亚历山大·汉密尔顿(1755—1804)。

在文化生活的其他方面，纽约显著落后于波士顿和费城。 事实上，商人们关心自己的钱包远甚于自己的心灵，他们将闲暇时光用于狩猎和驾驶游艇，而不是去开拓自己的精神境界。 因此，当该市第一所剧院于 1732 年 12 月开张时，登台演员和乐队都得从英国引进。 一所商业性收费图书馆在 1754 年成立后，也不怎么成功。 直至 1753 年，曼哈顿的戏剧娱乐才达到一年四季少有间断的水平，而即便到那时，这些表演还得由伦敦的哈勒姆公司提供。

纽约的建筑、音乐和绘画均仿照英国模式。 纽约建筑采用乔治王朝时期风格，其典型例子可在富有家族的庭院中找到，这些建筑物里的家具也都从英国进口。 人物肖像是该市最流行的艺术形式，商人与政府官员竞相炫耀各自的显赫地位，聘用诸如费基及约翰·辛格尔顿·科普利等能工巧匠，使他们的形象得以留传后世。 虽然美洲殖民地的科学研究有所进步，但纽约不曾出现过任何一位如同费城的本杰明·富兰克林那样卓越的科学家值得它自夸。 也许在科学领域最杰出的纽约人，要数卡德瓦拉德·科尔登(1688—1776)了，他是一位专业内科医生、业余历史学家和哲学家，间或代理副总督。 但下层纽约人则回避业余文化生活，在遍布该市的小酒店中消磨时光。 到 1772 年，即独立战争前夜，小酒店的数量在该市 22 000 人口中，达到平均每 55 位居民就有一家的水平。

在英国同法国长时期的北美争霸过程中，纽约始终是一个商业和航运中心。 它在大西洋贸易中所获得的优势，使它成为英属北美在独立战争时期最重要的商业城市。 随着商人和城市管理者不断拓展其巨大港湾，该市的船舶进坞设施在 18 世纪 50 年代得到明显扩充。　贸易商开始扩展到哈德孙河流域经营，用农产品、肉类、亚麻、大麻、钾碱及海军补给品等交换进口的制造商品。　带来丰厚利润且商品种类繁多的三角贸易方式，将纽约市、西印度群岛和英国连接在一起。　城市精英在脱离伦敦约束积聚财富的过程中，没有把旨在以英国商业模式束缚各殖民地的《海上贸易条例》放在眼里。　商人们一如既往，与荷兰进行盈利而非法的贸易，如同 1664 年政权更迭以来所做的那样。　纽约出售面粉、肉类和木材给法属和西属西印度群岛，以赚取足够的资金购买英国的工业制品。

贸易管贸易，无论贸易双方是否处于交战状态，在"法国人与印第安人之战"时期(1756—1763)①，纽约商人继续同在加拿大的敌人进行广泛而盈利的商业往来。　在 18 世纪 60 年代，该市人口超过波士顿，纽约成为美洲仅次于费城的第二大城市。　到 1760 年，某些零售步骤开始专业化，虽然大多数商人继续同时经营批发和零售业务。　一些曼哈顿手艺人店主在柜台以零售价出售特制商品，但大部分商业网点仍保留着杂货店性质。　生意是如此之好，以致商人们对市议会的许多规则提出异议，这些规则控制着肉类的价格、面包成品的大小以及公共市场的运作方式等。　不过曼哈顿的商业氛围时常遭受无限制的起伏。　在不稳定的货币、与英国的贸易赤字及匮乏的产品种类基础上经商，是长期的症结所在。　殖民地偶尔印制的纸币有助于缓解货币的紧张状况。　当英国政府在 1764 年拒绝批准再一次印制货币时，曼哈顿的商人们被激怒了，他们的愤怒加强了北美的革命精神。

英国于 1763 年取得对法战争的胜利，王室和议会开始对拒绝接受在英帝国体制内扮演适当角色的各殖民地失去耐心。　跨过三千英里的辽阔海洋，英国政治家们显而易见地感觉到，他们的北美殖民地要享受作为英国公民的一切福利，但不愿承担英国公民的任何一项责任。　在

---

① 在欧洲被称为"英法七年战争"，英法双方各在印第安部落支援下在北美进行的争夺殖民地和海上霸权的战争。——译者注

法英战争期间，即使其商人公然冒犯《海上贸易条例》，纽约仍拒绝将拨款加强防务的建议付诸表决，从而加重了他们的过失。确实，在1762年至1764年间，没有一项总督提议的措施被纽约拒不服从的殖民地议会批准。

英国议会在取得对法战争的胜利后变得十分自信，决定结束其对各殖民地的"有益忽略"，并将它们置于与母国的适当关系之中。1764年的《糖税法》就是一则明智的帝国立法，因为这项立法将外国糖蜜的进口税从每加仑6便士减为3便士，允许免税进口英国朗姆酒，并对非英国西印度进口商品新征税收。但纽约的商人们却惊恐万状，因为只要英国下定决心实施新法案，就会损害他们在西印度群岛富有的生意合伙人的利益，他们向贸易委员会提出抗议。一些激进分子甚至建议抵制英货，但后来被人们说服以传统方式规避此法案；他们就径直走私商品，或贿赂海关官员。不过，令人不安之处在于，由征收糖税所获得的收入，将用以满足英国在北美日益增长的军事力量之需。接着，从伦敦传来更为令人忧虑的消息。英国议会在1765年通过《印花税法》，对43种普通生活必需品强征税收，包括结婚证、游戏牌、报纸、契约和大量其他事务。这时引起争论的，已不仅仅是商人们的利润，而是所有美利坚人的"权利"。

纽约成为反对《印花税法》（该法定于11月1日生效）的表率，并组织起殖民地的抗议活动。詹姆斯·麦克埃弗斯，新任命的纽约市印花税收专员，迅速决定辞职，他害怕会有来自民间的暴力发生。反对该法的辉格党商人在殖民地议会占据多数，他们在1765年夏向英王递送一份正式的抗议书。与此同时，这一群体同马萨诸塞议会进行沟通。两殖民地一起组织在纽约市召开的"反《印花税法》大会"。1765年10月7日至15日，来自9个殖民地的28位代表开会谴责《印花税法》，并正式通过一系列抗议书。三位纽约人——约翰·克鲁格、伦纳德·利斯佩纳德和威廉·贝亚德——负责起草决议案，宣称"没有税收（应予）强加（英国人），除非他们自己同意"。

1765年10月期间，自由之子社①第一次出现在曼哈顿街头。 该组织激进地主张用暴力抵制《印花税法》。 10月22日，英国商船"爱德华号"满载第一批印花税票抵达纽约港，以艾萨克·西尔斯、约翰·兰姆和亚历山大·麦克杜格尔为首的自由之子社以发动暴乱相威胁。 印花税票立即被搬上一艘英国军舰，接着又被转移到要塞锁起并严加看管。 10月31日，一群商人聚集在布朗酒店起草禁止进口公约，发誓他们自己将抵制英货，直至《印花税法》被撤销。 纽约被激怒的贸易商又建立起通讯委员会，借以同弗吉尼亚和马萨诸塞的殖民地交流信息与计划。

在原定该法生效的11月1日，自由之子社控制住纽约的大街小巷，港口内的船只下着半旗；商业活动陷于停顿；出版的有些报纸在本该贴印花税票的地方印上骷髅。 没有印花税票被售出，因为小贩们都已辞职，当晚，一群民众又将副总督卡德瓦拉德·科尔登的模拟像和马车付之一炬。 实际上所有港口活动都停止近两周，直至新总督亨利·穆尔爵士（1713—1769）择此良辰抵达。 作为纽约惟一土生土长的总督，穆尔决定"安抚民众领袖"，邀请全市人民参加他的就职典礼，并暂缓《印花税法》的实施。

虽然自由之子社在11月下旬截获并焚毁了另一批印花税票，但穆尔的明智之举却结束了这场危机。 该市继续进行其商业活动，而不去动用令人深恶痛绝的印花税票，与此同时，对进口货物的禁运，继续损害着同英国的贸易。 于是英国议会被迫决定于1766年3月撤销该法案，同时将英国和其他国家的糖蜜进口税降低到每加仑1便士。 英国议会退让的消息一经传到，充满胜利喜悦的纽约殖民地议会下令建造乔治国王的塑像。 自由之子社则建立自己的纪念碑，他们在5月20日竖起一根"自由之杆"。

---

① 1765年11月北美殖民地为反对英国政府颁布的《印花税法》而成立的组织。1766年3月该法被迫废除，该组织也随即解散。 后来所有支持殖民地独立运动的个人和团体被统称为"自由之子"。 ——译者注

印花税法危机虽然得到化解，新产生的其他问题又形成新的紧张局势。1765 年英国议会命令纽约支付英国军队的驻扎费用，许多人视之为又一项未经殖民地同意的税收。在巨大的官方压力下，殖民地议会决定给驻军一栋楼，但拒绝为他们运送床用垫草、烧火木柴、炊事锅和朗姆酒。在气愤无比的驻军和狂妄自大的自由之子社之间，争斗和羞辱时有发生。8 月 10 日，恼怒的驻军士兵砍倒了铁柱的自由之杆，在此之后，又有五桩类似事件发生。局势变得如此紧张，以致英王乔治三世本人将纽约称为反叛城市。在殖民地议会投票通过 12 月份为驻军冬季给养拨款之后，穆尔宣布议会休会，从而恢复了表面的平静。

这一事后呈现的平静仿佛预示着一场暴风雨的来临。殖民地没有立即反对英国议会 1767 年关于实施新进口税的决定，即《汤森税法》。穆尔总督准许殖民地议会复会，并从商界 1768 年 4 月 5 日成立世界第一个商会这一事实中取得某种安慰。这位总督似乎对上述有利于贸易的团体可能被用于煽动的危险毫不在意。至 1768 年底，要求抵制贸易的呼声又一次进入高潮；穆尔又一次在拨款问题上同殖民地议会发生冲突；关于自由杆的争斗又一次爆发。紧张气氛在 1770 年 1 月 19 日达到顶峰，那天自由之子社在暴乱中同英国常备军发生战斗，这次战斗后来被称为独立战争第一战役。虽在这场在波士顿惨案两月之前发生的金山之役中鲜有伤亡，但事后英国士兵只被准许在纽约街头成双出行。当年 4 月，英国议会决定撤销除茶叶税以外的所有汤森关税。接着又对纽约商人作出重大让步，允许该殖民地印发 12 万美元纸币。和平得以恢复，当市政府为乔治三世雕像于 1770 年 8 月 16 日举行落成典礼时，甚至连自由之子社也没有表示反对。

在此后的数年里，纽约又重操起它的优先行业，即从事贸易和商务。一位新的王室总督，威廉·特赖恩(1729—1788)于 1771 年抵达，七百多艘船只驶经英属北美 1772 年第二大城市港口。但帝国控制问题继续恶化，1773 年英国议会通过臭名昭著的《茶叶法》，给予英国东印度公司在所有殖民地销售茶叶的垄断权。纽约商人懂得他们将因此而损失部分岁入，但由于收费几乎微不足道，他们对此法案并不十分反感。 因此，商会对其所产生的结果同英国议会一样吃惊。《茶叶法》是激起美利坚人对英国当局满腔愤怒的星星之火。 在曼哈顿，自由之子社组织并召集了一次公众大会，激动的演说者发誓要驱逐所有出现在港口的运送茶叶的船只。 纽约所有组织机构对东印度公司茶叶的抵制得到认可。 12月16日，波士顿的"莫霍克"印第安人将342箱茶叶倾入他们自己的港湾，进一步增强了纽约激进主义者的决心。 不久，满载茶叶的商船"南希号"出现在纽约湾海峡，纽约市的炮火和声势浩大的抗议集会迫使该船未卸货即起锚返航。 至1774年，商界精英不再完全控制反帝国运动。 在一位漫不经心的收货人决定收取他的货物后，"莫霍克"印第安人再一次进行袭击。 1774年4月22日，随着18箱茶叶被倒入纽约湾水中，纽约市有了自己的"茶党"。

通往美国独立战争之路迂回曲折，不过曲径至此已告终结。 激进主义跃居支配地位，大西洋两岸均采取强硬立场。 当英国议会决定以一系列所谓《不可容忍法令》来惩罚波士顿暴力事件时，纽约的反应远远超出了同感义愤的范畴。 1774年5月16日，甚至在关闭波士顿港的消息传来之前，纽约市就创建了以艾萨克·洛为首的51人委员会。 这一团体的大多数代表保守的、甚至倾向英国的观点，但它仍决心抗议英国当局的粗暴。 洛的组织建议召开一次由所有殖民地参加的大会，以确立一个共同的行动方针。 19岁的国王学院学生亚历山大·汉密尔顿就是一位鼓吹联合行动的演说者。 于是，纽约的保守主义商人成为提倡举办殖民地际代表大会的第一个公共团体，大会最终于1774年9月5日在费城召开。

随着各殖民地逐渐趋向反叛，纽约的激进分子开始罢免那些主张与英国和解者的职务。 到1774年暮夏，新英格兰的代表在他们赶赴费城的途中受到喧闹非凡的欢迎。 约翰·杰伊(1745—1829)，一位来自纽约的代表，起草了被第一届大陆会议采纳的《权利宣言》。 会议下令停止对英贸易，大陆联盟的计划在纽约由51人委员会负责推行。 11月，51

人委员会改组为更为激进的 60 人委员会，该委员会经曼哈顿全体男子投票选举产生。 由于当任殖民地议会不支持大陆会议的工作，60 人委员会组织起一次针锋相对的会议，在这次会上选出了纽约赴第二届大陆会议的代表。

战争似乎正在逼近。 英国政府提议对纽约取消一切贸易限制。 但一系列随之而来的事件，却使这一显然可满足商界贪欲的恳请相形见绌。 1775 年 4 月 23 日一位来自新英格兰的信使抵达曼哈顿，带来消息说对英之战已在波士顿郊外打响。 一群由艾萨克·西尔斯及约翰·兰姆领导的民众当机立断，去军火库拿起火枪组织好民兵。 5 月 1 日，激进的百人委员会接管市政府。 至当月底，在曼哈顿举行新的殖民地大会批准了集结军队和保卫城市的计划。 但抗议不等于战争，保皇主义在纽约还相当盛行。 特赖恩总督重新为来自英国的征询喝彩。 为减少发生暴力事件的机会，特赖恩下令让英国军队撤至停泊在港口的船上。虽然这一决定受到普遍的称赞，但马里纳斯·威利特上校和自由之子社确于 6 月 6 日拦截撤离中的英国军队，并劫掠军需供给。

1775 年，纽约地方会议任命其安全委员会，此机构在整个独立战争期间始终保持运转。 虽然英国人最终占领了曼哈顿，但委员们时常在现市内斯塔滕岛上的克里斯托弗之屋开会。 在此不战不和的一年中，双方的温和派都认为和解仍有可能。 纽约市的商人继续为港口内的英国军队提供所有必需品。 接着在 8 月 23 日，在城市民兵重新部署几门大炮时，对峙双方有所交火。 然后战舰"亚细亚号"舷炮齐射曼哈顿。 到夏季末，整个城市已掌握在爱国者手中，而特赖恩总督，却试图从英国军舰"哈利法克斯号"上的一个军事指挥部统治他的反叛殖民地。

通向独立的道路对于许多美国人来说，充满着曲折艰辛，但没有一个殖民地像纽约那样如此痛苦地被这一经历所折磨。 激进分子控制着1775 年的局势，声称他们代表整个殖民地说话，这与巴黎在以后法国革命中所起的作用极为相似。 但由于同英国的商务及爱国主义联系仍然十分密切，1776 年早些时候，在王后区由特赖恩总督煽动的效忠分子暴动只好用镇压来对待。该市在 1776 年 2 月 1 日的选举引发效忠团体暴乱后，曼哈顿做好了战争的准备。英国要控制美洲第一大港和纽约殖民地枢纽的用心已尽人皆知。纽约中心地位的明证，就是独立战争中有三分之一的战役在其境内进行。尽管显示出非凡的革命热情和战争准备，纽约市在独立战争中所遭受的有形创伤，经过整整十年才得以治愈。

曼哈顿的长期磨难始自 1776 年 3 月，当时英国军队正被迫撤离波士顿，而乔治·华盛顿则率军向纽约胜利挺进。将军一行于 4 月 13 日抵达纽约，并在珍珠街的德佩斯特尔大厦驻扎下来。同英国人一样，华盛顿懂得纽约的重要地位，知道敌人的报复行动势必针对这座城市。虽然曼哈顿的定居区仅向岛的北端延伸一英里，但其周围的所有区县都得设防。因此，要塞和棱堡在下纽约及沿布鲁克林高地一带被建造起来，不过华盛顿和他的参谋机构意识到，要有效地保卫这座城市，将占海上优势的入侵之敌拒之门外是何等艰难。

在费城，第二届大陆会议正在讨论同英国正式决裂问题，来自纽约的代表却一反常态地保持沉默。由于生怕遭到英国人报复，这个州疑虑重重的地方会议不准其代表参加辩论。无巧不成书，1776 年 7 月 2 日，正当大陆会议按照独立建议采取行动之际，威廉·豪爵士的军队——一支有史以来英国所招募的最大规模的远征军——却未受到任何抵抗即在斯塔滕岛登陆。尽管情况如此危急，该市居民仍为大陆会议决定同英国正式决裂而拍手称快。消息传到怀特普莱恩斯后，地方会议为此决议增添了他们延迟的批准。1776 年 7 月 9 日，华盛顿下令在下议院向士兵宣读《独立宣言》。爱国民众拆除了还很新的乔治三世铜像，将其重铸成 42 088 颗子弹。但革命的兴奋情绪在 8 月 22 日迅速消退，那一天，豪将他的部队从斯塔滕岛推进到布鲁克林南岸。这一座其居民已不再效忠英王的革命城市，正在面对战争的现实。

纽约的保卫者们面临着困难的考验。华盛顿为应付一系列潜在威胁，已被迫分散其有限的兵力，在战略上对此显得有些措手不及。豪具有皇家海军能够提供机动性之利。因而足能在一次军事行动中摧毁华盛顿的防备。大部分美利坚卫士都守候在布鲁克林高地一带的壕沟里，这样的军事部署，至此已毫无意义地让英国人出现在他们的后方。仅七千名美利坚人，且大部分是民兵，各就各位保卫纽约，而他们要对付的，是两万名英国正规军。8月26日夜，英国人横跨布鲁克林的进军开始了，至翌晨十点，爱国者队伍被击退。长岛之战美利坚人遭受惨败；差不多有两千人阵亡，而英国人的毁灭力量则几乎坚不可摧。只是豪的无精打采挽救了华盛顿，后者让自己溃不成军的队伍划船横渡东河，使之成功脱险。至8月30日，华盛顿所部全都已撤至曼哈顿。

9月11日，美方作过一次以外交手段解决争端的尝试。约翰·亚当斯、本杰明·富兰克林、爱德华·拉特利奇同英方代表在斯塔滕岛的比洛普之屋举行会谈，但谈判在美方已宣布的独立问题上破裂。接着，在9月15日，豪的海军开始炮击东河上的美军阵地，争夺曼哈顿之战打响。他的正规军轻而易举地登陆，赶走驻守在今第34街一带的民兵，从容不迫地向前跨越该岛。豪的过于谨慎再一次救了华盛顿，大部分美军得以逃至曼哈顿北部的花岗岩高地。翌日，即9月16日，一股北进英军侦察部队被爱国者武装击退。在纽约市立学院现址附近展开的哈莱姆高地之战算不了什么胜利，但大大鼓舞了爱国者的士气。

豪又一次莫名其妙地停止进军。华盛顿需要知道英军的意图，于是，一位志愿者内森·黑尔上尉潜入纽约市，想探听出豪的作战方案。黑尔在一场摧毁部分曼哈顿建筑物的大火起火时被捕，豪认为这场火灾系反叛者之所为，他逮捕了数十名纽约人作为嫌疑纵火犯。黑尔是这场大火最突出的牺牲品。9月22日，他被指控为间谍并在多弗酒店附近被处绞刑。豪的怀疑不无道理，因为数月来一直有传言说，纽约的激进分子将会摧毁这座城市，他们不愿意眼睁睁地看着它变为英国人的基地。

虽然大陆会议明令不准摧毁曼哈顿，但那项指令很可能是一种公关手段。华盛顿曾被人援引说过这样的话:"天意或某些热心正直人士为我们所做的,已超出了我们的意向。"这位美军总司令无疑对于豪占领一座被毁坏的城市喜不自胜。与此同时,豪又开始缓慢追赶华盛顿大伤元气的队伍。美军留下一支小部队交由罗伯特·马戈上校指挥镇守华盛顿要塞(第183街),余部全撤至韦斯特切斯特。华盛顿的队伍先后于10月12日在思罗格斯内克、10月28日在怀特普莱恩斯被击败。他已无望去援救滞留于曼哈顿的少数美利坚人,四个纵队的英军分进合围华盛顿要塞。苛刻的投降条件被传送至马戈手中,11月16日,曼哈顿的最后一个美军据点陷入敌手。在支持革命事业方面如此深具影响的纽约市,竟从此掌握在英国人手里达七年之久。该市最终于1783年获得解放,它比任何北美地区所经受英军占领的时间都长。

在独立战争期间,纽约成为英国的军事指挥部和英军向其他殖民地海岸频繁出击的基地。如同大多数被占领的城镇一样,纽约不得不在物质上遭受羞辱:其资源被掠夺用以供给军队;其树木被砍伐用于充当燃料;其商务则陷入停滞萧条状态。曼哈顿的街道充斥着巡逻的黑森雇佣军①和轻骑兵,但即使英军极其森严的戒备也无法防止另一场火灾。1778年8月3日,又有一百多栋房屋被大火焚毁,作为对此事件的反应,军事统治所作的限制变得更为严厉。

1780年,特赖恩总督为詹姆斯·罗伯逊将军所取代,后者掌管了一个被高通胀和不断的谍报活动谣言所困扰的城市。一大批娼妓为其士兵效劳。作为英国人的主要堡垒,纽约又成了战犯的重要拘留中心。一开始,利伯蒂街上一所旧糖库被改造成地牢,但很快变得人满为患。最后,美国囚犯被关押到停靠港口的船上;其中最臭名昭著的,是停泊在沃拉伯特湾的"泽西号"。条件十分恶劣,生活必需品匮乏及环境不卫生夺走将近11 000名士兵的生命;他们的牺牲,被刻写在布鲁克林的格林公园要塞的一根纪念柱上。普通公民也同样遭殃,因

---

① 美国独立战争时期英国从德国雇用的军队,大多来自德国黑森州。——译者注

为所有居民都被要求以手触帽檐向英国官员致敬，并随时接受搜查。该市人口在战争早期约为三万，至 1781 年和平谈判开始，已骤减为一万两千。 不过，尽管城市长期被占领，该市商人继续同西印度群岛及欧洲保持贸易往来。 私掠巡航事业回报甚丰，曼哈顿的几个亲英分子在这些年里积聚了大量不义之财。

1781 年 10 月，查尔斯·康华理勋爵在约克敦向华盛顿投降，从而结束了独立战争的军事阶段。 当时碰巧威廉·亨利王子正在对效忠英王的纽约进行礼节性访问。 虽然在巴黎和谈开始后这类访问即告终结，但直到 1783 年 4 月，纽约市才得到消息说敌对状态业已结束。 曼哈顿本身则再过了七个月才完全摆脱英军。 纽约市在亨利·诺克斯将军的军队于 11 月 25 日接管英军驻地后，成为美国革命最后一次行动的场景。 华盛顿将军和乔治·克林顿总督正式进入该市，而英军则撤往斯塔滕岛。 作为一种轻蔑的临别姿态，英国人给飘扬着英国国旗的旗杆抹上润滑油，为此，一位美国青年不得不作一次冒险的攀爬，扯下英国国旗，展开美国国旗。

在其历史的第二阶段，无论在商务上还是军事上，纽约均成为北美最重要的城市中心。 当战争最终降临后，纽约由于其重要的战略地位，成为遭受袭击的首选目标。 没有一座美国城市为独立事业经受过如此长期的军事占领、或较之蒙受过更大的损失。 其商业遭到严重破坏；其建筑物有一半被两场大火焚毁；其人口减少了三分之二。 然而，当华盛顿将军于 1783 年 12 月 4 日在弗朗西斯酒店向其全体军官告别时，乐观主义精神溢于言表。 独立战争胜利了，一个崭新的时代即将在美国和纽约展现。

第三章

国家都市

虽然纽约仅仅是独立战争期间所开展斗争的一个短暂的聚焦点，但它被大英帝国占领的时间比任何别的美国城市都更长久，并一度是英国人给养的主要依靠。 1783 年之后，该市同英国相当稳固的商业联系，在这个年轻的国度仍属最为牢固，国家的独立并未改变那些形式。 不过，实际的贸易商则由效忠派替换成美国人。 显示这一变化的，是在 1783 年 4 月 27 日，约 500 个亲英家庭离别纽约漂洋过海，去加拿大的谢尔本，他们要在英王治下重建自己的家园。 如此显著的人口与人才流失对纽约商业发展的打击，与大火对之所造成的财产破坏同样严重。 当英国舰队于 1783 年 12 月 5 日起锚离港、扬帆远去时，纽约的人口已减为 1.2 万，其企业主精英群体已支离破碎，其市政系统已成废墟，其市民又因被占领的记忆而深感切肤之痛。 但在一代人的间隔之内，所有这些艰难都迎刃而解。 纽约不仅成为一国之都(1789—1790)和一州之都(1783—1796)，而且还是美国伟大的城市中心。 40 年间，纽约恢复为全国的真正心脏和非官方首都。

美国在 1783 年后的第一优先，是创建一个稳定的政府。 在全国范围内，通往 1787 年制宪会议的艰难之路众所周知。 将殖民地机构转变成州政府，则是发展的第二个主要领域，在这方面，纽约比别的州更幸运，因为它曾由美国历史上一位伟大政治家乔治·克林顿(1739—1812)领导。 克林顿自 1777 年至 1795 年担任纽约州州长，他竭力倡导和维护州权主义,为纽约在 19 世纪的繁荣奠定了基础。 1783 年后保留下来的部分英国遗产是州长任命纽约市市长之权,于是克林顿挑选了一位杰出的律师詹姆斯·杜安(1733—1797)担此重任,并主持该市的重建。就在杜安于 1784 年 2 月宣誓就职时,立法机关正式宣布纽约市将成为纽约州的首府,此地位一直被保持到 1796 年。

此外,由在新泽西的特伦顿举行的邦联国会大会所产生的《邦联条例》宣布,自 1785 年 1 月起,全国首都也将设置于纽约。 华尔街上的市政大厅将供国家用作联邦大厅。 这样在 1785 年之后,三级政府都在下曼哈顿地区办公。 这一方圆不足四平方英里、曾经深受蹂躏的大都会,成为全国公认的最重要地区之一,又是国家形成时期的政治中心。

杜安任职市长五年,在此期间他的主要成就即取得该市的复兴。市长职位没有薪金,任职者按其凭发行酒店执照和货物税票所得岁入领取报酬。 因杜安已相当富裕,故缺乏固定收入对他来说不成问题。 同州长及市首席法官理查德·瓦里克密切合作,杜安监督的重建工作远远不止诸如重新命名大街小巷那样简单:王冠街改成自由街,王后街成为雪松街,以及国王街变成松树街。 在杜安领导下,英国圣公会的国教地位被废除,国王学院正式成为哥伦比亚学院。 各种美国组织机构及制度随之而起,取代英国的既成体制。 该市第一家银行于 6 月 9 日开门营业,亚历山大·汉密尔顿为其主要创始人之一,接着,一联邦海关局于 1784 年开始办公。 随着商业的重新繁荣,人口也跟着增长,至1786 年,纽约市的总人口几乎翻了一番。

如何处置战时效忠派是纽约面临的又一问题。 战争期间,商会曾公开表示效忠于英王乔治三世,因而回归的爱国商人对其贸易伙伴很少会有同情之心。 于是,杜安市政府没收了数量相当可观的亲英派商人的财产,不管其属主实际已否逃遁,并用变卖所得为建设计划提供资金。 亲英分子还承受更高的税赋及社会的排斥。 一开始,纽约法院对亲英分子有关其合法拥有债务的偿还要求予以驳回。 但汉密尔顿进行辩解并保护了他们的合法权益,同时,他又在具有历史里程碑意义的拉特格斯诉华定顿案(1784年)中，为一个国家契约的首要性作了辩解。对该案的裁决解决了一个极有争议的社会与法律问题。

纽约在18世纪80年代的主要优势，是其商人的创造性及专业才能。和平条约一经签订，贸易立即受到损害，因为美国不再受大英帝国的优惠待遇，而英国货则对着如饥似渴的美国市场铺天盖地而来。虽然传统的贸易品种在数年内得以恢复，但出口总值直到18世纪90年代才达到独立战争前的水平。新的贸易领域必须加以开拓，而该市商人则能够迅速接受这种挑战。正是纽约商船"中国皇后号"成为第一艘运送美国产品去远东的船只，这是美国开辟难以捉摸的中国市场的初次尝试。

但中国和其他远东地区仅代表一个并不重要的商业收获。由于独立战争而失去的最大市场，是美国被排除在西印度群岛和加拿大之外。只有随时间的流逝以及逐步同英国改善关系，这种贸易差距才可能被消除，因为走私的数量，无论如何也无法弥补正常商务的损失。在扩展与其他州沿海贸易的过程中，该市商人开始运送一些南方农产品，成为开创未来棉花三角贸易的第一步。商人店主协会于1786年获得许可证，仅在一年之内其会员成分就扩展到三十个商业领域。这样，虽然与其他国家的商务协定以及同英国的正式外交关系仍处于憧憬之中，但纽约商业地位的实力和恢复力已得到充分展现。对纽约而言，其经济上最惨淡、最萧条的年份是1786年，该市的不幸正是其支持一次制宪会议的主要因素。至18世纪90年代早期，政府管理和经济状况都已得到显著改善。当欧洲战事再起时，纽约已恢复到足以能从中渔利。

使合众国得以克服其开国之初重重困难的主要因素，是1787年夏一部宪法的产生。无论地方经济的收效如何显著，都不能同由在政府构架问题上取得一致意见所带来的长治久安相比。在18世纪80年代，那些能够超越狭隘州务观念的政治和商界领袖都认为，这一场美国的立国试验也许会失败，除非能够创建一个更为有效的中央政府。国父们辛勤工作的成果就是《合众国宪法》，而在召集联邦制宪会议方面，亚历山大·汉密尔顿扮演着重要角色。 在争取获得纽约州于 1788年批准该宪法的过程中，汉密尔顿起的作用同样重要。 虽然汉密尔顿对在费城起草宪法所作的实际贡献似乎微不足道，但大多数学者认为，若没有汉密尔顿和詹姆斯·麦迪逊的巨大影响，以及他们同约翰·杰伊一起在《联邦党①人论文集》中向美利坚阐述制宪思想，乔治·克林顿的纽约州不会批准通过该宪法。 在 1788 年那些与会于波基普西、考虑是否批准宪法的代表中，反联邦主义者一开始占绝对优势，但逐渐，汉密尔顿及伙伴们的循循善诱和因势利导使他们改变了主意。 在此审议过程中，一个不容忽视的事实是，纽约市如同铁板一块赞成宪法，因为商界从一个强大的中央政府看到其繁荣所必需的稳定环境。 一些联邦主义者窃窃私语，据信约翰·杰伊甚至公然威胁，除非赴波基普西代表们认同宪法，否则纽约市将脱离纽约州自行加入联邦。 当时究竟是凭才智、或逻辑、还是自身利害考虑赢得正式批准，至今人们仍争论不休，但无论如何，纽约州最终决定作为"第十一根台柱"加入合众国。

甚至在州政府正式批准前，该市已通过组织曼哈顿历史上最大规模的游行来表明它的承诺。 7 月 23 日，五千多名纽约人上街游行，表达他们对宪法的支持，游行队伍全长超出一英里。 该市发出的信息简明清澈，而从某种意义上说，波基普西大会仅仅是批准民意而已，7 月 26日投票结果虽颇为勉强——30 票赞成，27 票反对，但毕竟把纽约州的赞成给予了合众国宪法。

促使波基普西大会上反宪法多数倒向联邦主义的一个重要因素，是对纽约市一定会被选为美利坚第一首都的预期。 宪法一经批准，皮埃尔·朗方少校(1754—1825)立即着手将市政大厅重建成适合于国会会场的工作。 那年整个秋季和冬季，他的工人们忙着按照希腊式设计思路

---

① 美国的第一个政党，1789 年由亚历山大·汉密尔顿创建，主张实施宪法，建立强大的中央政府，采取诸如设立国家银行等有助于加强联邦政府的经济政策，重视富商和大地主的利益，对外政策上则主张与英国友好。 建党后十年内在联邦政府中处于支配地位。 1800 年杰弗逊当选总统后，其影响渐显式微。 ——译者注

重新装饰建筑结构，而市政官员则苦思冥想如何支付他所开出的账单。市政当局最后决定，将现址第 32 街以北一些公共土地以五英亩为单位出售，同时将更靠近市中心方向的建筑空地提供给买主，借以筹集资金。但由于买主往往拖欠付款而未能提高土地价值，两者都没有带来足够的收益。很遗憾，朗方的账单最后并没有完全付清。

但无论如何，联邦大厅于 1789 年 3 月为第一届国会准备就绪，只是众议院一直到 4 月 1 日才达到其实际法定人数。至 4 月 6 日，选举团选票被正式累计，乔治·华盛顿得到通知说，他以全票当选为美国第一届总统。4 月 23 日，华盛顿抵达纽约，登上一艘五十英尺长的海军礼仪汽艇，并被护送至第一届总统官邸，位于樱桃街 3 号整修一新的塞缪尔·奥斯古德的住宅，其现址位于布鲁克林桥的一座桥墩下。经过一个星期的正式餐宴、舞会和最后准备，重要的时刻来到了。4 月 30 日，华盛顿在朗方的联邦大厅楼厅宣誓就任总统，合众国终于有了一位首席执行官。约翰·Q·A·沃德的第一届总统雕像，至今仿佛仍从现址国库分库大楼台阶上凝眸远眺纽约市中心。但纽约并未被指定长期用作全国之都。1790 年汉密尔顿与托马斯·杰弗逊之间的著名"交易"赋予这个国家一揽子财务计划，和一个位于波托马克河沼泽地的新建首都地点。

于是无可避免地，那些来自纽约市的领导人，即那些共具联邦主义思想、主宰合众国立国最初十年的人们，在华盛顿政府中扮演着重要角色。这些人物中最伟大的就是亚历山大·汉密尔顿，他作为第一任财政部长所建立起来的财政和信用系统，为美国赢得了体面和尊敬。此外，约翰·杰伊成为合众国第一任首席法官；市长詹姆斯·杜安受命为首任联邦纽约地方法院法官；塞缪尔·奥斯古德则是合众国首任邮政部长。

理查德·瓦里克（1753—1831）于 1789 年取代杜安而成为纽约市长，并优良供职达十二年之久，这项记录被一直保持到 20 世纪。同他的前任一样，瓦里克的主要当务之急是该市的实质性重建，他还为此增添了一项政治任务，即保持纽约作为联邦主义事业堡垒的地位。 瓦里克的这两项努力都取得了成功，但他的城市不再款待联邦政府，因为自1790年8月起，首都被迁往费城，并在那里逗留了十年。 也许对此搬迁最生动的评论是由艾比盖尔·亚当斯作出的。 痛惜首都迁往费城，她写道她已决心充分利用之，但"当所有一切完成之后，那将不再是百老汇了。"

一个毋庸置疑的事实是，百老汇及其周围的城市环境在首都占用期间得到迅速恢复。 完成于1790年的第一次联邦政府人口调查显示，纽约当时总人口为33 131人，仍比费城少9 000人，但增长速度已大大加快。 纽约有一种费城所无法企及的活力和不可安抚性，因而即使在18世纪90年代就很少有人怀疑，它将最终赢得这场城市竞赛。 前十年的系统重建使纽约的住房能够多容纳四千个家庭，以致第一部城市指南不得不在1790年颁布以说明这些变化；及至1793年，持续不断的住宅建设迫使该市引进一种房屋编号系统，似乎每年都会创造一种新的有历史意义的建筑结构。 1790年，重建好的三一会教堂由其会众举行落成仪式，1791年，纽约医院重新开张。 接着，第二家银行——自然为联邦主义者所控制——于同年开门营业。

1792年，一个至今在部分美国人心目中仍等同于纽约的机构被该市的经纪人组织起来。 从1790年起，他们就聚集在华尔街一棵梧桐树的枝叶下买卖政府证券，1792年3月17日，他们组成一个协会来监管他们自身的行为，至1793年，这些证券交易商已定期在新建的通蒂呐咖啡馆聚会，很大部分金融历史都在此后十年内开创于此。 无论如何，"梧桐树协议"是1817年组织综合性证券交易所的重要先导。1794年，治疗传染性疾病的贝尔维医院开始收治病人，豪华的都市旅馆也于同年开张，它在很长时间内一直是纽约最优雅的旅店。

建设的步伐是如此之快，以致炮台海岸沿线旧日荷兰人和英国人遗留下来的防御工事必须被拆除，借以满足商用选址的地利之需。 整套全新的防御工事很快在总督岛的杰伊堡设置起来。 一位名叫约翰·菲奇的发明家，于 1796 年在科莱克特水池试验一艘蒸汽船，但未能争取到该项目应得的资助。 他的船只在一次事故后被劫掠，使菲奇心如刀割；而发明蒸汽船航行的荣誉，则被罗伯特·富尔顿在下一世纪的早期争得。 1790 年已有九种报纸供给城市读者，但随着人口在十年内倍增至 60 489 人，报纸的种类也有所增加。 至 1807 年，已有二十多种报纸面世，纽约成为全国的首要新闻中心。

在这不断增长的十年里，纽约被认同于联邦主义事业。 甚至在亚历山大·汉密尔顿于 1795 年从内阁退休后，他和他的支持者继续支配着曼哈顿乃至国家的政治生活。 因此，令人感到有些吃惊的是，该市的政治未来并非在联邦主义者的沙龙里准备，而是在一个私人俱乐部的缓慢成长中筹划。 该俱乐部即坦慕尼小屋，其之发展成坦慕尼大楼，则成为美国城市史中奇迹般的故事之一。 在 1783 年，即独立战争取得胜利的那一年，华盛顿军队的军官们组织起辛辛那提协会，一个主要功能为救援寡妇及孤儿的慈善性团体。 辛辛那提协会于 18 世纪 80 年代还在寻求更大规模的州政府的合作，并成为制宪运动的支持者之一。 该组织的全体会员为清一色天生的杰出人物统治论者。 几年后，一位纽约室内装潢商威廉·穆尼(1756—1831)创建了一个类似的以互助为宗旨的分会，但其会员资格局限于普通士兵。

分会的第一次会议于 1788 年 5 月 13 日举行。 穆尼有时把他创建的组织称为圣坦慕尼协会，或哥伦比亚兄弟会，当然其大部分早期会议都在纽约小酒店里举行。 和该组织同名的，是一位特拉华州印第安酋长，其真实人格不知怎么融入了神话中战神坦慕恩德的品质，传说这位战神创造了大平原和尼亚加拉瀑布，以及其他一些奇迹。 穆尼的希望是建立一个"全国性机构"，协会的原章程称其目标为"促博爱之施、建友谊之链、正自由之名，以永葆独立自主、国富民强"。 至 1789年，穆尼成为一个拥有 13 个州分支机构的协会的长老，该组织一直在全国范围内吸收会员，直至 19 世纪早期，领导层的变更使之将注意力集中到纽约市。 所有会员每年需交纳 1.25 美元会费并捐献 1 美元用于慈善事业。 作为回报，他们可以出席爱国讲演、参加游行，以及知道他们的捐赠是否确实用于赈济寡妇和孤儿。 该团体甚至在 1790 年还开办了一家博物馆，里面展出的印第安人手工艺品，后来就成了 P.T.巴纳姆文物馆展品的一部分。

到了 18 世纪 90 年代，圣坦慕尼协会的社会及慈善功能，因其自身日益频繁的政治活动而渐显式微，该组织在后来的一个半世纪里一直支配着纽约的政治。 但这一变更的缔造者并非威廉·穆尼，而是美国政治伟大的"自行其是者"之一，战争英雄和杰出的律师艾伦·伯尔(1756—1836)。 伯尔具有卓越的家庭背景；其外祖父是乔纳森·爱德华兹①，父亲则是普林斯顿大学校长。 但对于 18 世纪 80 年代主宰纽约的家族及联邦主义政治而言，伯尔是个局外人。 他渴望着政治上的成功，以配得上他兴隆的律师事业。 当穆尼被威廉·皮特·史密斯取代时——有人怀疑原计划用于赈济贫民的资金被滥用——伯尔视之为让自己成为反贵族的普通纽约百姓代言人的一次机会。

伯尔追随者中的骨干分子——后被称为他的第十军团——进入坦慕尼协会，并开始将其定位从慈善和娱乐性质转变为更严肃的政治领域。伯尔的信徒们辩解说，支配这座城市的贵族化联邦党人很少关心到普通劳动者，他们正在共同密谋阻止地方选举投票范围的扩大，而只有同乔治·克林顿及纽约州北部地区其支持者结盟，普通纽约百姓才有希望受惠于民主政府。 甚至在纽约市于 1791 年 2 月被重新划分为 7 个行政区之后，该协会抗辩道，即使作一千次这样的改组也无助于贫困的劳动者，因为选举人名册并未因之扩大。 一则未经证实的传说断言，伯尔曾同托马斯·杰弗逊和詹姆斯·麦迪逊交换过意见，那是在后两者著名的 1791 年 5 月 "植物"考察期间，据推测，当时一个全国性的联邦党政策的反对党已具雏形。

---

① 乔纳森·爱德华兹(1703—1758)，神学家、哲学家。 系基督教清教徒，曾以富于感染力的布道宣扬加尔文主义，促进了新英格兰地区的 "大觉醒"运动。 1757 年被任命为新泽西学院(今普林斯顿大学)校长。 撰有名著《自由意志》(1754)和《宗教感情》(1746)。 ——译者注

　　一项有助于新共和党①联盟的政治变化，是艾伦·伯尔被任命为代表纽约州的参议员，他之所以取得这一职位，是由于他同支配立法机关的纽约州北部地区克林顿的信徒们结盟。 他在1792年对此作了报答：他拟就一份辩护状，致使联邦党候选人当选无效，并为克林顿赢得第六次连任纽约州州长。 伯尔在18世纪90年代早期逐步改变着坦慕尼协会的命运，在纽约州乃至全国，把穆尼的社会性团体改变成为新兴共和党联盟的核心集团。 逐渐，接受坦慕尼军团成员所宣扬观点的商人及手工艺人越来越少，那些观点都来自艾伦·伯尔。 实际上，一件潜移默化的事正在坦慕尼内发生，一个影响到美国城市历史方方面面的新情况：艾伦·伯尔正在成为一个政治核心组织的"老板"。

　　一开始，伯尔的组织在联邦党人和汉密尔顿统治下的纽约市鲜有成效。 作为财政部长，汉密尔顿位于华盛顿政府的中心，但在地方性事务上，他深信，阻止只求实用不讲诚信的伯尔飞黄腾达，也堪称"忠于职守"。 无论如何，伯尔在费城担任参议员期间，坦慕尼协会在纽约市几无所获。 直到1793年之后，即外交政策的重大议题获得美国社会的普遍关注之后，杰弗逊和伯尔的党才在纽约取得显著进展。

　　是年6月，法国炮舰"伏击者号"停靠纽约港，并带来法国对大不列颠宣战的消息。 一时间，同情法国的人们群情激昂，记忆犹新的沃拉伯特监狱船使任何公民难以保持中立。 杰弗逊的信徒们公开宣称坚决支持法国的反英斗争，这一立场，在美国的宿敌开始强征中立船只上的合众国水手加入皇家海军后，变得更为强烈。 但纽约市的联邦党人则倾向于大不列颠；恐怖统治期间的暴力使他们深信，法国的"民主"试验正在驱动杀人狂胡作非为。 华盛顿政府认为，继续同大不列颠的保持和平为其当务之急，并派遣首席法官约翰·杰伊与其前敌谈判贸易协定。 由此签署的条约激起法国拥护者义愤填膺，但仍支配该市政治

---

　　① 全称民主共和党，建于1792年，当时以杰弗逊为首的该党派主张个人自由和限制政府权力，反对以亚历山大·汉密尔顿为首、主张建立强有力中央政府的联邦党。1828年改称民主党。 ——译者注

的商人则无不对之感恩戴德。

纽约商会以 60 票对 10 票于 1795 年 7 月批准"杰伊条约",期待着它会增加港口的货物贸易并刺激其造船生产。 但在费城,伯尔参议员则谴责该条约并投票加以反对,最后的代价是他失去了在参议院的席位。 伯尔在南方的庇护人,弗吉尼亚州蒙蒂塞洛市的托马斯·杰弗逊也反对该条约,1796 年,两位共和党领袖凭借他们所分享的观点竞选总统。 而选举结果只是进一步确定联邦党人对全国以及纽约的控制。不过,伯尔却因积累第四多的选票而获得坦慕尼大楼第一位全国候选人的资格。

从纽约的观点来看,全国共和党人在 1796 年的失败影响深远,因为克林顿追随者与伯尔信徒联盟失去了对州立法机构的控制。 1797 年早期,伯尔竞选连任合众国参议员失败,暂时不再在全国政治中扮演角色。 但他几乎立即被选入州众议院,并在那里待了三年时间,为共和党在下一次大选东山再起作准备;他用以取得这一目标的手法是增强坦慕尼协会的得票数。 伯尔懂得,只要联邦党人倡导的投票财产要求限制着纽约选区,共和党人取胜的机会就微乎其微。 因此必须设计出一种制度减少精英阶层对选民名单的控制,以扩大投票的机会。 虽然伯尔是否对于平民百姓真的具多少同情之心值得质疑,但他确实在 1798 年发起通过一项法案,允许外国公民在纽约州拥有土地。 至 1800 年,那些外国人中有些人肯定会成为美国公民。

意义更为重大的是伯尔发起成立著名的曼哈顿公司。 黄热病和霍乱是纽约市的地方性流行病,每年夺走大量无辜生命,医生们——甚至在当时——怀疑这些疾病直接起因于受到污染的饮用水。 共和党人支持一项提案,即用管道将纯净水从布朗克斯河引入曼哈顿,因为人人都认识到成长中的都市需要更大量的供应水。 立法机构终于在 1799 年 4 月 2 日授予曼哈顿公司以公用事业许可证。 纽约人为之雀跃,一家私人公司竟能允诺为整个城市提供"纯净卫生的饮水"。 纽约利益如此重要长远,市政府总有一名代表在该公司董事会任职,这种状态一直维持达一个世纪之久。

新公司很快投入运行，在源泉街开挖一口井并最终铺设了6英里的木质管道，为400户人家供水。 木质管道最后被证实既效率低下又不够卫生，但即使在1828年被铁制管道取代之后，曼哈顿的水质几无改善。 在19世纪的头40年，纽约在供水方面远远落后于它的主要对手费城。 然而曼哈顿公司继续用水泵供水，直至1900年公司失去其最珍贵的财产——不是顾客，而是其公司许可证。

曼哈顿公司的许可证不仅建立起一家公用事业公司，而且还授予该公司将其剩余资本投入"有价交易或经营"的特权。 伯尔和共和党人将此无关痛痒的条款视作天赐良机，用以打破联邦党人对于纽约银行业的财政垄断，并创建一家能为民主利益服务的银行。 该许可证的投资条款让共和党人得以创建曼哈顿公司银行，从而摆脱了汉密尔顿门徒对纽约发展的制约。 伯尔的亲戚和他的协会会员控制着曼哈顿公司的董事会，显而易见，多名联邦党人给公用事业许可证投了赞成票，以便使他们自己在一笔大好商务交易中占据有利地位。 共和党人终于有了自己的银行，但他们公司从未在遥远的布朗克斯河中抽取一滴水珠。 恰恰相反，银行为持民主见解者提供抵押贷款，这些新的不动产业主后来及时获得了全国选举的投票权。 坦慕尼协会还鼓励其会员购买40先令公有终身保有不动产，借以取得投票选举州众议员的资格。 就这样，经过一系列权宜之计以及经济增长的正常程序，共和党投票骨干队伍在关键的1800年大选来临前得到足够的扩展。

杰弗逊的当选有时被称为一场革命，苦果真如此，那就是在纽约市发动的一场革命，其成功的组织者即艾伦·伯尔。 作为坦慕尼协会的领袖，伯尔不仅动员起他的新选民，而且还拼凑成一份地方候选人名单，点缀着无法阻止共和党人胜利的重要显贵的名字。 对州立法机构的控制保证了共和党的总统选举人在本州取胜，而正是纽约州的选票所提供的得票差额使该党取得了全国胜利。 很少历史学家能正确评价这一出乎意料的结果，即杰弗逊在1800年的胜利取决于城市选票，尽管人们都知道他本人只把城市视为"疮痍"。

坦慕尼协会 1800 年总统竞选运动系纽约历史上最富戏剧性的故事之一，但它往往被忽略，人们仅仅注意到两位共和党人于选举结果平分秋色后，伯尔意欲与杰弗逊较量争夺总统宝座。 几乎所有历史学家都认为，伯尔确实作过这一尝试，但当杰弗逊成为总统后，坦慕尼大楼却又将杰弗逊的胜利归功于自己。 伯尔担任副总统至 1805 年，但杰弗逊只把他当作一门"歪炮"。 纽约的民主党人有意冷落伯尔，使他与地方要职之任命无缘，伯尔知道自己在华盛顿已前途无着，遂于 1804 年竞选纽约州长。 他被击败，部分原因是由于汉密尔顿的干预；汉密尔顿称伯尔为"一个危险人物"。 他们的积怨随之达到顶点，伯尔提出同汉密尔顿决斗。 1804 年 7 月 11 日，一场手枪决斗被安排在纽约市对面的悬崖上进行。 汉密尔顿有意不命中对方，但却被伯尔开枪击中胸部，并于翌日逝世。 伯尔则逃之夭夭，使坦慕尼协会一时名誉扫地。 不过有另一位领袖从混乱中脱颖而出。

这位 19 世纪头十年主宰纽约市的人就是州长的顽固侄子德威特·克林顿(1769—1828)。 1803 年 10 月，克林顿从合众国参议院辞职并开始统治他的"王国"，他一直将此职位保持到 1815 年，其中只有两次一年长的短暂间隔。 该世纪头 10 年，英法之间在欧洲连绵不断的战争刺激着美国、特别是纽约商船业的兴起，一座联邦海军船坞于 1801 年在东河沿岸建成，以应付日益增长的来往船只。 市议会和市长生怕一旦英国截获美国去法国的船运货物，战争就有一触即发之势，故下令在总督岛上以及曼哈顿北端修筑新的防御工事。 但商人很少喜欢战争，他们中富有远见的先导已开始推究蒸汽对他们职业可能产生的影响。 果不出所料，1807 年 8 月 17 日，罗伯特·富尔顿的"克莱蒙特号"首航奥尔巴尼，由此开辟了蒸汽航行的新时代。

至 1807 年，从纽约市出口的货物已超出美国任何一座城市或任何一个州，并有可能继续增长。 因此，当国会宣布全面禁运去欧洲交战国的货物时，无怪乎纽约极为恼火。 业主和船长们的疯狂努力迅速在翌晨八点组成一支船队，但艰难时日也赫然耸现。 到4月，"码头上开始杂草丛生"，游手好闲的水手们则依赖海军船坞的食物和临时收容所，以及专门设立起来的施食处。 杰弗逊政府的终结也导致了禁运的终结，但詹姆斯·麦迪逊总统的替换政策并未给纽约商人带来多少慰藉。《中止法案》同时禁止与英法两国进行贸易，只是允许同两国中率先撤销其对美国贸易商各种限制的国家恢复正常贸易关系。 不过该法案仅延续十四个月即被另一项较软弱的措施所取代。 至1810年底，纽约港再一次对外开放营业。 商人们深信，即使商务受到种种限制，即使贸易在战时条件下进行并招致巨额保险费用，也会取得足够的利润。

纽约在1810年人口达96 373，已远远超过费城而成为美国最大最富有的城市。 曼哈顿实际上已从炮台要塞向北延伸了将近两英里。 富商豪宅分布在该岛南端的仓库、商业机构和商店之间。 在别处，"大楼增加如此迅速，以致城市看起来永远是新的。"被称作百老汇的林阴大道是主要的旅游景点。 1811年被占用的市政厅立即被公认为合众国"最壮观的"建筑物之一，到1812年，被称为坦慕尼大楼的一号楼竣工，既用作旅馆，又用作政治会场。

战争是该市在1812年所收到的最不受欢迎的消息；然而，合众国恰恰于6月18日对英宣战。 注重贸易的纽约希望和平，尽管战争的主要原因之一是美国海员遭到囚禁。 这场战争的实际战役，无论陆上还是海上，都在远离纽约市的地方进行。 但许多以纽约为基地的船只在战争期间只能滞留在海上，因为1813年之后该港口与城市受到英军的有效封锁。 该市最接近的一次冲突，是在1814年8月，当时一支入侵的英国舰队出现在桑迪海岬外。 克林顿市长随即组织防卫，数千名纽约人以及来自新泽西的志愿者忙于修筑防御工事。 坦慕尼大楼与共济会进行竞赛，看谁能沿着布鲁克林高地建筑更坚固的防御土墙，哥伦比亚学院全体学生更是倾巢出动，修筑第123街的防御工事。 克林顿宣告："与其顺从怯懦地交出这座可爱的城市，毋宁战死在最后一道壕沟。"

　　但到了 11 月，显然英国执行封锁任务的海军中队没有攻击纽约的意向，因而该市的防御工事从未被启用。 生活恢复了表面的正常；学校重新开学，民兵及志愿者则回去重操旧业。 1815 年 2 月 11 日，有消息传来说美国的谈判小组已在比利时根特同英国方面达成一项和平解决办法，这是一个忽略所有战争起因因而仅仅回到战前状态的权宜性条约。然而，纽约仍以"狂欢庆祝的表达方式"迎接该条约：港口现在可重新开放，这座城市可再一次同全世界开展贸易。

　　在带来和平消息船只后面，紧跟着一个英国船队，这些船只在 4 月至 6 月间向一个贪婪的市场"倾倒"大批量货物。 纽约的拍卖商大发横财，海关获得空前丰厚的收入，不过这一精心策划的倾销却造成商业萧条。 纽约几乎完全垄断着进口的英国纺织品，但美国国内的羊绒棉布制造商却几近灭绝；国家的第一则真正的保护性关税不得不于 1816 年付诸实施，以防止对经济造成进一步损害。 纽约贫民也感觉到了经济衰退的影响，到 1820 年，其总人口中约有 15% 至 20% 接受政府补助。 但是该市经济安然渡过了这场短暂暴风雨的袭击，其商业机构、海港设施和生产能力，均未受到冲突的损害,繁荣景象迅速再现。

　　显而易见的增长是根特和平后十年纽约生活的标志。 已成为合众国最大城市的纽约市，在 1820 年普查统计中显示的人口为 123 706。该市常被人们称作美国的伦敦。 和平又一次为富于创造力的商人打开了与世界通商的大门，尽管英国千方百计阻碍贸易，美国企业家不可战胜的首创精神很快得到了证实。 商业往来需要更多更快的船只，军舰建造商闻风而动。 1817 年，一批贵格会商人决定开创一项新的商业冒险，不出一年，他们组建成黑球班轮服务公司。 多少世纪以来，船舶只有在满载货物后等潮汐合适时才起锚离港。 黑球班轮则不管船舱是满是空，即便刮着大风，定期将货物和乘客从纽约送往利物浦。 红星轮船公司和蓝色凤蝶轮船公司紧紧步其后尘，至 1824 年，业务又扩大到伦敦及法国。 或许更为重要的是蒸汽驱动"萨凡纳号"远洋轮的处女航，这是在 1819 年所作的一次横跨大西洋，开赴利物浦的航行。 虽然这次首航在财政上是一次失败（船的货物舱太小，轮机效率不高），但商业进取的未来得到确定。 此后多年，大型帆船仍是大西洋贸易的中坚，但利文斯敦-富尔顿的汽艇垄断一经被纽约商人于1824年打破，发展蒸汽船舶的质变即成必然之势。

可靠的班轮服务成为纽约经济又一部门中的海港业务所必备。 在1812年战争前后的岁月里，纽约商人取得了沿海贸易的支配地位，从事该类商务的船只，在数量上远远超过从事更具魅力的远洋航运的船只。巨大的纽约港，足以为满载舶来品的船只和汇集东部沿海地区产品的船只，同时提供宽阔的停泊之地。 该市随即承担起美国棉花出口贸易必不可少的代理人角色，并很快控制了运送南方棉花给欧洲制造商的中转业务。 许多纽约人拥有的船舶满载棉花从南方直航欧洲，随之又充塞着纺织品、制成品和新移民回到纽约；然后，这些船舶重新装满船舱驶往南方，开始又一次二角之旅。 还有许多其他船舶则直接将棉花运往纽约，那里成品布匹的年产量，从1812年微不足道的3 000码猛增至1825年激动人心的100万码。 1832年，乔治·奥普代克（1805—1880）创建市内第一家服装厂，将其产品大批量销往南方种植园，奠定了一个新兴工业的基础。 凭借他们的专业知识和首创精神，纽约人力促横渡大西洋的棉花贸易偏离正常航道两百英里之遥，从而使他们的城市成为全世界棉花贸易的中介。 对沿海贸易的控制连同赴欧洲的班轮服务，巩固了纽约在贸易方面的支配地位。 如果再加上该市对哈德孙及莫霍克河沿岸腹地贸易路线的控制，纽约在经济上的首要地位，即使在伊利运河开通之前就已经确立。

对外贸易的惊人增长也使开拓或扩展保险、银行及拍卖业等企业家工具成一时之需。 菲利普·霍恩（1780—1851）及约翰·哈格蒂等人，则通过从港区清理货物并交由全国批发及零售商出售发迹。 梧桐树协议的原始股票约定于1817年组成永久性的交易所，一系列储蓄银行得到营业许可为推动商业扩展提供资金。 专业化保险公司相继建立，从而结束了历来英国对海上保险业的垄断。 纽约保险业者公会于1820年成立，并很快就能以拥有一个世界范围的代理商系统而自豪。 来自十多个国家的水手充斥着大街小巷，并在能够满足他们需求的2 500家酒馆吃喝嫖赌。 正直与敬畏上帝的贸易及制造商也许为出现这种人和他们码头区的低级酒馆而深感遗憾，但两者都是该市日益增长财富的必然产物。

城市土地投机也大有暴利可图，各种身份的人都千方百计争购精选的市区地块。 那些有办法或有运气获得纽约市房地产的人都发了财。 购置纽约不动产使精明的约翰·雅各布·阿斯特(1763—1848)成为美国巨富之一。 在这个迅速发展的年代，该市以极可笑的廉价出售其房地产，但阿斯特准确地推断出持续的城市发展定能使这些房地产的价值剧增。 因此，从1800年到1818年，他每年都购置价值35 000美元的纽约不动产，既有精选的滨水区房产，又有位于市郊的土地。 当阿斯特添置的不动产后来发展成曼哈顿市中心区时，他已远远不止是一位百万富翁。 他在1848年去世时，光他拥有的不动产一项，价值就达2 000万美元之巨。 其他纽约不动产的大投资者包括文德尔、戈莱特和莱因兰德等家族，他们都因预计到纽约的未来而有计划、有步骤地扩展他们所拥有的土地。

战后十年的疯狂扩张必然会留下许多随增长而来的破烂边角，但城市的热情支持者仅将此归结为早期发展的"疏忽"。 来访者几乎异口同声地指责纽约肮脏拥挤的街道、臭不可闻的码头及无处不在的猪。1817年，一位英国游客约翰·帕尔默抱怨"逍遥自在的猪的数量及其带来的麻烦"，另一位1818年造访纽约的瑞典人巴龙·阿克塞尔·克林科斯特伦这样写道：

> 纽约决不像欧洲同一级别与人口的城市一样干净:尽管治安条例很好，但从未付诸实施，死掉的猫和狗随处可见，致使空气奇臭难闻;积尘和烟灰都被扔到街上，这些街道在夏天两星期才清扫一次，而最大、最拥挤的街道要一个月才清扫一次。……纽约

的饮用水很糟且带有咸味。即使是所谓的曼哈顿水……也说不上好。

肮脏的环境加上糟糕的水质致使在纽约疾病的蔓延如同赚钱一般猖獗。 1815 年，卫生局敦促纽约人接种牛痘，以防止已在市内出现的天花进一步传播。 1816 年早些时候，市议会拨款 31 000 美元用于免费牛痘接种，而建于东河沿岸默里、利文斯顿和基普地产处的贝尔维医院，则增添了设施。 为聋哑人教学而设置的公共机构于 1817 年组成，接踵而至的是布卢明代尔精神病院在 1818 年奠基。 但尽管取得所有这些进展，黄热病仍分别于 1819 年及 1822 年两度卷土重来，后者成为该市至此为止所经受流行病传播最严重的一次。 一千多人在 10 月霜冻到来之前死去，那些有钱、有办法的人，都逃离拥挤的城市去格林尼治村或哈莱姆等近郊避难。 受难者的尸体则被掩埋于敞开的旷野，在现今第 42 街布赖恩特公园一带，因为向前推进中的城市正蚕食着旧时埋葬穷人和异乡人的义地，即现址华盛顿广场附近。

纽约发展时期的阵痛一直同日益增长的世界主义形影相伴。 1815 年，第一座圣帕特里克天主教堂在王子街开张，这是天主教移民对该市影响日益增长的明证。 这些新近到达的移民，大多都很快被纳入劳工市场，但他们的孩子有些能够去上由免费学校教育协会所提供的课程。至 1824 年，共有 5 000 多名学生在该协会的六所学校就读，另有其他数千名年轻人则接受私人教育。

虽尚未准备好挑战波士顿在文化上的首要地位，但纽约确实已在好几个精神生活领域称雄。 它业已在印刷品数量上超过费城，并成为印刷及出版业中心。 一些更有进取心的印刷商开设了书店和阅览室，以便让老主顾查考新的版本或浏览该市的二十多家报纸。 图书馆社团逐步形成气候，1820 年，商业图书馆协会和学徒图书馆分别建立起来，以向中等收入者传递书籍。 的确，对于许多观察家来说，到 19 世纪 20 年代中期，纽约市已同时超过波士顿和费城而成为全国文学之都。 由詹姆斯·柯克·保尔丁、华盛顿·欧文以及詹姆斯·费尼莫·库珀等作家写的书都在该市出版，并赢得大批读者。 曼哈顿正成为另一些作家的文学圣地；威廉·卡伦·布赖恩特和菲茨-格林·哈勒克则干脆称纽约为"家"。

虽然该市无从对在雕塑、音乐或建筑方面所取得的主要成就而自吹自擂，但到1825年，全国许多最杰出的画家都已移居纽约。 肖像画仍是艺术家们赖以生存的最普遍手段，留传至今的许多成功商人、银行家和政府官员的出色肖像皆可上溯至这一时期。 来自欧洲的画家也纷纷被吸引到这个城市。 费夫雷·德桑·梅曼和弗朗西斯·居伊的作品证实了曼哈顿的吸引力。 居伊的《通蒂纳咖啡馆》则表现了下纽约陷于忙乱的商业特色。 在19世纪20年代，诸如塞缪尔·F·B·莫尔斯(1791—1872)等纽约本地人，显示出卓越非凡的才能。 但莫尔斯的主要兴趣可能还在其他方面；他至今仍留在人们记忆里的，并非他的绘画或政治生涯，而是他的发明创造天才。 也许纽约最杰出的画家要算约翰·特朗布尔(1756—1843)。 受教于移居国外的本杰明·韦斯特，特朗布尔成为第一位在该市建立画室的重要画家。 1802年创建的纽约艺术学院成为美国学院，鼓励艺术家们的各种努力，由特朗布尔在1817至1835年间担任该院院长。 他的艺术对手于1826年1月创建了甚至更具声望的国家设计学院。

在被人们特别认同于纽约的领域——戏剧方面，该世纪的早先岁月显然已预示着未来的名声。 即便早在1815年，其为居民和来访者所提供丰富多彩的戏剧与通俗文艺节目已举世瞩目。 帕克剧院在史蒂文·普赖斯的管理下，成为该市的展示中心，并开创了邀请欧洲最有名的表演艺术家前来合众国一显身手的惯例。 全国巡回演出一成不变地始自纽约，然后在普赖斯的指导下"走上旅途"。 观众几乎总是对演员比对剧目本身更有兴趣，美国的主导舞台表演家、歌唱家和舞蹈家，全都被吸引到纽约，在那里可以一举成名。 1821年，一所重建后拥有2 500个座位的帕克剧院重新开放，不久，其他大型剧场纷纷在这一仿佛对剧院需求贪得无厌的城市动工兴建。

在合众国演出的第一场大型歌剧，即罗西尼的《塞维利亚的理发师》，于 1825 年在帕克剧院开演。 1823 年，联邦政府将旧西南炮台城垛让与该市，经过彻底的改建，克林顿城堡成为花园城堡。 舞会、招待会和戏剧表演定期在那里举行。 1824 年，拉斐德侯爵应詹姆斯·门罗总统之邀，回到他曾在独立战争期间服务过的这个国度，各阶层的公民们聚集在花园城堡，向这位昔日的战士表示敬意。 这是一个充满胜利喜悦的盛会，但人群的一致却使拉斐德感到大惑不解。 据报道他当时问菲利普·霍恩市长道："但是人民在哪里？"

拉斐德的提问，或许说出了纽约社会最鲜明的特点：严格的阶级界线已开始变得模糊不清，而机会正召唤着这里的每一个人。 往日的阶级分化正在开始为一个更民主的社会所取代。 诚然，纽约"可识别的社会"仍被其商业显贵所主宰，他们生活得优雅而富足，但阶级间的鸿沟看来已可被逾越。 城市商业的活力来自中产阶级参与的许多活动，他们则转而意识到来自下层不断进取的压力。 劳动者、水手、学徒以及黑人的生活仍很艰难，但纽约提供着向上流动的机会。

这种普遍的平均主义意识，即使在全国范围的杰克逊革命到来之前已在纽约的政治生活中得到体现。 1821 年，在纽约举行的州制宪会议对有资格投票公民的定义作出重大改动。 旧宪法对获得州或地方选举权有着严格而沉重的财产条件限制，新宪法废除财产认定委员会，借此取消财产认定权以大幅度增加投票。 新的文件在很大程度上，至少对白种选民而言，普遍授了几乎所有男子以选举权。 不仅如此，丹尼尔·汤普金斯州长还在 1817 年签署一项议案，批准纽约州从 1827 年 7 月 4 日起废除奴隶制。 虽然相对而言很少黑人可以投票，但他们身体的自由进一步增强了遍布纽约的乐观主义情绪。 选举权的扩大不仅使政治不再像往日那样为绅士们所独占，而且事态的发展证明，它促使坦慕尼大楼权力的重建。

宪法的变革将潜在的选民数量扩大了六倍，这些新的选民需要有领

导、有协商、有组织。 扩大选举权遭到州首席法官詹姆斯·肯特
(1763—1847)等保守主义人士的激烈反对,他们生怕纽约市可能会以欧
洲作为样板,在那里,国家都由城市资本家和他们的普通民众来统治。
"纽约肯定要成为未来美国的伦敦;不出一个世纪,由于普选权的作用
及有效的管理,这座城市将统治这个州。"肯特对于在纽约出现大量新
近到达的移民极为恼火,因为这些移民的投票潜力可以通过归化入籍得
到发掘。 坦慕尼协会也认识到这一机会,在 19 世纪 20 年代,它开始
采用使之能迅速控制这个城市的种种手段。 通过将一种民主平等的理
念制定成法律,1821 年宪法促成一场不流血的革命,同时改变了这座
城市和这个国家的历史。

至 1825 年,纽约已在飞速发展的美国取得商业上的支配地位。 其
海港操纵着全国几乎一半的进口和三分之一的出口。 500 家新的商行
在这一年开张。 三千多幢房屋于 1824 年建成,以供剧增至 16.5 万以上
的人口居住,可供银行使用的资金超过空前的 2 500 万美元。 但所有这
一切,仿佛仅仅为该时代的一个重大事件作准备:人们期待已久的伊利
运河。

德威特·克林顿的"州长沟渠"这时已将近开通。 克林顿作为市
长为该市所提供的服务举世瞩目,但他为纽约作出的最大贡献,是他花
了多年心血力主并规划修筑一条运河,以便将该市同整个北美大陆连接
在一起。 在他最后一届市长于 1815 年期满后,克林顿被任命执掌州的
运河委员会,1817 年他又当选为州长。 1817 年 7 月 4 日,克林顿州长
为运河工程加入第一铲土,在整个修筑过程中,他又一直是该工程的推
动力量。 当然,并非所有该市居民都与克林顿持相同观点。 反对者指
责道:"克林顿这个联邦儿,他的妈是一条母狗,他强征我们的税收,却
只为他一条水沟。"但这位州长始终不为所动,坚持让运河完工。 这条
"全世界最长的运河,在最短的时间内,凭借最少的经验,以最低的成
本,为最大的公共利益建成。"对此纽约市获益最多,因为它已成为农
场主、毛皮兽捕户和欧洲买主之间必不可少的中介。 纽约的外围地区

一下子囊括整个中西部，以及获得新活力的城市布法罗、罗切斯特、锡拉丘兹、尤蒂卡和奥尔巴尼。 伊利运河保障了纽约而不是新奥尔良成为美国中部农产品的出口港，同时也永远打消了费城试图赶上纽约并成为美国领袖城市的念头。

伊利运河终于开通。 1825 年 10 月 26 日，运河船"塞内卡长官号"在布法罗驶入运河，延续不断的大炮声将此喜讯于 81 分钟后传至纽约市。 但直到 11 月 4 日驳船与克林顿州长才到达曼哈顿，随着他将伊利湖水倾入大西洋，这位州长深知他已创造出一个奇迹。 一些纽约商人指责他的方案是"改善州的北部地区"，但他还是坚持不懈；选民们因他的高额税赋而拒绝投他的票，他则仍然锲而不舍；现在他已被证明是正确的。 事实上整个合众国的商务都会不断地流向纽约。 至此，它已是美国的最大城市，在之后的三十年里，它又成为最大的世界中心之一。 一个人能肩负起尽可能多的责任，从而带来如此深具历史意义的变化，荣誉应归于德威特·克林顿。

纽约生活在 19 世纪最初 25 年的主要特点是发展的突飞猛进，该市的实际扩张已染指像格林尼治村这样的边远地区。"我们城市的发展已到了这种程度，以致只要再多建设一个街区，就能把这两个地方完全连接在一起。"甚至在 1820 年前，这一连接已经实现，并且仅 1824 年一年，该市就增添了八千栋大楼。 即使没有伊利运河，纽约已在人口、商务、金融、制造业以及文化方面居于全国首位。 其发展如此飞速，而在这一时期所打下的基础又是如此坚实，因此很少有人怀疑它在全国的突出地位，或其未来世界之命运。 该市商界领袖所显示出来的组织和企业家才能，为全国城市社区树立起典范，而伊利运河的巨大成功，又确保了纽约的首要地位。 沃尔特·惠特曼后来的评价一点也不错：纽约是"西部大陆的伟大所在，是心脏，是头脑，是聚焦点，是主发条，是顶端，是极点，是新世界的全部体现"。

第四章

建设一座现代化城市

伊利运河的竣工保障了纽约市未来的繁荣。 到 1835 年，整个工程的费用已全部付清，运河沿线的纽约州北部城市平均增长率达 300%。运河航运刚开始的第一年仅为 218 000 吨，1840 年达 1 417 046 吨，至 1850 年，又在此基础上翻了一番。 该市商人，即使是那些曾反对过此计划的，都享受着由这条"大沟"所带来的繁荣，并以极大的热情投入美国日益扩大的西部市场竞争。

每年都有更多的地区加入到这一大都会的外围。 例如，1828 年当特拉华及哈德孙运河竣工之后，宾夕法尼亚的煤田就可直通纽约。 铁路，纽约—哈莱姆线等得以修筑；1836 年，哈德孙河沿线的伊利铁路破土动工。 克利夫兰及托莱多分别于 1835 年和 1840 年迅速同不断扩大的纽约铁路网连接。 虽然大多数人认为伊利运河是一项 19 世纪的工程，但其航运吨位至 1951 年才达到顶峰。 运河仅仅是使纽约成为独具一格城市的许多推动力中的佼佼者。 凭借其贸易和制造商以及企业家和活力，该市仿佛是那些试图开创现代企业的人们的天然基地。 一种实用的电报电传号码于 1837 年问世，预示新型城市社会的许多其他发明也纷纷在纽约呈现；这些发明包括气泵、潜水装置，以及不断改进的蒸汽机。 每一种发明都创造许多就业机会，同时又有助于建设美国的最现代化城市。

至 19 世纪 40 年代，曼哈顿发展的惊人速度，已到了容纳人口即将超过巴尔的摩、费城及波士顿人口总和的地步。 成千上万来自欧洲的移民蜂拥而入，致使纽约人口更具国际性和种族多元化。 古利安·C·韦普朗克(1786—1870)，一位杰出的学者和政治家，将他的出生地城市视为"一种通道，在那里几乎每一个卓越非凡的人物都可被看到一次"。 19世纪40年代的移民浪潮，系在取消对选民的财产要求，该市政府在更民主的基础上改组后形成。 市政官员职位于1834年之后均由选举产生，政治家们开始追逐新公民的选票。 纽约市政府虽然远非完善，但已得到显著改进。 尽管新移民的涌入产生许多问题，但一个更富有、更具生产力并包容多种文化的城市终于被创建起来。

伊利运河开通5年后，纽约人口仍只有202 589人，但在此后二十年里竟增长四倍。 日益上升的出生率加上成千上万欧洲移民的流入造成这一时期人口激增。 占2.5%的城市黑人居民的人口增长则要缓慢得多，其增长百分比大大低于在殖民地时期。 为取得投票资格，黑人必须满足比白人更高的财产标准。 在1826年法案对白种选民取消财产条件后的长时间里，对黑人仍继续予以要求。 企图授予黑人完全平等选举权的尝试于1846年及1867年先后两次被挫败。 一直等到第15条美国宪法修正案于1870年获得通过之后，财产要求才同时在纽约州和纽约市被取消。 不仅如此，黑人在劳工市场也正在为新来的白人所取代。 随着爱尔兰移民在1820年进入该市，那些男人担当起人力车夫和码头搬运工，妇女则代替黑人充当家仆。

欧洲移民仍是美国历史举足轻重的主题之一，但在1820年，纽约大部分人口仍是本国出生的公民，仅11%系国外出生。 该市已在18世纪90年代吸收来自法国和圣多明各的移民，19世纪20年代又面临爱尔兰人涌入。 19世纪40年代，北欧与西欧的经济及政治变化导致大量人口背井离乡。 工匠被工业革命替代，失去土地的农民来到美国。 在爱尔兰和中欧地区，灾难性歉收造成19世纪罕见的饥荒与经济萧条。 在德意志，1848年自由派改革失败引起知识与特权阶层移居国外。 整整一代人，无数经济或政治难民漂洋过海，为他们自己和他们的家人寻求进展及安全庇护之所。 爱尔兰和英国移民的数量，从 1841 年至 1845 年的 26.7 万人升至此后五年的 75 万人。 在相同的十年中，德国移民从 10.5 万人猛增至近 33 万人。 这是全世界至此所经历过的最大规模的人口迁移，3 500 万人在一个世纪里开始从欧洲移往美国。

从 1820 年到 1870 年，在 700 多万移民中，有 70% 通过纽约进入美国。 至 1860 年，这一移民潮从根本上改变了曼哈顿的人口结构，外国出生的居民占到此大都会人口的 50% 以上。 纽约的医院、贫民所、孤儿院，以及紧接着它的监狱，都因挤满外国人而超员。 新移民登上纽约港的桥墩和码头后，立刻会遇见一支肆无忌惮的"移民接客员"大军，他们有时会提供一些帮助，但经常还会抢劫新移民的财物。 1846 年，当时的纽约市长威廉·弗雷德里克·哈夫迈耶（1804—1874）禁止接客员进入新移民站，于是他们就直接等在门外伺机搜刮新到移民。 最后，州立法机关决定创建移民管理委员会对付这种情况。 该委员会虽不可能解决移民接客员的问题，但毕竟在 1855 年指定炮台附近的花园城堡作为所有新来外国人的主要入口。 在这里，相对较为诚实可靠的票贩子、就业经纪人以及市政工作人员为新移民提供援助和建议。 各种族群体建立起来的移民援助协会将帮助移民寻找住所和工作。

爱尔兰人是构成移民的最大群体。 自 1845 年至 1855 年，共有 100 万爱尔兰人来到美国，到 1860 年，他们中的 20 万人住在纽约市。 此外，还有十万以上的德意志新移民，以及少量英格兰人、威尔士人、苏格兰人、斯堪的纳维亚人和犹太人在曼哈顿定居。 爱尔兰人挤满了下东区颓败失修的屋子，德意志人则在更远的北端开辟出一个社区，从鲍厄里街一直延伸到第 14 街，叫做克莱因多伊奇兰德。 与此相似、但规模较小的聚居区随以后的移民潮而相继出现，日久天长，19 世纪的纽约成了少数族裔聚居区的一个连锁网。

居住条件十分恶劣，迎接大多数新移民的"热窝"已经是贫民窟了。 为满足新来者的住房需要，旧楼房被改建成若干套公寓，然后由肆无忌惮的房东再分割为更小的单元。 虽然移民们挤满了这些改建房屋，从地窖一直到屋顶阁楼，但房屋供应从未满足过需求。 1837 年，位于五道岔地区一家老啤酒厂被改建成或许算得上第一栋经济公寓房；该处迅速变为一处令人毛骨悚然之地。 一则估算断言，啤酒厂在随后的三年期间至少每晚发生一起谋杀案。

于是，专为移民建造的楼房应运而生。 这些才是纽约第一批名副其实的经济公寓房。 这种楼房一般为四到五层楼高，一条狭窄的门厅走廊面向街道、院子或过道敞开。 在每一层楼，包括地下室，几套公寓向门厅敞开并带有窗户。 但在楼房中间还有一些不带窗户的小房间，其惟一的通风管道是一条贯串整个建筑中心的风井。 大多数在后院还有另一栋经济公寓房。 这种在同一地块有前后楼房结合的构造往往造成错综复杂的路径和过道，又暗又脏，臭气熏天。 这些地方每个街区的人均密度简直难以想象。 在运河街以南各区，每英亩人口总密度从 1820 年的 94.5 人上升至 1850 年的 163.5 人，而在此同一时期，每街区人口平均密度则从 157.5 人增长到 272.5 人。

房租千差万别，即使在同一楼房内也是如此。 一套有窗户的公寓月租费用在 3 美元到 13 美元之间。 楼房中间的单间房通常出租给单身汉，每星期租金为 0.75 至 1.25 美元。 在 1850 年，有 2.9 万移民居住在黑暗阴湿的地窖住所内，租金则任凭房东敲诈。 移民租户很少抱怨，因为房东随时可下逐客令立即赶走租户；总是有人在等待租房。

一套典型的经济公寓共有三间房。 两间作卧室，另一间兼有厨房、餐厅和起居室多种功能。 用水来自街头水泵或后院水井，厕所也设在后院。 根本就没有浴缸及淋浴器，用于洗澡或洗衣服洗餐具的水，必须从外边街头水泵通到厨房洗涤槽。 在这些情况下要保持清洁十分困难。 租户们就去公共浴室或由私人慈善家建造的洗涤场；莫特街上的"人民洗涤与洗浴场"就是在 1852 年建立起来的第一家。 毫无疑问，许多租户在河里洗澡，而且只能在夏季。 后院木质厕所由于过度使用和不适当的维护，持续成为危害健康之源。 一场创建更好公寓房的竞赛导致 1855 年在莫特街建造一栋经济公寓样板房，但并未影响到多少建筑商。

经济公寓的生活常似一场仅为苟延残喘所作的永无休止的挣扎。传染病的高发率使市政官员胆战心惊，但在人满为患的外来贫民窟，检疫隔离规则根本不可能得到实施。 任何可传染疾病都可能成为流行病。 黄热病曾在1795至1822年间五度光顾该市，1832年，一场新菌种霍乱横行纽约。 这场流行病集中发生在爱尔兰工人居住的拥挤地区，所有报告的病例中有三分之一以上来自第六"爱尔兰"行政区。不像许多有钱人可以登上科尼利尔斯·范德比尔特的蒸汽船前往康涅狄格州，这些爱尔兰人只能在极度痛苦中死去，临近10月霜冻，全市四千死亡人数他们占了绝大部分。 霍乱先后在1834年、1849年和1855年卷土重来；伤寒曾于1837年在移民中猖獗一时；之后，斑疹伤寒又在1842年一度爆发。

所有现存统计资料表明，移民要比相对富裕的本地出生居民远远容易死于疾病。 例如，在贝尔维医院于1849至1859年间登记入院的病人中，有83.9%系在外国出生。 该院1857年度年报显示，60%癌症死亡病人为移民，死于肺结核者外来人员比本地人多出656名。 也许最可怕的统计数据是，儿童及外国出生的家长在1857年占整个纽约市死亡人口的三分之二。 没有什么比这一可怕的数据更能生动说明贫民窟生活的艰苦了。

贫民窟的灾难性状况，部分系居住者自己造成。 他们无止境地将垃圾往街道和风井里倾倒，加上市政工人对垃圾的任意处置，为疾病开辟出肥沃的繁殖之地。 难得有卫生官员会去注意到贫民的福利，该市的下水道系统没有延伸到穷困地区。 的确，即使是富人区一直到1849年后才得到这些服务。 使保健问题更为复杂化的是，甚至当移民有条件接受可靠的医疗诊视时，他们经常对医生的建议置若罔闻，反而依赖迷信和民间单方去治疗除骨折外的各种疾病。

纽约决非一个健康的环境，而疾病也不会过问人的社会地位，对所有人都一视同仁。 有病公众总是乐意接受新的有望使他们恢复健康的治疗方法。 在 18 世纪 30 年代，用草药进行治疗的植物疗法颇为流行，到 18 世纪 40 年代，有关顺势疗法的"科学"又风靡全市。 这些时尚的吸引力虽然短暂，却反映出人们想得到更好保健的普遍愿望。 在 1830 至 1850 年间，纽约没有建立起更多的医疗机构，仅仅贝尔维医院得到一些扩充，不过，几个移民援助协会开始提供巡回医生、牙医及助产士服务。 直到 1855 年才有一家新的医院开门收治病人，这是一家犹太人医院（现在的芒特·赛奈），1858 年又有一家圣卢克加入医院的行列。

由于他们的贫困、不同的风俗习惯，或者根本不会说英语，移民时常与法律相抵触，但大部分都是些小的过错，诸如酗酒、妨碍治安行为或有可能是抢劫等。 统计资料表明，犯罪率随移民增加而显著上升，岁月流逝，纽约街头着实变得越来越不安全。 但如同现在一样，这些小型犯罪的受害者大多系移民人群本身。 爱尔兰和德意志新移民都有放纵饮酒的传统，再加上种族同化上的困难及家庭的杂乱无章，使他们常去酒馆消磨时光。

即使是老成持重的移民也难以同本地出生的警察相处，后者将移民视作对社会秩序的一种威胁，因此常为一点小事而对他们兴师动众。 甚至当爱尔兰人加入警察队伍后，他们仍摆脱不了这种成见，即爱尔兰人生来就特别喜欢诉诸暴力，并常就 1837 年 2 月的"面粉暴乱"引以为戒。 当时，一群饥肠辘辘的爱尔兰劳工将一座满满的谷仓洗劫一空。 卖淫在移民妇女中也十分普遍，贫困迫使许多姑娘去从事这一最古老的职业；干这行当的人有 60% 为外国出生。 能够通过艰苦生活煎熬而幸存下来的移民儿童，常会加入一个纽约为数众多的青少年帮派团伙。 对于生活在贫困中的年轻人来说，由于缺乏家庭引导及教育或娱乐机会，贫民窟团伙就是解决问题的办法。"鲍厄里街男孩"、"死亡野兔"、"克雷郡人"及"忠实美利坚人"等，均各自选定"色彩"，如同一个多世纪后青年帮派所作所为一样。 主要差别在于，在 19 世纪 80 年代，没有公共机构来对付这些不满分子，警署也难得去挑战下东区贫民窟团伙们的支配地位。警署估计1859年全市被捕人员中有55%为爱尔兰人。

但即使这座城市的野蛮一方面让市政当局感到绝望，又使杰出人物深感痛惜，另一方面纽约却又是举世瞩目。至1830年，曼哈顿在商业、工业及金融业方面都已名列第一，此后又在1860年之前的30年间取得文化艺术上的主宰地位。随着移民的不断涌入将城市环境损坏到一个突破点，纽约取得了它长期渴望但难得享有的文化上的卓越成就。全面改善的领域之一是文献资料的获得和利用。在1840至1860年间，纽约成人图书馆数量显著增加，虽然大多数是私人或收费图书馆。最重要的例外，同时也是纽约最好的独一无二的图书馆，即凭借纽约最伟大不动产投机商的40万美元遗赠创立的阿斯特图书馆。阿斯特卒于1848年3月，其十一人信托委员会于1849年4月批准在拉斐德广场建造一座公共图书馆。财产受托人从立法机关获得一项组成公司的法令，同时为设计提案进行招标。从30份呈递材料中，财产受托人选择了亚历山大·埃尔泽的设计方案，并授予他300美元奖金。一份建造阿斯特图书馆的合同在1850年1月2日签署，而大楼于四年后开放时已闻名全国。在20世纪它成为纽约公共图书馆的核心。

但该市图书馆仅为人口中的很小部分服务，对于大多数纽约人而言，最容易接触文化进展的方式是报纸。在杰克逊时代，纽约市成为全国新闻活动的中心；那里似乎有着适合人们各种口味的报纸。大众化报纸始于1833年9月3日，在那天创刊的本杰明·戴的《太阳报》为各阶层提供政治及社会信息，其他编辑也竞相仿效。詹姆斯·戈登·贝内特（1795—1872）于1836年创办《纽约先驱报》，随后又有霍勒斯·格里利（1811—1872）的《纽约论坛报》及威廉·卡伦·布赖恩特的《晚邮报》接踵而至。所有这些报纸刊登形形色色具轰动效应的题材、新闻报导、科学小品、实用窍门及流言蜚语。与此同时，报纸也分享现代的自由思潮——布赖恩特的《晚邮报》迅速赢得全市最先进报刊的声誉。

　　几乎所有读者都一致公认《纽约论坛报》的格里利为当时的最佳编辑。 格里利支持许多激进及异乎寻常的事业，但又把他的报纸办成美国最具影响力的报纸。 卡尔·马克思为之撰写有关欧洲事件的文章，这位编辑的常用引语"去西部，年轻人"，在此帝国主义扩张年代鼓舞着成千上万的人们。 亨利·J·雷蒙德（1820—1869）于 1851 年创办的《纽约时报》，在其新闻报道方面显得更为镇定自若，但它的主导地位却发展得极为迅速，至 1860 年，它已把所有竞争对手都抛在后头。 此外，在这些年里还有成百种专门化报纸发行，针对特定的族裔、宗教群体或劳工。

　　早在 19 世纪 30 年代，期刊作家和艺术家开始被吸引到纽约的生活圈。 纳撒尼尔·P·威利斯（1806—1867），波士顿《美国月刊》的编辑，1831 年移居纽约，他解释说，尽管波士顿有许多引人入胜之处，"但一个多少带有世界主义口味的人会非常偏爱纽约。"他随即创办《家庭期刊》，报道该市新闻。 1847 年，曼哈顿已经成为五十家杂志的总部所在地，其中包括《民主评论》、《纽约人》和《纽约月刊》等；此时，《哈珀氏月刊》差不多已开始发行，并迅速超过所有其他杂志。 查尔斯·狄更斯于 1842 年首次造访该市，此后又多次回访，其商业的熙攘繁忙及心智的充满活力给他留下了深刻的印象。

　　如同其牵动新闻工作者一样，纽约也吸引着艺术天才。 肖像画继续是最受欢迎的绘画形式，但塞缪尔·莫尔斯、约翰·范德林、托马斯·科尔、阿舍·杜兰德、詹姆斯和亨利·英曼等却发现，曼哈顿对他们迥然不同的风格也情投意合。 19 世纪艺术上最成功的珠联璧合形成于 1850 年，那时纳撒尼尔·柯里尔（1813—1888）和詹姆斯·M·艾夫斯（1824—1895）组成一家合伙制公司，创作出版石板组画。 开始每幅画售价为 5 美分至 1 美元，这批石板画中有些现在已卖到 1 000 多万美元；在将近 70 年的时间里，该公司的艺术家们纪实性地描绘了一个处在不断变革中的国家。

　　旧世界的建筑风格也很快被纽约接受，19 世纪 30 年代中期，哥特式建筑复兴，在此同在英国一样风行。 理查德·厄普约翰(1802—1878)受命以这类风格建造三一会教堂的三幢大楼，该教堂于 1846 年迎受祝圣，使他一举成名，并为他赢得许多私人委托。 教堂的尖塔高 260英尺，为当时城市的最高点。 厄普约翰接着帮助创建美国建筑学院，并成为其第一任校长。 大主教约翰·休斯(1797—1864)，作为日益增长的罗马天主教群体领袖也不甘落后，号召其信众捐款建造适合纽约的大教堂。"匕首约翰"有勇气雇用一位 32 岁的美国新教圣公会教徒担任他的建筑师，而詹姆斯·伦威克(1818—1895)于 1853 年开始兴建现在的圣帕特里克大教堂，五年后 1858 年 8 月 15 日奠基，但大功告成则是1889 年的事。 崇尚古典主义者十分欣赏 1842 年开张的美国海关的建筑，哥特式风格直至 1860 年在纽约仍占有优势。

严肃音乐和戏剧，尽管其光顾人数有限，在南北战争前的曼哈顿却日显重要。 虽然人口中的大部分宁可去歌舞厅或音乐剧场，但富有的纽约人坚持要听更高雅的音乐。 赞助者们组织起纽约爱乐交响乐团，该团在 1842 年 12 月 7 日举行了第一场音乐会。 19 世纪 20 年代引进意大利歌剧的尝试虽不怎么成功，但仍属一年中的盛举。 让该市接触歌剧的最大努力是由洛伦佐·达·蓬特作出的，他于 1832 年开办了他的意大利歌剧院。 19 世纪 50 年代早期，在花园城堡成为移民的预备地点前，歌剧一直在那里演出。 提供"更完美"音乐的尝试至 1854年仍在继续，那年位于第 14 街的音乐学院举办了它的第一次系列音乐会。

严肃音乐的爱好者们可能会嗤之以鼻，但广大民众仍偏爱如克里斯蒂·斯特雷尔斯提供的娱乐节目，她于 1846 年第一次在纽约进行表演。 1850 年，P·T·巴纳姆将"瑞典夜莺"詹妮·林德邀请到纽约，接连开了 200 场音乐会，每一场表演前所未有地支付她 1 000 美元。 她的第一场演出于 9 月 11 日在纽约的花园城堡举行。 每位出席者都激动不已，有些人甚至认为演出的确值巴纳姆所收取的最高票价 225 美元。纽约的精英名流愿意、也有能力支付如此昂贵的票价，使林德及其仿效者得以在此充满机会的城市大发横财。 1852 年，歌手阿德利娜·帕蒂使吕克昂剧场座无虚席；是时她年方 8 岁。

纽约在戏剧方面已经占有的优势，在 1860 年之前的 20 年进一步得到增强。 帕克仍是最具声望的剧院，但 1847 年百老汇和阿斯特剧院的开张带来了竞争。 尼布洛的加登斯、国民及鲍厄里剧院也都是富丽堂皇的建筑，但帕克继续为"时髦剧院"招待欧洲的最佳演员和曼哈顿的最佳观众。 范妮·埃尔斯特尔、范妮·肯布尔、马西娅·马利班以及卓越非凡的英国演员威廉·麦克里迪，都曾向把帕克剧院挤得水泄不通的观众们献技。

舞台同时也为政治表现提供了场所，正如 1849 年 5 月阿斯特广场骚乱爆发所反映的，事故起因于美国演员爱德华·福雷斯特同麦克里迪之间的敌意。 从未看过舞台剧的爱尔兰人毫不怀疑谁是更好的演员，当他们反对麦克里迪的示威发展到失去控制时，不得不叫来大批警察；在秩序得到恢复前有三十多人丧生。 至 1851 年，埃德温·布思同时取代两人而成为广受女戏迷欢迎的男演员，他始终保持为美国的一代名伶。 总的说来，几乎毋庸置疑，纽约称雄于每一个艺术领域；它取得了一种文化品格，全国所有其他城市都会有意识地竞相仿效。《百老汇日报》的话极富预言哲理："纽约正在迅速变成美国，如果说它现在还不是（美国）的话。"

但那时若纽约是美国的话，它已经是一块被一条经济与社会的鸿沟深深分割的土地。 在贫民窟生活的恐怖与商人名邸的优雅之间，究竟存在着何种可能的联系？ 何以能让目不识丁的车夫和老于世故的经纪人进行沟通？ 当时的答案同现在的一样，即通过政治生活这一渠道。这个时代的伟大革命是男人取得投票的平等地位。 在 19 世纪 20 年代，投票权的财产障碍和因债务被处监禁的现象在纽约已得到根除，坦慕尼大楼已显示出民众的潜在力量。 到 20 年代末，坦慕尼协会决定动员为数日益众多的爱尔兰裔选民。 坦慕尼能够迅速办理移民的归化；其地方领导人同逍遥于选区街头的帮派团伙搭伴结盟；它确保酒吧没有警察来找麻烦；它甚至开始为爱尔兰人谋取市政工作岗位，如路灯点灯员、消防员、肉类检验员以及警察等。

坦慕尼的力量逐步得到壮大，虽其领导层仍系老牌商人，但其竞选实力却日益反映出它教化民众的成果。作为纽约的新移民，爱尔兰人倾向于抱成一团，从当地酒吧和罗马天主教堂获得乐趣。由于坦慕尼协会不会威胁到这两种宣泄感情的场所，甚至还提供升迁之途，爱尔兰人自然乐意成为其基层群众，尽管该组织仍为本地出生的纽约人所控制。但迟早，爱尔兰人会朝着他们能够施加影响的位置迈进。虽然这一过程需要经过好几代人，但不可避免，这种族裔接替继承的延续性，在当今纽约的族裔和种族政治中，仍表现得淋漓尽致。

纽约自殖民地时代以来，一直是州政府的"孩子"，但杰克逊运动激发起平民百姓主宰城市事务的愿望。这对于市长职位而言尤为确切，这一职位甚至在1830年之后仍为州长所任命。出类拔萃的市长常是这一选择程序的结果；德威特·克林顿先后被诸如菲利普·霍恩、威廉·波尔丁和吉迪恩·李等领导人所继承。纽约人现在喋喋不休要求选择他们自己地方长官的权利，到1834年，他们赢得了这一特权。那一年，民主党候选人科尼利厄斯·劳伦斯当选为市长，这是他三届任期的第一任。他当然属于富有阶层，但用主张贵族政治的菲利普·霍恩的话来说，他的作用，已经从作为一个"受人尊敬的官员"变为"一个党的市长"。霍恩在市长家迎接1837年传统元旦时显得异常高兴，民主党的"乌合之众"实际上占用了这栋屋，并将之变为一家"五点区酒店"。劳伦斯被迫召集警察来清理场地。那时候，纽约劳动者"看起来像是知道他们自己是自由的"，哪一家党派或组织待他们最好，他们就死心塌地跟着哪家干。

19世纪30年代的坦慕尼大楼并不像有些政治学著作中所描述的那样，是一台神话般的、制作精细和组织严密的政治机器。恰恰相反，它是一个由许多派别组成的联盟，这些派别在领导权问题上，以及在有关银行业、西向扩张和废奴主义等国家政策问题上，都存在着严重的分

歧。 这些问题将该市的民主党分裂成激进和保守两翼。 1835 年，自称
平等权利党的坦慕尼大楼的激进派，试图从代表该市银行业利益的保守
派成员手中夺得对该组织的控制权。 1835 年 10 月 29 日夜，农业改革
家乔治·亨利·埃文斯、《纽约晚邮报》编辑威廉·莱格特、小亚历山
大·明、约翰·W·韦萨克和其他一些领导人，在坦慕尼大楼开会，以
夺取党的指挥权。 会议期间，保守派熄灭了所有煤气灯，使大楼内漆
黑一团，这是人们在坦慕尼决策过程中惯用的伎俩。 但这次激进派是
有备而来。 他们从背心口袋里迅速取出蜡烛，立即用一种能在干硬粗
糙表面摩擦燃烧的火柴点亮。 反叛者的会议得以继续进行。 第二天早
晨，整个纽约都在笑谈民主党激进派的新名字：摩擦火柴。 当然，该
党派的主张是严肃的。 其成员声称反对一切形式的垄断，并对持杰出
人物统治论观点的坦慕尼组织不抱幻想。 由于他们寄希望于"对民主
进行民主化"，纽约民主党激进派得到从劳工到专业人士诸多社会阶层
的广泛支持。 作为金属货币的忠实信徒，他们不相信银行发行的纸
币。 银行本身就被视同压迫人民和腐败的工具而受藐视，公司组织则
被认为不平等并充满危险遭到反对。 该党派成员还把因负债处监禁看
作违宪。 简言之，他们力图使美国民主免受任何特权的侵蚀，并荡涤
一切不平等的污泥浊水。

这些信念似乎是对商业特权阶层的亵渎，这个阶层长期统治着纽约
的经济和政治生活。 的确，纽约民主党激进派思潮导致许多民主党人
向对手辉格党叛逃，并进一步强化了地方政治日益增长的阶级和族裔
分化。

19 世纪 30 年代，随着来自爱尔兰和德意志的移民继续壮大民主党
的队伍，在全国范围内徒劳无功地反对杰克逊民主的辉格党人，开始惧
怕对纽约的控制权将很快落入对方之手。 新移民不仅代表着一个新的
阶级，而且还代表着一种新的宗教。 既是杰出人物统治论者、又是新
教徒的辉格党人，将日益增强的民主党实力视为对自己霸权地位及政教
分离传统的一种威胁。 保守主义者们预料天主教会必将干预朝政，他

们为美国——或更确切地说——为新教制度的纯洁性而忧心忡忡。 该教会对欧洲残暴君主制的支持，使一些纽约人对天主教有一个颠覆美国自由政府的长远计划心存疑虑。 例如在 1834 年，艺术家兼发明家塞缪尔·F·B·莫尔斯连续为《纽约观察家报》撰文，声称天主教对美国的征服已在进行之中。 辉格党人则强调，抱成一团的、粗鲁又有犯罪倾向的外国人，给诚实健壮的美国工人带来了经济竞争。 于是，土生居民保护主义和先入之见在该市政治中均有所表露。

辉格党人从他们自己的经济论证中得益匪浅，"破灭的希望和丧失的机会"正好同 1837 年的全国性恐慌结伴而至。 是年早期，高昂的面包制作成本导致伊莱·哈特仓库外的"面粉骚乱"，至 4 月，据报道曼哈顿已有 98 家企业倒闭。 5 月 8 日和 9 日，该市所有银行都受到储户挤兑风潮的冲击，到 5 月 10 日，除三家银行外，其他所有银行一律暂停硬币支付。 面对如此混乱的局面，大多数选民再一次求助于辉格党，他们选举阿龙·克拉克，一位狂热的土生居民保护主义者，担任市长。 值此破产风靡全国之际，新执行官系偏执狂这一事实，并不使工人们过于担忧。 光建筑行业就有六千多人失业，无论克拉克如何深怀偏见，在所有城市救济中，仍有 70% 给了爱尔兰人。 至 1839 年中期，民主党的实力已恢复到足以收复市政府。 工作岗位再一次成为求之可得，及至该十年末，纽约、其劳动大军及坦慕尼大楼仿佛都已准备好进入新的历史时期。

在 19 世纪 40 年代的大部分岁月里，民主党都控制着纽约市的政治生活，但却从未赢得市长职位，因为辉格党反对派始终凭借偏见和经济歧视获取选票。 土生居民保护主义者们深信，外国人降低工资水平，造成学徒体制衰落，同时又抱成一团盲目选举不称职的候选人，从而腐蚀着美国的经济和道德基础。 其结果是，写有"爱尔兰人不得申请"字样的告示出现在纽约的商店橱窗内外，反天主教的文字和言辞成为政治议论的主题。 1841 年，艺术家兼发明家塞缪尔·莫尔斯公开以土生居民保护主义者的身份竞选市长；他虽未能得逞，但却开创了该十年的卑劣之风。

　　1842 年贫民窟地区的全市大检查，将住房危机归咎于移民和他们的生活习性。 即使一些有改革意识的人士于 1843 年组织起改善贫民状况协会，他们中的大多数仍倾向于带偏见投票。 1844 年，出版商詹姆斯·哈珀既作为土生居民保护主义者，又作为改革家赢得选举。 哈珀赢得的选票，比在 1852 年之前当选的任何市长所获取的选票都多，因而对选民基础直觉深具感染力自有其政治意义。 争夺选民效忠成为民主选举时代一个险恶的冲突领域。 选民们有时可能会投票给某些诉诸其偏见的人，但他们更喜欢那些为全体公民提供有益服务的人。 在这令人迷惑不解的"平民"政治中，改善该市环境为所有阶层造福，成为一个毫无异议的奋斗目标。 这一严酷的党派竞争的结果，是一个更为现代化的纽约。

　　该市的第一优先，系开发充足和清洁的用水资源，以利于控制疾病及消防。 科尼利厄斯·劳伦斯于 1834 年当选市长时，该市用水仅来自五个途径：曼哈顿公司、公共水泵、名闻遐迩的茶水泵、纳普氏之泉以及进口水桶。 纽约水质如此之糟，以致不少人认为这是该市公众酗酒不断增长的主要原因。 自 1818 年起，少数有钱人购买碳化"苏打水"代替饮用水。 啤酒酿造业是纽约的一个重要产业，但酿造厂却濒临灭绝的危险，因为用于酿造啤酒的水十分难喝。 医生们警告说，疾病将继续流行，直到供水得到显著改善后才可能有所收敛。

　　所有以上这些因素，导致市议会于 1835 年 4 月批准动用公款建造一个沟渠水库系统。 此项工程当时是否曾被催促尽快完成至今不得而知，但命运迫使该市立即采取行动。 自从纽约成为新阿姆斯特丹那天起，火灾一直是所有城市问题中最骇人听闻的事，每年因其肆虐造成的损失极为惨重。 唯一同城市火灾搏斗的机构，只是几支组织颇为松散的志愿者消防分队而已，使用着陈旧不堪、效能低下的设备；消防员们更关心的，是社会和政治活动，而不是火灾的危险。 这样的消防分队，充其量也只不过将火焰控制在已着火的大楼范围内，除此之外，很难会有更大的作为。 1835 年 12 月 16 日早晨，气温为零度①，寒风呼啸，仓库地区的一个火苗，忽然间失去控制而燃成熊熊烈火。 许多消防分队接到报警后立即赶赴现场，却发现水管早已被冻得结结实实。消防员们只能眼睁睁地看着华尔街以南 17 个街区——共七百多幢建筑——被烈火吞噬。 大火即使远在费城都能看到，并且一直延续了三天三夜。 还发生过其他几场大火：1845 年的一次大火共烧了五天五夜，1858 年的一场火灾烧毁了市政大厅的一部分，但 1835 年的"大火"无疑是该市历史上最严重的一次。 全部损失据估计达 1 800 万至 2 000 万美元，几家保险公司因此而破产。 事后，有几位投资者将这场大火引证为 1837 年大恐慌的基本原因之一。 不过，到 1839 年，烧毁地区的重建工作已全面展开。 变化是如此巨大，以致菲利普·霍恩，这位一向善于观察的批评家，评论说纽约是一座难以引起人们眷恋的城市，因为它"每隔十年就得重建一次"。 这场火灾虽然糟糕透顶，但对纽约的未来却贡献良多，因为它迫使一度安于现状的商业社区修正了建筑条例。 甚至更为重要的是，它鼓励和促进那些要求该市建立更可靠水源的人担当起这一重任。

在这场火灾发生前，房地产主拒绝了所有希望他们接受征税以建造公共水系的请求。 仅仅在 1836 年，由于对这场悲剧记忆犹新，选民们才同意出资建造克罗顿沟渠系统。 由查尔斯·金负责筹划这一工程；成千上万建筑岗位，被坦慕尼提供的移民劳工所充斥；工程所需要的沟道及堤坝在此后几年里渐成雏形。 作为该系统一部分的几个专项包括：横跨哈莱姆河的高桥，位于韦斯特切斯特的全世界最大的土坝，以及在现址布赖恩特公园处的一座埃及风格水库——为建造这座水库，不得不掘出十万具尸体。

终于，1842 年 7 月 4 日，两座水库蓄满了水，10 月 14 日，全市举行盛大庆祝活动，标志着几乎同伊利运河一样令人注目的项目大功告

---

① 美国通用华氏温度，华氏零度约合零下 18 摄氏度。 ——译者注

成。 该系统每日水流量为 3 500 万加仑，至 1852 年，每位城市居民日均用水量达 90 加仑。 健康状况立即显示出振奋人心的改善；火灾危险得以降低；房地产主为高昂的不动产价和低廉的保险费而笑逐颜开。纽约的克罗顿系统属于美国最现代化的设施，随着其在建成后数十年间的不断扩展，遂成为其他城市供水系统建设的样板。 克罗顿系统还促使公众要求设置污水管道，自 1849 年起这种要求开始得到满足。

唯一几乎未能显示改善迹象的方面，也许就是志愿者消防员制度。这些消防分队的成员，坚决反对在这一保障他们收入及重要性的体制内进行任何形式的创新。 由于大多数消防分队系民主党组织的实力支柱，坦慕尼协会成功地阻挡了所有关于创建大都会消防局的建议。 及至 1865 年，立法机构才决定创建一个支付工资的专业消防局，即使那样也完全是因为特权阶层的大声抗议。 直到那时，纽约人仍不得不满足于几辆新的消防车，安装一些更有效的消防钟声报警站，以及众多志愿者消防分队间更大规模的互助合作。

甚至在克罗顿工程完成之前，下一场牵涉公众服务的争论已经爆发，由于同本土居民保护主义问题有关，这场争论显得更为复杂。1840 年，纽约州州长威廉·西沃德(1801—1872)建议，公共资金应可用于资助纽约的罗马天主教公共教育事业，这是一个让休斯主教极感兴趣的主张。 9 月 21 日，休斯向纽约市议会要求提取资金，得到的答复是，新教占优势的公立学校协会，作为德威特·克林顿的一项遗产，反对这项拨款(如同他们反对拨款给新教学校一样)，认为其不恰当，并有可能违宪。 休斯争辩说，上公立学校的天主教徒所能接受教育的整个气氛和倾向，全都渗透着新教教义，但他的申诉仍被否决。 对天主教徒而言，用教区募捐所得款项建造的区区几所学校，是他们在以新教思想建立的公共教育之外的唯一选择。

休斯对公共资金的请求因 15 比 1 的反对票而遭拒绝。 作为报复，他拟就一份天主教占主导地位的市政候选人名单(卡罗尔厅候选人名单)，借以表明民主党人如果缺少天主教派的支持，就不可能在纽约赢得选举。 于是在 1841 年之后，信奉天主教的爱尔兰人与坦慕尼协会的联盟得到巩固，虽然对城市本土居民保护主义的恐惧也因此而与日俱增。 休斯施加压力的结果，是制定新的法律，以任命一个地方教育委员会来管理该市的中小学系统。 不言而喻，那样一来，教学就会变得不过分明显地倾向于新教教派。 第一所行政区学校在 1843 年开学，天主教徒们觉得自己已取得一个重大胜利，即便他们尚未赢得公共资金建设他们分离主义教派的学校。

在南北战争前的那些年里，纽约市的普通学龄儿童难得读到小学以上。 但要是数量可以被视为进步的一种标志的话，那么到 1860 年，公立学校系统确已招收了 90% 的实际上学儿童。 而且，越来越多的人要求在中等学校也能提供免费教学，1846 年 5 月，州立法机构批准市教育委员会建立一所免费学院。 直到 1849 年的其第一届学生，成为免费城市大学系统的先驱。 委员会还开设了为专修实用科目的工匠和店主授课的学校。 第一所免费夜校也在 1849 年开班。

19 世纪 50 年代目睹了多所公立中学的创建，虽然其物质条件和教学质量甚为低劣，但毕竟在所有美国城市私立中等教育之外，提供人们第一种真正的选择。 至于高等教育，城市居民中只有极小一部分能上大学，而且通常不在纽约。 但无论如何，几所高等学府仍被建立起来。 纽约大学于 1831 年组成，作为哥伦比亚大学保守主义和新教圣公会桀骜不驯的一名跨教派对手。 联合神学院于 1836 年为"新学派"长老会教友们所建立，作为 1817 年创立的圣公会普通神学校之外的另一选择。 休斯主教于 1841 年在布朗克斯的玫瑰山创办了圣约翰学院，即今人们所知的福德姆大学。 这些新的学校还有很长的道路要走，除哥伦比亚大学以外，纽约的高等教育一直表现平庸，直至 19 世纪后期。

不管哪个党当选纽约市长，或那位执行官的个人见解如何，所有候选人都发现，公众对于建立一个更为高效的市政府的要求必须得到满足。 这一新的政治现实的最好例子，就是本土居民保护主义运动，该运动于 1842 年正式组成政党，并在 1844 年成功选举詹姆斯·哈珀为市长。 同所有人的期望相反，哈珀几乎没有花多少时间去指责爱尔兰人，或批评克莱因多伊奇兰德的厨房。 他的头等大事，是创建一支市政警察队伍。 在哈珀当政之前，曼哈顿居民极不充分地受一个陈旧的警察系统保护，该系统缓慢演进了两个多世纪。 公共秩序的维护者包括：一支值夜队、100名任命的市司法官、31名警官、16名日间警察，还有35人被选担任行政区警察。 虽然有像高级警官雅各布·海斯（1772—1850）这样一位传奇警察，或许自己就可组成一支"一人队伍"，但毫无疑问，一座拥有32万多人口的城市需要更为有效的系统来维持秩序，特别在犯罪率上升的情况下更是如此。

大约在哈珀当选前三年，市议会曾授权工业家彼得·库珀（1791—1883），对创建一支1 200人的警察队伍是否合适展开调查。 库珀的提案一直被搁置到1844年5月7日，是时州立法机构最终对市政警察系统以法令的形式给予批准。 法律废除了值夜并授权哈珀市长任命200名警察维护城市治安。 由于此项立法去除了一个确立已久的地方任命源，同时又增强了市长的权力，纽约市政委员会的委员们否决了这项法令，并代之以另一项法令建立三支互相独立的队伍，分别由各级政府任命。 正当争论仍在继续之际，市长选定了他的第一批200人，他们立即得到批准，成为"哈珀的警察"。

乔治·W·马采尔，一位改行当警官的售书商，被任命为第一任警长，身着蓝色服装的警察开始在街头巡逻。 由于制服使他们在普通市民中间显得引人注目，这些上任新官发现自己成了经常遭受无端袭击的目标，他们随即要求有权穿便衣上岗。 究竟哈珀打算如何展开警察保护问题至今无人知晓，因为在1845年4月，他及其本土居民保护主义联盟被选民们摈弃。 民主党人威廉·哈夫迈耶就任市长，并于1845年5月13日改组整个警察系统，创建起一支800人的队伍。 正式的制服暂时被丢弃一旁，但警署纷纷建立起来，在那里可找到巡警及被扣押的罪犯。 该市被划分成三个区，每个区有一个法院、众多治安官和书记员。 市长根据市议会的提议任命警察局局长及所有副巡官，但警察的挑选则成为行政区一级政治家们的权力。 纽约警察局确已诞生，虽要使之职业化还任重而道远，但终于有理由希望城市街头可能会变得对公众安全一些。

即使街道或许属于人民，但毫无疑问这些街道都很脏。 哈夫迈耶的主要任务之一，就是要去除纽约肮脏的恶名，一个因漠视可上溯到殖民地时代无数规章制度而保留下来的恶名。 马继续是主要的交通工具；猪仍然在街上搜寻食物；被赶往屠宰场的牛留下的一堆堆粪便，致使已十分肮脏的街道更是臭气熏天。 在哈夫迈耶领导下，市议会于1845年实施一项综合环境卫生法，凭借机器设备和指定足够多尽职的街头工作人员及卫生检查员清理街道。

该法规贯彻没几年，实质性的改善已清晰可见。 垃圾被收集起来用小车运走；市民凡未能清扫自己门前人行道部分的，都被课以罚金；卫生检查员们开始设法保持厕所和污水池的适当清洁、排放及维修。遗憾的是，由于收集垃圾废物私人承包商的政治影响，公共卫生局一直到1866年才得以组成。 在这20年间，所有哈夫迈耶的继任者们对规章制度是否得到执行，全都采取放任自流的态度。 不过，在整个19世纪50年代，市政府出资兴建的下水道工程，以及曼哈顿各条街道的系统铺设，使城市总体面貌大为改观。

这些如同铺路一般的生活便利设施非常重要，因为该市日益增长的人口不断挤满大街小巷。 新移民的数量大大超过房源，下曼哈顿岛一条接一条河流拥挤不堪。 移民们尽可能在靠近有活干的地方落脚，而大部分商业机构都集中在该岛南端的码头和仓库地区。 因讨厌步行去上班和寻找工作的劳工人群，中产阶级的房东和业主家庭开始迁移到相对安静的非商业区居住。 由于不动产价格迅速上涨，联立房屋取代了纽约早期的传统单一地块住宅。 华盛顿阅兵场是新建筑的优先考虑之地，格雷摩西公园已经成为专一的住宅区。 于是，在纽约传统搬迁日——5月1日，老住户成批搬出，新居民大量涌入，熙来攘往，曼哈顿的人群在他们共同的岛屿家园重新安排自己的位置。

　　富人们无论搬往何处，都一致认为必须有更好的交通，以便让他们能够迅速到达自己的经营场所。曾一度风行纽约街头的小型六人公共汽车，致使其交通堵塞闻名全国，因而在19世纪30年代始为公共汽车所取代，继而又在19世纪50年代被市内有轨电车代替。尽管交通工具的容量逐步扩大，但交通状况却继续恶化。更何况诸如纽约—哈莱姆线等铁路，实际上是在与城市街道铺设于同一平面的铁轨上运行，直到1839年，这种交通工具才被禁止。至1858年，服务于曼哈顿的有轨电车线路年运载量达3 500万人次，其所吸引的乘客既有普通工人，也包括上层阶级的人们。虽然大多数纽约人仍步行去上班，但随着时代的向前推进，纽约揭开了大规模公交系统时代的序幕。日益增长的交通车辆显然会要求有铺面的大街，到南北战争爆发前，该岛已有一半道路被铺设了路面。

　　随着纽约向北伸展，它永远失去了其从前所具备的乡村品质。至19世纪40年代中期，在大火的灾害得到消除之后，充斥着移民的经济公寓取代了下东区的商业仓库。该地区的花草树木基本上已消失殆尽。虽然克罗顿水库附近的布赖恩特公园于1846年被圈起围墙，麦迪逊广场又在1847年开放，但两者占地都不大。突然间人们察觉到，实际上已没有一块适于辟建公园的公共土地可以为曼哈顿的景色增辉。

　　很多人认为，抢救绿化乃系私人义务而非公众责任，但随着城市人口（1850年为515 547）继续攀升，公众要求公园设施的呼声也与日俱增。安布罗斯·金斯兰和雅各布·韦斯特维尔特市长都赞成这一提案，1853年，州立法机构批准，在今第59街以北的荒地"放鹅牧场"，建设一个占地760英亩的公园。1857年，曼哈顿中央公园全国设计竞赛由弗雷德里克·劳·奥姆斯特德（1822—1903）和卡尔弗特·沃克斯（1824—1895）拔得头筹。安德鲁·格林（1820—1903）被任命为公园委员会主席，工作很快就在如今被普遍认作纽约最富足的地方展开。大部分工程均在第一年完成，因为成千上万个工作岗位都给了因1857年大恐慌失业的人们，但在南北战争期间，工程实际上陷于停顿。总共花了 20 年时间,这一巨大项目才得以完成,但其设计之壮观、配备之完善,使中央公园成为全美城市绿化的典范。

在南北战争之前的纽约,执政党的首要任务,是为世界重要大都会的人民营造一个合适的城市环境。 无论一位市长如何赢得职位:是作为一名纽约民主党激进派、辉格党人、亨克派①,还是作为本土居民保护主义者,他都会发现自己的声望和未来的前景,均取决于他能否为城市居民带来用水、卫生服务、警察治安或公园等。 事实证明,选民们特别爱挑剔,在纽约成为现代化城市的这数十年间,很少有市长取得过一次以上连选连任的机会。 进步不仅仅是一个市政或市长的进取心问题。

1837 年,经过八年试验,塞缪尔·莫尔斯展示了第一台成功的电报机;五年后,他监督铺设从总督岛至曼哈顿之间的水底电缆。 到 1846 年,一条至费城的电报线开通,供公众使用。 这个国家一下子变得很小,随着铁轨网络将曼哈顿同整个国家编织在一起,也使这种缩小变得显而易见。 也许十数条铁路都依赖着纽约的商务,于是在 1853 年之后,靠经营船运发家的船长科尼利厄斯·范德比尔特(1794—1877),开始将大部分轮船并入大中央铁路系统。

但海洋仍然是纽约对外贸易的关键。 至 1840 年,在所有美国船舶中,五分之一为纽约人所拥有。 东河及哈德孙河上的 113 个船坞,为手艺人和无专长的移民提供成千上万个工作岗位。 往返欧洲的定期蒸汽轮船业务已在 1838 年建立起来,一年后,丘纳德船运公司从波士顿迁至纽约,因为赚钱的横渡大西洋业务中心已转移至此。 尽管海湾区烟囱林立,在码头最受人羡慕的工人,是那些在有名的快速帆船上工作的工匠和水手。 在东河沿岸建造和下水的快速帆船,是所有商用船只中最讨人喜欢的。 快速帆船时代虽然短暂(1843 年至 1860 年),但为少数人创造了巨额利润。 因受英国 1846 年谷物法和加利福尼亚 1848 年

① 19 世纪 40 年代纽约州民主党内以亨克为首的一个保守派别。 ——译者注

发现金矿的刺激，诸如"彩虹号"等船队能够在一次航行中赢得 200%的回报。"飞云号"创造的速度记录使人们目瞪口呆。 南街，这一"桅杆之林"，体现出纽约在商业上的优势。 有趣的是，现代曼哈顿在其南街海港博物馆中，试图再现其在那一时代的荣耀。

除城市增长、经济发展和世界主义之外，纽约还参与了标志着杰克逊美国的"民主激发"。 在社会实际生活所有领域的改革，使这个时代成为一个变革的时代，不少城市居民参加了多次反对社会祸害的运动。在纽约，戒酒运动也许曾激起过最强烈的情绪。 酒精被视作同移民密切相关，并被改革家们谴责为贫困、毁坏健康和犯罪行为的主要根源。在该市的每个角落，没有执照的机构将酒类销售给任何能支付足够现金的人喝，"狭小黑暗"的小酒家公然违抗禁止无证销售酒类的纽约州法规。

在 19 世纪 40 年代，过量饮酒成为所有阶层的普遍现象，戒酒运动也随之大张旗鼓地开展起来，特别在新教徒中间。 在不可避免的反击过程中，坦慕尼协会将合法酒类销售商组成保护贸易工会，同反饮酒法令抗争。 工会成功地抵制了城市奠基者们的所有法律措施。 喝惯威士忌的爱尔兰人和酷爱啤酒的德意志人大量涌入，致使蒸馏和发酵酿酒成为一大产业，成百上千家纽约旅馆、寄膳宿舍及饭店，全都依赖销售酒类赢利。 销售商、旅店和市政当局之间的铁三角关系十分牢固。 或许举行过多次会议，戒酒集会也许在坚定的信仰者中间引起热烈响应，但在 19 世纪 50 年代，酒类利益机构动员外国出生选民组成一个强大的反戒酒集团。 全市有五千多家机构销售酒类，许多小酒馆店主都是政治组织的行政区骨干。 于是，无论那些改革家如何希望禁止"恶魔般的朗姆酒"，并永久消灭"酒吧间地板上的面孔"，纽约市对实行戒酒还是无计可施。

大部分纽约人对废奴主义运动也超然物外。 曼哈顿商业区是阿瑟和刘易斯·塔潘的发家之地，作为《纽约商业日报》的业主，他们在1831 年之后，为全国的废奴工作投入了大量时间、精力和金钱，但大多数市民对反奴隶制运动还是漠不关心。 仅仅在 19 世纪 40 年代，由于领土扩张而使冲突进一步白热化，才有较多纽约人投身反奴隶制事业。墨西哥战争后，民主党分裂，一个叫做烧仓派的激进集团在坦慕尼大楼内部形成。 烧仓派敌视银行，敌视增加州债，尤其反对让奴隶制扩展到自由领土内。 正如其名称所暗示的，要是他们无法控制民主党谷仓，他们情愿把它烧毁，他们同更讲实用的亨克派的原则性决裂，动摇着坦慕尼大楼的基础。 该党在废奴主义问题上的分裂，为辉格党候选人在 1847 年当选市长扫清了道路，同时预示着一个民主党衰落期的到来。 大多爱尔兰选民并不同情废奴主义，因为他们已在同自由黑人竞争工作岗位。 德意志移民则较为同情这一事业，逐渐，许多人脱离民主党而成为共和党①人。 这样，奴隶问题虽对于城市的日常事务及大多数市民无关紧要，但因其导致坦慕尼组织分裂而对纽约产生重大影响。

戒酒运动和废奴主义引起人们的最大关注，但并非南北战争前纽约进步人士所支持的仅有事业。 许多专项改革措施，均出自"更好阶层"对于新到移民所处困境的同情。 例如，1836 年，约翰·麦克道尔组织起纽约妓女收容协会，来帮助曼哈顿的妓女，六年后，托马斯·埃迪和约翰·格里斯科姆创建纽约收容所，这是美国第一家青少年教养院。 一位天主教神父费利克斯·瓦雷拉，创办两个教堂、两所学校和一家孤儿院，以帮助爱尔兰移民。 1843 年，改善贫民状况协会宣告成立，1848 年，纽约妇女循道圣公教会家庭传教协会作出计划，改革臭名昭著的"五点区"章节。 接着，"五点区"传教团及"五点区"勤劳之家应运而生，服务于爱尔兰人群。 1853 年，有社会觉悟的纽约人建立起纽约少年收容所，解决流浪儿问题，同年，查尔斯·洛林·布雷斯（1826—1890）创建儿童援助协会。 对于这些富有献身精神的曼哈顿人而言，消灭赤贫、救济贫民、照顾精神病人、改善犯人与地方监狱状况

---

① 美国现存两大政党之一，长期与民主党（1828 年前称民主共和党）轮流执政。 建立于 1854 年，当时主要政纲为反对奴隶制。 ——译者注

以及争取妇女平等权利，都是当务之急。虽然改革家们并未总是如愿以偿，但他们的确赢得某些重大胜利，他们的个人奉献和公共成就，为纽约社会觉悟的进步作出了贡献。

到 19 世纪 50 年代中期，纽约已成为全国最大的都市。在伊利运河开通后的一代人时间里，其总人口增长到超过 70 万，而移民的涌入仍无减缓的迹象。显著的增长、继续增强的经济实力以及文化上的成熟，成为这个时代的特征。纽约已从一个粘合起来的地理和经济单元，变成一个向四周伸展而不修边幅的巨擘。组成其众多人口的各种经济、文化和种族群体，除了大家都是纽约人，都必须学会如何共处之外，很少有相同之处。市政当局，一个 18 世纪哲学的产物，忽然被迫应对由增长、技术发展和同化新公民之需所产生的种种问题。除了少数值得注意的例外，纽约大多数公共官员均系平庸之辈，不得不对付前所未有的犯罪、疾病、贫穷和发展等一系列问题。他们不仅去做，而且还千方百计地身体力行，也确实在为所有纽约人提供必需的服务方面取得显著的进步，人们无不为之惊叹。这座城市也许尚未被征服，但至少有希望得到控制。

最紧迫的任务，似乎是通过有效的领导，发展更高程度的政治和社会合作。必须找到这样的领袖人物，他们能够对该市不断变化的经济与社会状况作出积极有效的反应。市政官职不能再由一维的、尽管有公众意识的商人或贵族来充当。纽约市的领袖，必须是掌握市政府不同观点的人，必须是把为公众服务看作正规生涯的职业政治家。即使是醉心于权力和个人扩张的领导人，仍能为纽约广大异质人口的不同经济、政治和社会利益集团服务。自 1854 年始，随着费尔南多·伍德在政治上日渐声隆，该市开始接受这一类新型领导人。纽约的"老板们"对该市社会和政府的影响，比他们同时代的任何其他人都大。

第五章

老板时代

自 1830 年至 1860 年，纽约市面积扩大了四倍，成为美国的首要城市和世界贸易的中心，尽管其政府摇摇欲坠，管理软弱无力。虽然该市于 1834 年获得选举自己市长之权，但直到 1849 年其特许状得到修正之后，此职位才被授予充其量也不过每两年一个任期。然而无论如何，曼哈顿接纳了数十、上百万移民，把全国乃至全球的商务都吸引到它那喧嚣繁忙的港口，并为它的居民提供一种生活品质，比任何敏锐的观察家所可能想象到的更好。在很大程度上，该市的发展取决于其个体市民的野心；事实证明团体越大越难促动。学会有效操纵与推动政府的几位纽约人被授予"老板"的称号。费尔南多·伍德（1812—1881）、威廉·马西·特威德（1823—1878）和"老实人"约翰·凯利（1822—1886）先后的政治经历，主宰该市的政治生活达 30 年之久，并赋予它市政腐败和政治欺诈的持久恶名。这些老板都是机会主义者和政治实用主义者，同时又是他们反对者的死敌，远不止仅仅对公众进行巧取豪夺而已。

虽然有许多因素造成老板控制主义，但日益增长的公众对城市服务的需求可能是其产生的关键。要提供下水道、干净用水、交通系统，以及警察局和卫生局等新事物，需动用巨额公款。在 20 世纪，我们已变得习惯于"特殊利益集团"政治和官—商—政府势力"铁三角"。难怪 19 世纪中叶的美国创造出市政官员与商人之间的联盟，前者颁发建筑承包合同和公用事业经营特许状，后者寻求那些大有油水可捞的生意。 贿赂在曼哈顿作为经营的一项可变而非固定成本出现，执法官员则对腐败与犯罪行为熟视无睹；他们这样做不但赚钱有时还十分必要。纽约的老板们发现对他们最忠诚的支持来自移民投票者。 作为对这些选票的报答，老板们赋予这些新公民以政府机构通常不履行的市政职责。

在近时代，电影、戏剧和小说都趋于将市政机构及其大老板过于理想化，但他们操纵的系统实际上出自迫切的需要。 其表现时常颇为突出。 例如，在 1837 年，坦慕尼大楼所分配的食物篓——在没有老板统治时——使成百上千的人脱离赤贫。 善心和友情对于老板及其机构来说，与合同及佣金一样重要。 民主已将政治转化为一项群众参与的竞技活动，老板们比任何人都更早懂得这一点。 只要他们满足公众需求，他们就继续执掌大权。 由于他们的效用和洞察力，老板们统治纽约政治达一个世纪之久。

19 世纪 50 年代是一个政治分裂、地区间充满敌意的时期，在南北战争时达到高潮。 纽约难免被卷入如此深具历史意义的事件，全国政治的混乱对城市生活有着重大影响。 该十年伊始，美国国会通过 1850 年妥协案，这是解决分裂全国的奴隶制及领土问题的最后一次巨大努力。 虽然全国民主党支持这一妥协，但许多纽约人觉得该项立法难以接受。 持与本党全国舆论不同政见者，不但包括废奴主义者，而且还包括民主党烧仓派和"有良心"的辉格党人。

反而是保守重商主义的纽约辉格党人——其兴盛与未来依靠继续同南方做生意——率先采取行动支持妥协案。 1850 年 10 月，他们发起举办一场群众集会，敦促整个商业社区，无论从属何种政治党派，为本市利益批准妥协案的各项条款。 经过仓猝的征求意见，商定了一张联邦选举人名单，赢得一力商人与商行的支持，并迅速推向 1850 年 11 月 5 日的胜利。 商人们竞选运动的主题是挽救联邦，这一呼吁赢得全市范围的广泛支持，因为纽约人已深为奴隶制争执所造成的分裂惊恐万状。

这张联邦选举人名单，以市长安布罗斯·金斯兰（1804—1878）为首，使城市恢复了平静，并开始了长达四年的商业支配期。

纽约从来就是一座"商业城市"，所以十分自然，商人理应从冲突中寻求并获取缓解。但 19 世纪 50 年代早期的更大现实是，在开始震撼全国的压力下，全美党派界线正在逐步淡化。随着奴隶制道德问题和关于联邦性质永无休止的争论日益占据主导地位，党派忠诚的纽带突然断裂。至 50 年代年末，仅民主党仍保持为一个全国性的政治组织，然其单独的影响尚不足以制止内战。

党的组织结构支离破碎，这已在纽约 1850 年联合选举中暴露无遗，并在十年里一直保持分裂。但不像在全国舞台，奖赏诸如富兰克林·皮尔斯和詹姆斯·布坎南等软弱无力的领袖，在纽约，党组织结构的分崩离析，为强有力的领导人提供了机会。这是一个无确定目标、杂乱无章和迷惑不解的时代，一个专为独立、自我中心的操纵者定制的时代。事实证明，金斯兰市长对辉格党的投入不如个人获取财富，他上任不久就勾结市议会中的民主党成员，不惜挪用公款营私自肥。如此明目张胆地中饱私囊，使市议会成员至 1852 年更以"四十窃贼"闻名于世。但同以后的破坏性劫掠相比，金斯兰统治时期的腐败还显得微不足道，其市政账户中成千上万美元的虚报费用只能算小数目。但公众的反应是如此强烈，以致迫使金斯兰于 1852 年退休。以彼得·库珀为首的公民委员会也目睹了许多民主党市议会成员主动提出退休。1853 年对市政特许状的一项修正，免除了市议会颁发经营特许状之权，并对市议会成员的任命权也作出限制。一位名叫比尔·特威德的坦慕尼党徒，或许是那些被撤职官员中最具创新力的，他安然脱离困境，并于 1853 年至 1855 年在美国国会干了一届。在那里他发现自己的口味更趋向于市级而非国家级政治，于是他又回到曼哈顿，但他为自己的视野所设置的权限，显然高过一位市议会成员能够被接受的水平。

不过暂时，改革的纯洁性在曼哈顿仍占统治地位，该市可能处在纯正和继续增长的环境之中。1853 年版的《陌生人纽约手册》罗列出

272 座教堂、8 个市场、25 家百老汇旅馆和 7 家剧院为旅游者及商人服务。 旅游者可参观花园城堡、新开张的马戏杂耍场及巴纳姆举世闻名的博物馆，甚至攀登 350 英尺高的拉廷天文台塔楼。 用木材包以铁皮构筑的天文台是当时在美国建造的最高建筑，或许还称得上纽约的第一幢摩天大楼。 在其底层，布满了各种价格昂贵的商店，一台蒸汽升降梯将来访者送上高层平台，那里装有望远镜供公众使用。 在吸引游客的所有事物中，拉廷天文台仅仅是 1853 年该市重大吸引力的一件附属品而已，是年，第一届美国世界博览会在纽约市举行。

7 月 14 日，在第 42 街一座称为水晶宫的巨大建筑物内，富兰克林·皮尔斯总统主持这一大型展览开幕。 该博览会展出六千多件展品，分别来自美国、加拿大、西印度群岛和欧洲的大多数国家。 展览为期共 16 个月，展出结束后，宫殿被用于音乐会、舞会、宴会及地方性博览会。 不幸的是，天文台于 1856 年被一场大火烧毁，1858 年，在不到二十分钟时间内，原认为该耐火的水晶宫变作了一堆"白炽的废墟"。

1854 年，该市政治显而易见的分裂进一步加剧，诱导因素再一次来自国家事务，具体地说，就是斯蒂芬·A·道格拉斯向国会推出的《堪萨斯—内布拉斯加法案》。 由于这一措施实际上等于让 1820 年的《密苏里妥协案》无效，并使所有关于奴隶制的争论死灰复燃，难怪要受到大多数纽约商人的指责。 曼哈顿商界领导起全美国反内布拉斯加思潮，尽管所有这些争执，道格拉斯的措施于 5 月 30 日成为法律。 政治上，这项立法扫除了苟延残喘中的辉格党余部，导致共和党的形成，并迫使烧仓派民主党人脱离自己的党。 由此而造成该市的混乱，为纽约第一位坦慕尼协会老板提供了孳生的土壤。 国家危机和党派组织可能飘忽不定，但协会推举纽约市长的欲望则是确定无疑，值得每个人依赖。

费尔南多·伍德是所有纽约市长中最有魔力的恶棍之一。 他在当政的后期采取温文有礼、优美典雅的举止，但这样的装腔作势同他的出身及个性相去甚远。 伍德系一名雪茄制造商之子，继承拥有一家雪茄店铺，经营一家码头前沿酒馆，并管理一支机帆船队，想方设法在 40 岁之前积聚起足够的财富。 他曾在国会任职一届，忠心追随坦慕尼协会，并于 1850 年作为一名刚从旧金山和淘金热中返回的冒险家竞选市长，最终败在辉格党联盟手下。 他的声名狼藉并未给他的事业带来任何帮助，记日记的菲利普·霍恩这样写道："担任这一职位的人应该至少是一个诚实的人。 费尔南多·伍德非但不应占据市长席位，而且应当被列于州监狱的名册之中。"

但至 1854 年，伍德已多少克服了一点他以往的恶名，他扮演起调解人的角色，使民主党范围内的所有不同派别得到和解。 虽然他对坦慕尼的忠诚毋庸置疑，但伍德还是踏着选民们向"四十窃贼"发怒的节拍，高谈阔论起改革来。 从历史上看，坦慕尼大楼最讨人喜欢的特质之一，就是它要求定期净化一次系统，一次只有它能够掌管的清洗。1854 年，伍德的竞选运动允诺为本市政治恢复失去的荣誉。 他还允诺为本市从奥尔巴尼①争得更大的地方自治权，以限制卖淫和赌博，并将动物赶出城市街道。 11 月 7 日，他当选市长，这是由于爱尔兰人的第六行政区投给他的选票，比登记的选民数量还多出 400 张。 纽约现代老板上台掌权的这一新方式，很快就使人们习以为常。

不管知道伍德恶名的贵族们如何恐惧，甚至还面对坦慕尼协会的期望，伍德的第一任期被证实使纽约得益匪浅。 新市长利用 1853 年特许状改革为加强行政职权辩护，他实际上的确禁止了在城市街道驱赶牛群的陈规陋习。 更重要的是，伍德有效地捍卫中央公园的事业，为市民的抱怨设立"意见簿"，下令娼妓被捕后至少蹲一夜监狱，并规定市政警察必须穿制服，使他们更难不采取措施而离开犯罪现场。 这位市长作过多次演说支持戒酒运动，但他并不强迫酒店关闭，因为他正确地坚信该法律违宪。 他的按兵不动为他赢来爱尔兰人的选票。 他把城市土

①　纽约州的州政府所在地。　——译者注

地留给纽约的主教管辖教区，以便圣帕特里克教堂的建设能够进行，从而赢得休斯大主教对他下一任期竞选运动的支持。 他又提议制止贫民和罪犯移居本市，上层阶级为之雀跃，1855 年，他的政府促使将花园城堡改建成同该市实质上隔开的移民受理站。 8 月 3 日，一满船首批新到移民在那儿得到受理，此后的 37 年间，花园城堡成为接待区，批准将近 800 万人进入美国。 总之，伴随伍德当选的疑虑看来毫无事实根据，因为他在扮演一位"模范市长"的角色。 虽然他加强了自己的行政权力和权威，但他的有效政府赢得了广泛的支持。

第一届伍德政府为曼哈顿带来了满足和秩序，但地区性紧张关系并未得到缓解。 市长支持南方的姿态尽人皆知，因为他和坦慕尼大楼都懂得城市的繁荣如何倚仗棉花贸易及其信用需求。 不过，当《堪萨斯—内布拉斯加法案》获得通过后，似乎有比以往任何时候更多的纽约人开始关注南方、其贵族领袖以及其成为全国祸害的"独特制度"。 于是，1854 年之后，在纽约筹集资金以"挽救"堪萨斯及反对奴隶制变得相对容易起来，有些市民甚至积极支持伊莱·塞耶的移民援助协会（该协会为堪萨斯的定居者提供被称为比彻圣经的枪支），并参与地下铁路的秘密活动。

布鲁克林普利茅斯教堂的亨利·沃德·比彻，在其谴责奴隶制方面，也许是本地区最直言不讳的牧师。 同样深具影响力的，是多种报纸的社论对限制奴隶制的支持，其提供者包括《纽约论坛报》的格里利、《晚邮报》的布赖恩特和《纽约时报》的雷蒙德。 1856 年夏，一场为"堪萨斯受苦自由人"展开的筹资运动大获成功，即便其几乎未能赢得任何重要政治人物的支持。 尽管有这些观念上的转变，该市选民仍在 1856 年总统选举中支持民主党候选人詹姆斯·布坎南。 虽然对奴隶制的厌恶可能与日俱增，但该市作为一个整体，仍不愿让共和党占据白宫。 共和党纲领似乎既威胁到联邦，又威胁到纽约的贸易。 事实上，在伍德 1856 年的年度咨文中，有一半内容涉及危急的全国局势和纽约市对"自由贸易"的承诺。

经过一届成功的任期之后，伍德仿佛肯定会在 1856 年竞选连任，但他的成就造成他同坦慕尼协会之间的争执。这位市长抱怨说，他的委员们——当初全来自坦慕尼——都过于独立自主，对效率漠不关心。1856 年 5 月，在争当坦慕尼大楼首要领导人失败之后，他让他的支持者们向公众发问，应是"领导者还是人民"在纽约占统治地位。随着伍德同坦慕尼领导人斗争的展开，坦慕尼内部激烈的勾心斗角也在那年秋季爆发。伍德还发现，一位强有力的"一无所知"党的候选人正打算进入这场同他的竞争。11 月份的市长竞选成为纽约历史上最为错综复杂的事件之一，五位候选人及其支持者为控制市政府而进行唇枪舌剑的混战。战斗结束，伍德赢得连任，但他在坦慕尼的地位已大大削弱。由于疏远了他的母组织，伍德彻底改变了他对政府的态度。他采用"四十窃贼"的会计方法和坦慕尼大楼的组织技巧。于是，他第二任期的特色是：公开出售官职与合同，明目张胆地虚报假账，利用职权使市长及其家属的银行账户受惠。伍德任期在 1857 年之后，除了贪赃枉法之外，还以充满争论、暴乱和经济灾难为标志。

造成伍德从模范市长到腐败官员转变的一个关键因素，是共和党州长约翰·金力主加强州政府对纽约市的控制。金希望减少曼哈顿从 1853 年特许状中获得的地方自治权，遂决定集中精力创建一个新型的警察体制，一个"立法机构将不愿信任"伍德的体制。纽约的市政改革家们，此时大多已是共和党人，确实相信，在伍德穿制服的警察队伍里，腐败现象日益严重，因而支持州长的计划。于是，在 4 月 14 日，立法机构取消市警察局，组建大都会警察局，由五名委员掌管（由州长经州参议院同意任命）。

事实上，是市府自己的警力及其所提供的施恩机会遭到抛弃。接着，州立法机构更进一步下令于 1857 年 12 月举行特加市长选举，随心所欲地将伍德的任期缩短了一半。所有这些都是对大都会地方自治权的非法侵蚀，伍德——在许多关切的纽约人的支持下——决定进行抗争。新法律于 5 月 25 日生效后，他拒绝交出任何警署，或下令解散

"市警察"。 当约翰·金新任命的官员们试图接管这支队伍时，他们被乔治·马策尔警长领导的忠于伍德的市警察驱逐出市政厅。 事态至6月变得极为严重，当时"两警之战"——大都会警察对市警察——在市政厅公园爆发。 只是在第七军团的干预下才恢复平静。 一时间，"罪犯统治着大街小巷"，在鲍厄里街曾发生过帮派斗殴，而两支警力则尽可能避免同反对派以外的任何人发生冲突。 直到上诉法院于7月正式作出裁决后，伍德才解散他的队伍。 虽然大都会警察赢得一场延误的反对伍德的民事判决，但市长过失的账单却得由城市纳税人来支付。 不过有趣的是，六名赞同约翰·金州长决定的法官中有五名是民主党人。 发展到1857年夏，伍德的自行其是和贪得无厌已把他同坦慕尼组织完全分割开来。

夏天还给这位一度为模范市长的政权带来经济灾难。 在墨西哥战争结束后的十年间，美国先后经历了铁路建设的一次投机性繁荣、小麦种植面积的扩大以及州银行业的设立。 加利福尼亚金矿的开掘和全国范围制造能力的增长，使企业家们做起迅速致富的美梦。 纽约投资者们一头扎进制造业扩张和快速帆船建造业务。 接着在8月，曾刺激起经济繁荣的慷慨的信贷政策，在俄亥俄保险公司意外破产后突然终止。这家辛辛那提公司的倒闭致使整个东部连起波涛，企业破产案仅在曼哈顿就达一千起。 城市银行被迫暂停硬币支付，一项估计表明，该市七分之一人口接受慈善救济。 数千名失业工匠走上街头，要求给予面包，并对他们开放中央公园的建筑工作。 民兵多次被动员以增强大都会警察局的实力，直到12月12日，当银行恢复硬币支付后，骚乱才得以平息。

但伍德最大的麻烦，是他与坦慕尼大楼之间的多年争执。 这位市长充分利用了他对行政机构头目的任命之权，让那些忠实于他而非坦慕尼协会的人们充斥其中。 大量官职被拍卖给出价最高的人，大家都心照不宣，买主日后大可牺牲城市利益收回他的投资。 骗取到手的街道清洁合同及数十笔丑恶的不动产交易带来大量油水，但仅仅为伍德的信徒，而不是为坦慕尼大楼的政客们。

虽然伍德控制着正式的民主党提名，但坦慕尼大楼及其新兴的年轻领袖威廉·马西·特威德决定对此加以制止。出乎意料地一反该协会忠于自己党的传统，坦慕尼决定用自己的提名人，一位市议会成员提名的丹尼尔·蒂曼，来反对"正规的"民主党提名人名单。于是，在1857年12月的特别选举中，伍德不得不同州长的影响势力作战，同这场恐慌造成的后果作战，同坦慕尼领导人的联合对抗作战。蒂曼被显示为一位改革家候选人，并取得有些"一无所知"党甚至共和党的支持，但更重要的，是蒂曼动员起鲍厄里男青年团和其他爱尔兰帮派反对伍德。在一场激烈又有暴力倾向的选举中，伍德以2 327票的差额被击败。蒂曼于4月担任公职后，那位"模范"市长宣布退出坦慕尼，并创建一个自己的政治组织，他称之为莫扎特大楼。他告诉民主党领袖说："我从今并永远反对坦慕尼……现在就让他们知道。"

对于坦慕尼大楼来说，没有再比有机会在改革的幌子下竞选官职更甜美的事了，它未能预期到的一个问题是，其实，相当富有的蒂曼相信的只是夸夸其谈。虽然他个性诚实，但这位新市长不久就证实自己是一名政治庸人，没有能力在其政府内进行改革。正当蒂曼支吾着对抗特威德统治下的坦慕尼组织的旨意之际，伍德在谨慎地构建起一台敌对机器。1858年8月放焰火庆祝大西洋电缆竣工，同时也点燃了市政厅的顶塔、圆屋顶和平屋顶，这使得蒂曼的处境甚为尴尬。10月，一项法院裁定准予出售市政厅以支付伍德政府留下的债务，更使蒂曼狼狈不堪。虽然蒂曼私人用22.8万美元的代价买下这一建筑物，当然事后他得到了偿还，但这一事件给他带来的并非什么荣誉而是许多笑柄。无怪乎他在1859年民主党提名时遭到坦慕尼大楼的拒绝。

1859年选举给了伍德一次机会，使他能够作为一位理解和关怀纽约普通民众的人重新执政。出于一种奇怪的偶然性，他成为这次竞选中最穷的候选人，因为共和党人提名服装业百万富商乔治·奥普代克，而坦慕尼的候选人名单，仍用改革的标签招摇过市，并以制糖业百万富商、前市长威廉·哈夫迈耶为首。 结果，伍德成了对平民百姓最具吸引力的候选人，他们对他在凄凉的 1857 年秋相对有效的多项公众援助计划记忆犹新。 现在统领莫扎特大楼的这位当时的"模范市长"，赢得大多数爱尔兰人的支持，最终以三千张选票的优势第三次入主纽约市政府。 伍德于 1860 年 1 月 1 日接管市府时，他的行政部门为留任的蒂曼当政时的官员所把持，那些职位相当安全，因为市政委员会仍由坦慕尼的人统治。 于是，宗派政治继续发展，这座拥有 81.4 万公民的城市，政府也继续保持低效和腐败。 伍德声称他已被降级到公职人员中的一个"公务员"，但他仍继续为增添自己财富进行交易。 没有证据表明伍德曾关注过亚伯拉罕·林肯的"家不和则不立"演说，这是总统于 1860 年 2 月 21 日在库珀联合学院发表的讲话。 虽然伍德在国家推向内战时身为市长，但他所关心的似乎只有他自己；"他的爱国主义仿佛从未超出曼哈顿岛的范围。"

在 1860 年总统大选期间，伍德和坦慕尼组织一致认为，美国陷入困境的根源是废奴主义运动而非奴隶制。 伍德以十分蛊惑人心的方式谴责共和党像一个"恶魔，在其北方牢笼的狭窄栅栏内高视阔步"，并将之同深得全国范围支持的民主党候选人进行对比。 伍德和坦慕尼竭尽全力在 1860 年选举斯蒂芬·A·道格拉斯，这位"小巨人"在曼哈顿获得两倍于林肯的选票，不过共和党人赢得了纽约州。 伍德深信，纽约的繁荣在很大程度上取决于它同南方的联系，而同种植园主贵族阶级取得和解是出于为该市的最高利益考虑。

林肯当选后，更确切地说，在南卡罗来那脱离联邦之后，上述信念导致了 1861 年 1 月 7 日向市议会发表的一篇特别市长咨文。 伍德建议，曼哈顿应同斯塔滕及长岛联合起来脱离美国，成为一个独立的城邦。 由于其贸易优势和定能征收到的巨额关税，这一新实体的财政基础将会十分牢固。 虽然这一主张遭到许多人的嘲笑，但尚未变得"令人难以容忍"，直到战争于春季爆发后，这一打算才被置于脑后。

南军炮击萨姆特城堡后，伍德被证实很能改弦更张。 他下令莫扎特大楼组织一支志愿军团，同所有其他人一样，热情地挥舞起爱国主义的旗帜。 不过他似乎从未真正赞成过积极推动战争，这场冲突标志着他的曼哈顿政要生涯的结束。 他对联邦模棱两可的态度给莫扎特大楼抹上了一层叛国的色彩，这位市长在 1861 年 12 月试图连选连任，结果只名列第三。 他的惟一成果是分流了民主党的选票，致使坦慕尼大楼在选举中惨遭失败。 此时，伍德以他传统的方式，同这个与他长期作对的组织达成一项交易。 坦慕尼大楼同意支付伍德在竞选运动中所欠债务，并在 1862 年提名他竞选国会众议员，条件是他自己必须离开纽约市政界。 正式入选国会后，伍德成了整个内战时期一名全国"和平民主党人"领袖。 他在国会任期共八届，成为在货币和关税问题上颇具影响力的人物。

谈判使伍德离去的坦慕尼领导人就是威廉·M·特威德，他不久便成了第一位被公开称呼为"老板"的坦慕尼领导人。 E·L·戈德金(1831—1902)后来在《全体国民》中写道："如果伍德是这个团伙的恺撒，那么特威德就是它的奥古斯都。"不过，相对模范市长而言，比尔·特威德的早年生活同其他为坦慕尼大楼干活的流氓几无二致。 特威德于 1823 年 4 月 3 日出生在樱桃街，他是苏格兰双亲六个孩子中最小的一个。 年轻的比尔讨厌上学，在他父亲的制椅工场当学徒时也无法忍受艰辛的工作。 他尝试建立自己的商行又告失败，部分原因是他的兄弟酗酒，同时还因为比尔对经营本地消防队比在自己公司感兴趣得多。 正是在这"大六"阿梅里卡斯消防公司领导的位置上，270 磅重的特威德找到了他的欢乐之所。 他有一种先抵达水源然后拼命扑灭火焰的本领，他干这活比以往任何时候都更尽力。 他的消防队由是兴旺发达，而且名声很大，喜欢与人打交道的比尔·特威德不久就考虑开始他的政治生涯。

这是消防公司——有许多亲戚和相似见解的人们所组成的紧密单元——的传统，即为坦慕尼大楼的候选人名单提供人选，特威德正是通过这一途径步入政界的。 1851 年，他身为市议会成员，大多数记者都认为他有安排"四十窃贼"活动的能力。 当上老板之后，特威德在《纽约先驱报》上回忆道："从未有过一个时期你会买不到市议会的头衔。"特威德在国会只待了一届就觉得很不喜欢华盛顿；他只想经营纽约。 1855 年，他在执掌市教育委员会期间，发现如何利用教科书合同和教师贿赂赚钱。 从 1857 至 1870 年间，身为一名市政工程的监督，他又让永无休止的贿赂大开眼界。 特威德组织起反对伍德政权的坦慕尼大楼派系，他的目的显然不是要建立一个好的政府，而是想用另一个老板取而代之。 他同彼得·斯威尼(1825—1911)、理查德·康诺利、A·奥基·霍尔(1826—1898)以及法官乔治·C·巴纳德结盟，至 1861 年，该联盟成功地将伍德驱逐出纽约。 其代价也不算大，仅一次国会提名和两年共和党统治而已，但得到的却是整个纽约市。 全体国民仍在内战中挣扎，而特威德却已大功告成，政霸集团时代，即"一个内部遍布黄金的坚实团伙"的时代，业已开始。

在政治上，老板这个用词并不被认为是一种侮辱，这一头衔甚至在伍德最终离任前就被用到特威德身上。 他在 1860 年已当上纽约县民主党中央委员会的主席，并开始将这一集团塑造成坦慕尼大楼的同等组织；正是由于这一程序的完成使他成了老板。 通过一系列精明的政治交易，特威德和"智多星"斯威尼控制了坦慕尼最高委员会，独揽本党提名及司法职位任命大权。 1862 年，A·奥基·霍尔成为纽约的地方检察官，以确保该政霸集团在法律上坚不可摧。 1863 年 1 月 1 日，特威德当选为坦慕尼协会执行委员会的常任主席；所有其他当选的领导人都是他的盟友。 最后，在 7 月——即使那时反对强制征兵的骚乱震撼着纽约——特威德成了坦慕尼大楼的大领导。 如是，该政霸集团的构架已适当就位，纵使坦慕尼本身反而大权旁落。 1863 年 12 月市长竞选运动的结果，是一位民主党市长 C·戈弗雷·贡特尔的当选，这位"独立民主党人"是一名拙劣的政客，他在下一届选举被人取代，标志着政霸集团所作的最终结算。

特威德的政霸集团在美国人的心目中，即刻就被认为是市政腐败的典型，但无人知晓究竟有多少钱财被窃，不过几乎所有人都一致认为，其统治曾经为城市生活作出过重要贡献。 贿赂，从来就不是单向的。特威德及其同伙果然对金钱贪得无厌，但也必须有名牌公司和社会名流乐意送上门去才行。 特威德政霸集团之所为与普通腐败的不同之处在于，这位老板给贿赂过程带来秩序和协调一致性。 特威德成功地将贿赂延伸到自己系统的每一个角落，并确保犯罪活动的利益广为扩散。如果每个人都有份，那么何来犯罪？ 特威德的天才，是他合法化及官僚化了一个贿赂王国，一个一时间无所不包的王国。

　　1863 年，在他的坦慕尼职责和监督委员会的位置之外，特威德又揽下街道管理局副局长的职位。 这样的职位，给予他任命众多工作人员的机会，接着一个与工作相关的贿赂系统应运而生。 例如，在其街道管理局副局长任上，不仅有许多清扫街道的合同可被承包出去，而且还能从街道开通"手续费"中获得可观岁入。 随着城市不断向北扩展，这些收费确实油水很足。 该政霸集团于 1865 年 12 月选出它的第一位市长约翰·T·霍夫曼（1828—1888），其对全市财政的控制，又在"智多星"斯威尼成为城市司库以及"油滑的迪克"康诺利升任审计官后得到保障。 承包商很快就懂得，10% 的回扣必须加到他们所作的任何投标价格之上。 这一百分比不断地与时俱进——15%、50%、60%，在有些合同中，竟高达 85%。 贿赂的存在是一个公开的秘密，不过一开始并未产生多少严重的违法乱纪，如同现代美国公诸于众的国防部"成本超支"一样。 至 1867 年，特威德已成为一名百万富翁。

　　当此政霸集团征税系统确立之时，一个默契的劳工分部在组织内部形成。 斯威尼负责司法提名，康诺利照顾财政账户；霍尔为集团提供立法和司法问题咨询。 特威德以一名陆军元帅的平静和一位君主的慷慨执掌全局。 他在 1870 年被请求为第七行政区圣诞篮捐款时，兴高采烈地开出一张 5 000 美元的支票，只因有人求他"多画一个圈"，特威德没眨一眼就加上一个零，于是第七行政区有过一个相当隆重的圣诞节。 这位老板挥霍无度、喜好寻欢作乐而又慷慨豪爽，在他的统治下，许多市民都分享到由他带来的各种利益。

在 1865 至 1871 年间，特威德政霸集团实际上完全控制着纽约市的财政生活。 所有承包合同都有虚报成分，表面数额由城市审计詹姆斯·沃森支付给合同承包商，他们再将自己所得的 10%—85% 以现金付还。 作为政霸集团出纳的沃森，然后将此赃款按特定份额，分发圈内各级成员。 也许，该系统最劣迹昭彰的例子是由该集团得宠心腹安德鲁·J·加维提供的，他为纽约市做了许多墙面粉刷工作。 其开出的账单数额是如此之巨，以致人们都说他可以粉刷好整个欧洲仍然赢利。在两年时间里，加维为墙面粉刷工作向该市索要几乎 300 万美元，其中近 60% 返回给特威德集团。 无怪乎《纽约时报》称他为"粉刷匠王子"。 巨额的欺诈舞弊也施行于同文具供应相关的领域，两年内账单总额高达 228 万美元。 特威德个人更从所有为城市而进行的印刷工作中获益匪浅，因为他拥有这家完成这些任务的印刷厂。

政霸集团侵吞公款最臭名昭著的例子，发生在纽约市法院大楼的建造、装修和配备家具过程中，该大楼至今仍坐落在市府公园的北端。约翰·凯勒姆设计出一栋三层高、价值 35 万美元的大楼，该项目于1862 年破土动工。 但政霸集团的参与，却使这栋大楼的功能转变成将公款纳入特威德及其同伙私囊的渠道：大楼开放前，其总成本达 1 300万美元。 温度计开价为每台 7 500 美元；扫帚不费吹灰之力一共花去41 190.95 美元；铺设地毯的成本比建造市府公园的全部费用高出数倍。 账单在星期天以开给 I·C·卡什①等人的支票给付，至少有五位死人的姓名出现在照看大楼的工友名单上。 在其完工前，纽约法院大楼的成本几乎是英国议会大楼的四倍。

以盗窃和欺骗为特征的政霸集团运作方式之所以成为可能，仅由于其对于选举程序的完全控制。 坦慕尼同新移民，特别是同爱尔兰人之间十年之久的联盟，至此已变得牢不可破。 第一次投票数达 10 万张的

---

① 整个姓名(包括缩略语)的英语原意为代收现金。 ——译者注

全市选举发生在 1867 年,这台机器通过实施大规模归化移民每年都增加其投票总数,而正是政霸集团对法院的控制,使归化程序大大简化。纽约老是经历着喧闹粗暴的选举,但在政霸集团的鼎盛时期,投票用纸遭窃,投票箱给丢失或沉入河里,出现"重复投票者",暴力使反对派对投票站望而却步,几个行政区的选票有规律地超出登记选民总数。特威德让自己于 1867 年被任命为州参议员,使霍夫曼于 1868 年当上州长,又看着霍尔在 1869 年成为市长,自始至终得意非凡。

虽有严重选举舞弊的指控,但无从取证,至 1869 年,政霸集团不仅控制着纽约市,还控制了州立法机构的参众两院。 1870 年,霍夫曼州长连选连任后,共和党人重新问鼎州立法机构,但即使是这样的损失也被证实只是一个小挫折而已。 特威德深信每个人都有他的价钱,塞满现金的手提皮箱将被带往奥尔巴尼,去换取政霸集团的主宰地位。市政债务如同税赋一样飞涨,但在集团称霸的这些年里,很少有人提出变化或改革要求。

特威德如此公然的舞弊何以得逞? 部分答案似乎是:政霸集团及其主子能够"自豪地"指出市政府的政绩。 1865 年,志愿消防分队系统被废除,大都会消防区得以设立(曼哈顿和布鲁克林),消防服务由穿着制服、领取工资的专业消防人员提供。 1866 年早期,该市成为大都会公共卫生区的一部分,卫生局建立起来以对付已存在数世纪的传染病问题。 城市备用金已就位,可用于资助芒特·赛奈医院和天主教区的教育;事实上,清教徒特威德在三年时间里为天主教区的学校提供 140多万资助。 州参议员特威德曾先后提出过多项法案,分别组成大都会艺术博物馆、纽约证券交易所和伦诺克斯图书馆。 作为市政工程监督,他促使百老汇大街被拓宽,拆除各公园周围的栅栏,建造公共浴室,批准河边公园及大道,参与布鲁克林大桥的早期规划。 无可否认,维护不善的码头和街道、极不充足的住房、效率不高的公共交通以及不适当的下水道系统等问题继续存在,但这些问题既可追溯到特威德之前,又延续到他的政霸集团之后。 市民们可以夸耀新的俱乐部、第一列高架火车、巨大的新坦慕尼大楼和自然历史博物馆，作为他们城市保持主宰地位的明证。惰性和内战苦难过后对平静与稳定的渴望也起着作用，使政霸集团得到普遍的认可。

1870年4月5日，该集团取得其最大的一次立法胜利，奥尔巴尼批准该市一个新的政府构架，所谓的特威德特许状。这一"改革"措施系经大规模贿赂共和党人才获得通过，但由于其保障地方自治的实施，几乎获得纽约市的一致赞同。该特许状增加了市长的权限，他现在可以任命他的审计官和各部头目。特许状还合并了许多部门，撤销老的监督委员会，代之以审计委员会。经废止1857年成立的大都会武警部队，特许状使纽约市恢复对自己街道的控制；完成中央公园建设的权力仍被赋予曼哈顿。特威德虽失却其监督之职，然立即被任命为市政工程官（该职位使他成为审计委员会委员），他对工作岗位和市政在职人员名单的控制未经中断而继续保持。事实上，垄断政霸集团实力的一个重要部分，来自其为朋友、亲属和政治盟友提供工作机会的能力。几乎从未有过得到任命的人抱怨从自己薪金中被勒索"回扣"。5月，举行新特许状下的选举，正如人们预期的，坦慕尼以多出七千多张选票的优势在该市大获全胜，他们赢得五名法官，囊括所有15名市议会成员以及他们的22名助理。政霸集团权威的影响范围现已可谓完整无缺。

1871年，特威德老板处于其权力和威望的巅峰。他居住在西36街一座富丽堂皇的官邸内，在十多家公司的董事会任职，沉溺于美味佳肴和良种快马。百万富翁慷慨好客，码头工人和报社新手也竞相博得他的垂青。一项由约翰·雅各布·阿斯特三世进行的城市财政调查断言，对过去财政操纵的指控没有什么实质性的内容。坦慕尼内部一次刚开始的造反，"名人"吉米·奥布赖恩领导的"青年民主党"，很快就被扼杀在摇篮里，特威德仍作为大领导继续其统治。这位老板有着过于充足的时间操办他女儿玛丽·阿米莉亚的婚礼，他为1871年的这一特别事件花去70万美元。

一项试图取悦这位老板的努力，是为他在纽约港立塑像的筹款运动，对这场筹款运动，连特威德本人都不得不出面加以制止，因为他生怕自己或许会显得荒唐可笑。 私人捐赠的资金被退还，但老板保存着献金者的名单。 他一定牢记着哪些人表过忠心，哪些人则没有。 也许惟一会产生麻烦的疑团，是《哈珀周刊》及其卓越的漫画家托马斯·纳斯特（1840—1892）一年多里发表了一系列漫画，抨击政霸集团的贪得无厌、傲慢自大和巧取豪夺。 远比报刊批评的无证据指控更使特威德恐惧的，是纳斯特的笔。"我并不在乎人们写些什么，因为我的人大多是文盲，但他们有眼睛，可以像别的人群一样看得到。"但只要公众的无动于衷使得特威德无懈可击，即使是再棘手的漫画也对他无可奈何。

但如同经常发生的那样，窃贼内部的争吵被证实为特威德集团的阿喀琉斯脚踵①。 1871 年春，特威德及其同伙犯了一个严重错误。 他们同纽约行政司法长官吉米·奥布赖恩交恶，这是他们拒绝承兑他声称为执行他部门"额外"职能必需的 25 万美元造成的结果。 奥布赖恩随之威胁说，除非他的账单得到支付，否则他将揭露并公布所有政治霸权集团的阴谋诡计。 奥布赖恩已从他在审计官办公室的一位朋友那里获得这些事实和数据，那位朋友给所有账单、收据、档案和誊本制作了一整套拷贝。 政霸集团的出纳詹姆斯·沃森刚刚死于一场事故，使这些拷贝得以秘密制成。

面对他们自己人的讹诈，政霸集团拒绝付款，在他的计谋失败之后，奥布赖恩将证据移交《纽约时报》编辑乔治·琼斯（1811—1891）。曾企图以 50 万美元收买纳斯特的政霸集团，现在提出给琼斯 500 万美元，希望他不要公布这些导致身败名裂的证据。 琼斯拒绝了这一提议，并于 1871 年 7 月开始发表这些影印件。 至该月底，市民中每一位有识之士都知道政霸集团已窃取至少 600 万美元，后来据历史学家估计，这笔数目应在 3 000 万到 2 亿美元之间。 霍尔市长声明他是无辜的。 特威德恬不知耻地保持沉默。 斯威尼和康诺利则游移于勇敢与怯

① 希腊神话中的人物，出生后被其母手握脚踵倒提着在冥河水中浸过，因此除未浸到水的脚踵外，浑身刀枪不入。 阿喀琉斯脚踵比喻惟一致命的弱点。 ——译者注

懦之间。 不过，政治上的反应是可想而知的。 到处是同仇敌忾的公众集会；政治改革委员会被组织起来；在库珀联合学院举行的一次群众大会呼吁采取行动，民主党纽约州主席塞缪尔·J·蒂尔登（1814—1886）公开谴责政霸集团。 9月，70位市民领袖组成委员会调查特威德集团的活动，集团成员第一次被彻底惊呆了。

对特威德集团的抨击，随着其他报纸加入《纽约时报》的行列而如火如荼地开展起来，各报社论纷纷大张挞伐。 在此后数月内，所谓的70人委员会在前市长哈夫迈耶领导下并经塞缪尔·J·蒂尔登的参与，发现特威德及其政霸集团大量新的罪证。 但特威德却在11月连选连任州参议员，似乎仍有希望安然渡过这场风暴。

但这一梦想终于破灭，大陪审团宣告以120条罪状指控特威德，他于1871年12月16日被逮捕。 特威德作为坦慕尼大楼大领导的职位也被取代，这样他就不得不亲自面对法律的制裁。 当被狱卒问及从事何种职业时，特威德回答道："政治家。"随着老板的离去，政霸集团如同其形成时一样迅速分崩离析。 斯威尼辞去其公园长官职务，赴加拿大访问，旋而转为去欧洲"度假"。"油滑的迪克"康诺利也赶紧横渡大西洋，在那里找到避难之所。 集团的法官们不是自己引咎辞职，就是遭到弹劾。 A·奥基·霍尔仍是市长，受到起诉后，他作了自我辩护，最后被各种意见势均力敌的陪审团宣告无罪开释。 经过一段时间出国旅行，霍尔回国当了《纽约世界》的城市编辑。 1872年11月选举结果是政霸集团遭到彻底摈弃，19世纪40年代两届民主党改革派市长威廉·哈夫迈耶，第三次当选为该市的首席行政官。 如今是改革派执政，以前的老板不得不为他的罪孽付出代价。

对威廉·特威德的审讯于1873年1月7日即他被捕一年后开始，法官是诺厄·戴维斯。 尽管所有政霸集团被指责的偷窃行为，特威德并未被指控犯有任何罪行，而是未能充分履行其审计职责的法律轻罪而已。 虽然这一法律案件相当微不足道，但陪审团一定会作出裁决，因为必须通过惩罚以儆效尤。 1873年11月19日，特威德被判处十二年监禁及罚款12 500美元。 这位前老板在纽约市监狱和布莱克韦尔岛服刑十二个月后获释，上诉法院以技术性理由否决了初审裁定。 不过，特威德在法律上的麻烦并未到此结束，一项索赔600万的民事诉讼把他告上法庭，他遭逮捕后被囚禁在勒德洛街监狱。 在那里他受到狱卒的多方面关照。 他甚至被准许驾驶一辆由县副治安官保管的车外出同家人一起吃饭。 1875年12月5日早晨，全体市民惊讶地从报上读到，特威德在一次他常作的开车外出后没有返回监狱。 在经历一系列冒险之后，老板设法前往西班牙，不过他一抵达就被囚禁。 此后没多久，西班牙政府将特威德遣返纽约，他再一次被投入勒德洛监狱。

特威德在狱中的自述记录很少被公布，有许多记录"被丢失"，因为这些材料会使还在台上的领导人感到难堪。 不过这位老板从此再未受过审讯，并于1878年4月12日卒于狱中。 通过各种程序，纽约市从政霸集团窃走的成百上千万巨款中收回876 241美元。 但特威德一死，公众义愤也随之平息。

虽然一个老板垮了台，但坦慕尼大楼及其老板说了算的理念仍得以延续。 奥古斯塔斯·谢尔，这位在1871年12月取代特威德的领导人，系前港口收款人和一位重要商人，但他年事已高，没有兴趣再捡起垮了台的特威德的衣钵。 谢尔指挥了1872年失败的市长竞选，并竭尽全力恢复坦慕尼的公众形象，他试图通过与哈夫迈耶达成和解实现此目的，后者毕竟也是一位民主党人。 虽然该组织由于失去资助和派系纷争遭受损害，但谢尔仍设法恢复了表面的秩序。

哈夫迈耶政权很快着手对曼哈顿进行改造：垃圾每天收取两次，公共市场系统被重组，警官得到加薪，《城市档案》建立起来，公债得以减少。 坦慕尼无从再提更多要求。 一个新的城市特许状取代了特威德特许状。 与此同时，在坦慕尼大楼内，人们正在寻找一位领导，他必须实现使这台机器再一次被公众接受的奇迹。 能够完成这一不大可能完成的任务的人必定成为新的老板；他的姓名是约翰·凯利。

凯利，坦慕尼的第一位爱尔兰天主教老板，生于1822年，并已为坦慕尼服务多年。 作为移民双亲的儿子，年轻的凯利曾做过各种工作，包括《纽约先驱报》办公室勤杂员、门窗格栅装配工和石块切割匠等。 同特威德一样，他也在自己行政区的志愿者消防分队工作过，从而集结起一大批政治追随者。 他在1853年"四十窃贼"遭驱逐后成为一名市议会成员，后又当过两届国会众议员及三届纽约县治安官。 在19世纪50年代，凯利反对伍德并在政霸集团创立前就同特威德结盟。身为县治安官——一个让在其位者提取收费但无薪金的职务，凯利日渐富裕，并为自己赢得一个极为珍贵的称呼："老实人"约翰·凯利。 由于已经相当富足，同时又因家属的惨死而身心交瘁，凯利离职而去。他在特威德大曝光的骚动时期侨居欧洲，同整个丑闻隔绝并据谣传正进入隐修院。 完全是"数百名领导人"的恳求，才说服凯利返回纽约为坦慕尼收拾残局。 他升任领导确实理所应当，但之所以如此，是因为他是极少数未受特威德溃败玷污的坦慕尼领导人之一。

凯利的天才在于组织，他的墓志铭也许可以这样写："他找到的坦慕尼是一帮团伙，而身后留下的坦慕尼是一支军队。"他的新措施之一，就是说服名声尚无瑕疵的人们充当领导，藉以使德行回归坦慕尼的形象之中。 谢尔已成为大领导，但诸如塞缪尔·J·蒂尔登、奥古斯特·贝尔蒙特(1816—1890)和艾布拉姆·S·休伊特(1822—1903)等领袖也同意当头。 新政权被人们欢呼为"本市诚实人士荟萃之地"。 但性情暴躁的哈夫迈耶市长并不信服，在1874年的一封信里他指责凯利为窃贼。"我认为你比特威德更糟，除了他是一个更大的骗子之外。"哈夫迈耶深信，城市必须如同经营企业一样管理，就像他管理他的美国制糖公司那样，但凯利却坚持认为，一个现代化的市政当局必须更关心普通公民及其公务员的福利。 1874年，他和市长在任命选举监察员、驻警察局代表和地方行政官方面，展开了一系列权力之战，这只能加剧他们个人之间的争执。 凯利最终决定以诽谤罪起诉哈夫迈耶，但在审理开始的当天即1874年11月30日，那位80岁的改革家突发中风而亡。

一个诽谤审理案的激烈争论本应妙趣横生，不过凯利已赢得他控制纽约之战。从来就是"党建方面的发明天才"的凯利，实际上已选出一位纽约新市长，他早先任命的 33 名区领导，都已将自己地区的选票投给了正规的 1874 年坦慕尼候选人。甚至在哈夫迈耶去世之前，凯利的人威廉·威克姆已在 1874 年 11 月 3 日的选举中赢得了市长职位。

作为新老板顺从的仆人，威克姆命名凯利为城市审计官，在此后五年里，纽约的债务减少了 1 200 多万美元。凯利的坦慕尼大楼组织已得到很好控制。在以后十年市政方面的最大困难，仅仅在区领导忘却他们曾如何获得职位而试图反叛时才发生。威克姆的市长职位在 1876 年为史密斯·埃利所接任，在这次选举中，顺利经营下的坦慕尼组织实际获得两倍于共和党的选票。在凯利领导下——也是破天荒第一次——一台党的机器被真正组织起来。

凯利觉得特威德的贪婪过于肆无忌惮，他认为金钱和权力都可通过"诚实的贿赂"安全地获取。他的组织永远赞成适当的贿赂、回扣和送礼，不过在大多数情况下，只要有不动产被出售，特许经营权被授予以及商务合同被承包，这些手段都显得毫无必要。合法的收入完全可以通过所有这些交易赚得，只要没有利用"知情人"内幕消息的顾虑。这台机器还控制着两份纽约的报纸：《明星日报》和《晚间快报》，它们连篇累牍地为老板歌功颂德。坦慕尼还在其他报社聘用"夸夸其谈者"，依靠他们将事件报导置于合适的版面。

但凯利作为老板，并未不遭反对，他专横的命令常被各区民主党人置若罔闻。脱离论者于 1878 年组成欧文大楼民主党，在共和党的支持下，实际上选举爱德华·库珀为市长，而不是年迈的奥古斯塔斯·谢尔。不过在总体上，凯利的意志占上风。他足智多谋，善于同敌人妥协并分享重要职务任命权，如是，他至死一直掌握着市政大权。1880年，他选择威廉·R·格雷斯（1832—1904）当市长，这是近两百年前唐根担任总督以来第一位天主教徒领导纽约。当格雷斯拒绝将用于恩赐的工作分配给坦慕尼仆从时，凯利明确表示不会再让他连任。改革家们或许会抱怨，曼哈顿"缺乏一个代表公众舆论的稳定实体"，行政区被政客们搞得一团糟，不过它仍然繁荣昌盛。　赫伯特·斯宾塞[1]于1882年来访，断言说"纽约如同中世纪的意大利共和国，正在失去自由的实质，如果尚未失去其形式的话"，但凯利继续我行我素。　没有贿赂，凯利虚设其个人财富却维护着他老实人的名声。　坦慕尼也因避免重大丑闻而兴旺发达。　从总体上说，凯利作为老板所进行的统治，被党的核心，被这座城市，也被他自己，视为非常成功。

　　只要凯利的野心一超出纽约市边界，他就必然归于失败。　在他当上老板的第一年，凯利在试图控制纽约州党组织过程中，同塞缪尔·J·蒂尔登发生冲突，他最终被击败。　后来，凯利为州民主党人卑劣对待狱中的特威德所激怒；他发起一场独立的竞选州长运动，结果使他的党在1879年失去对州众议院的控制。　1883年凯利决定对抗民主党州长格罗弗·克利夫兰，他在重要职务任命权方面的独断独行被老板认为作恶多端。　他们冲突的结果，是凯利拒绝支持克利夫兰在1884年竞选总统，并公开预告后者必将失败。　凯利自己则集中精力对付市长竞选，因为格雷斯正试图卷土重来。　克利夫兰和格雷斯两人分别获胜后，老板体内某一要害部分坏死。　他病入膏肓，失却决策能力，没有药物辅助就无法入睡。　1885年，他最后一次离别坦慕尼大楼，在他西69街的家中度过余生，他的门生理查德·克罗克(1841—1922)定期前往拜访，他本人则老是怀疑着什么地方出了错。　这位筋疲力尽的老板殁于1886年6月1日。　在圣帕特里克大教堂举行的弥撒挤满了工人和市政官员，他们前来向一位曾系仁慈和独裁于一身的人士告别。

　　至凯利去世时，老板控制主义已成为纽约政治一个可接受部分。伍德、特威德和凯利的传统使克罗克轻而易举地秉承了他们的衣钵。没有人质疑他的继承权，因为领导权甚至在凯利去世前已不引人注目地传递下去。　坦慕尼的领导权已成为"一种发展，而不是一项任命"，被

---

　　① 赫伯特·斯宾塞(1820—1903)，英国哲学家、社会学家，认为哲学是各学科原理的综合，将进化论引入社会学，提出"适者生存说"，著有《综合哲学》、《生物学原理》、《社会学研究》等。——译者注

授予统治权的领导人为这座城市带来新一波的腐败。作为"曼哈顿的主人",克罗克是一个漫长过程的顶点;他结合了伍德的灵活机动、特威德的贪得无厌和凯利的组织技巧。他的统治,从 1886 年到 1901 年,产生出一个全然不同的纽约。

坦慕尼大楼影响遍及城市生活的所有方面,包括经济、社会和政治,其领导人远远不止是邪恶势力的化身。每一位老板都利用这个系统营私自肥,只是程度各有千秋而已,但每个人都自称代表人民说话和行动。当然,每人都在促进中央政府管理的理念,并提供日益有效的市政服务。其代价甚高,也许可说是逾越常规,但结果,坦慕尼成为纽约的代言人,并为都市美国提供了一个对自身崭新的视觉。来自各块大陆的移民,首先都通过在该市各界的坦慕尼行政区追随者融入美国社会。老板控制主义给他们带来工作、食物、友谊和建议,他们则保持对这一核心机构的忠诚作为报答。富有阶级也支持坦慕尼老板,因为从履行富足城市的承包合同和特许经营所得合法利润似乎永无止境。市政府同样得益匪浅,因为坦慕尼的核心机构被事实证明善于避开官僚机关的繁文缛节。简言之,无论是在地方、州或有时甚至在全国范围操作,坦慕尼及其领导总是能把事情迅速办成。

第六章

美国第一大都会

在南北战争前夜，纽约毋庸置疑已是美国的主导城市。尽管其竞争对手坚持不懈、富有创意和有时几近疯狂的努力，纽约自伊利运河开通以来，其商人取得的商务和金融方面的领先地位日益超前。经"大沟"(运河)运送的货物自其开凿后逐年增长，至1860年，总运送量达465万吨。国内贸易更被纽约港在全国对外商务方面的支配地位所超越。同样在1860年，全市经营全美三分之二进口业务及其三分之一出口贸易。该市除七项出口货物外都在全国名列第一，波士顿、费城和巴尔的摩三市的进口总量，还少于纽约仅纺织品一项的进口。城市商人在经销英国呢绒、爱尔兰亚麻和法国网眼织品方面保持着实质性的垄断，他们不断挤垮竞争者，开拓新的商务领域。

在交通设施和银行业的关键领域，纽约市也同样占统治地位。纽约中央铁路系统和伊利铁路系统同时为州内各地区提供服务，两者都将终点站和公司总部设于大都会地区。不管被迫迁移的农业社区成员如何愤怒抗议，铁路服务现已将长岛的村庄同曼哈顿连接起来。东河沿岸一些生意兴隆的造船厂，即"飞似快速帆船"的生产商，继续建造有史以来最好最快的木质船，并为两千多名劳工提供工作岗位。1861年，在内战打响后的第一个冬天，布鲁克林海军造船厂利用纽约市积累的经验建成美国第一艘装甲战舰，约翰·埃里克森的"监视者号"。下曼哈顿地区银行界，自19世纪30年代摆脱合众国银行所施加的种种限制以来，牢牢控制着美国的金融。从棉花贸易获取的财富，扩展到内地批发商的信贷业务以及投资制造业的意愿所有这一切，都有助于巩固这一地位。 仅在 19 世纪 50 年代，该市的资本储备翻了一番。 费城的银行系统被远远抛在后头。

1860 年的纽约市在工商企业方面也统领全国。 1850 年的统计资料表明，纽约州制造业产品价值居全国首位，这一出乎人们预料的结果，很大程度上是由于大量小型企业云集纽约市。 19 世纪 20 年代，诸如邓肯·法伊夫(1768—1854)等移民能工巧匠在纽约制造出许多传世杰作，使纽约成为美国家具业的中心。 杰出成就的传统继续不断，亨利·E·斯坦韦(1797—1871)于 1853 年开设一家无线电工厂，开创出一代王朝。 由于该市的印刷和出版业都排名第一，它之成为美国新闻业中心诚然不足为奇。 但纽约支配制糖及首饰制作业的事实看起来却似乎难以想像。 其 162 家雪茄制造商生产价值 1 百万美元以上的香烟。 在 1860 年，该市共雇用 90 204 名工人的 4 375 家制造业工厂，生产总值达 159 107 369 美元。 拥有 813 669 人口的纽约市，无论从城市规模、生产能力和企业家精神上说，都堪称美国经济生活的先导。 接着，从 1860 年到 1900 年，纽约进一步超越其已令人难以置信的成就；美国的大都会成为全世界最伟大的城市之一。

历史的一个小小嘲弄是，当大炮向萨姆特城堡开火，内战开始时，美国最大城市的忠诚性却无法确定。 在 1860 年总统竞选运动中，曼哈顿并不支持亚伯拉罕·林肯当总统。 1861 年 1 月 7 日，市长费尔南多·伍德提议，为保护其商务主导地位及其与南方各州极好的贸易关系，该市应脱离联邦并宣布自己为"自由市"。 他深信曼哈顿的继续繁荣有赖于它同南方种植园的联系。 除此之外，伍德辩解说，进行一场代表下等黑人的战争岂不荒谬绝伦？ 这位市长认为，一座独立的城市不会有财政困难，因为一项适度的进口关税就可产生巨额岁入。

伍德非同寻常的提议，在 1 月下旬州民主党集会也赞成和平脱离这一理念后，得到增强。 由许多曼哈顿商人起草的洋洋万言书向国会请愿,甚至进一步建议将合众国全部领土的一半给予南方。 但不仅仅是伍德和商界精英对新组成的林肯政府焦虑不安。 纽约市系386 345名外国出生居民的栖身之地。 难道他们情愿为叫做联邦的某种东西而决一死战? 为什么纽约受鄙视受压迫的约20.4万名爱尔兰人非得忠于美国?

战争真的爆发后,绥靖主义的提议及对分离的恐惧被迅速驱散。曼哈顿同北方其他地区一样热切地一致支持联邦事业。 伍德以适宜的政治方式改弦易辙,领导起"联邦永存"大合唱。 1861年4月20日,10万多纽约人在联合广场集会,发誓为这一全国事业给予资金和军力上的支持。 第七军团行军出击以"挽救"华盛顿特区,7月,联邦军队在波尔河溃败后,纽约全体人民对联邦的支持已不在话下。 的确,在波尔河,纽约市加里波第卫队及其坦慕尼军团遭受重创;北方在内战第一场重要战役的伤亡人员中,有三分之一来自纽约州。

伍德市长本人被事实证明出乎人们意料地忠于联邦,他领导一场筹款运动,为战争努力集资100万美元。 但太多的选民为伍德的过火行为所疏远,尽管他重新发掘出爱国主义,他的竞选连任仍输给了共和党人乔治·奥普代克。 1863年1月,奥普代克自豪地宣称,该市已经为战争提供了八万名志愿者,这是前所未有的表现。 许多新兵系外国出生的居民,他们以参军来表示自己对美国的忠诚。《爱尔兰裔美国人》发表社论说,移民永无可能"赞同摧毁一个让他们归化入籍,赋予他们公民权并保护他们人身的政府"。 霍勒斯·格里利,《纽约论坛报》编辑和"同里士满接触"的鼓吹者,坦率地惊叹在城市军团服役的志愿者数量。 从心理上和道义上来说,纽约的移民大众在战时作出的牺牲,有助于使一度受鄙视的社区融入美国社会。 他们为美国流血牺牲使其利益同国家命运休戚与共,并有助于克服对他们所存在的种种偏见。 归根结底,没有一座美国城市对北方的战争努力所作的贡献比纽约更多,它为挽救联邦投入15万名士兵和数百万美元资金。 战争还更确定了纽约头号经济大都会的地位,也使该市与全国其他地区间的财富差距进一步扩大。

虽然纽约战时努力的重要性毋庸置疑，但它却因战争期间发生于该市的重大危机，即 1863 年 7 月流血的征兵骚乱，而在历史上显得低劣不堪。 直到 1863 年春，至少在东部，战争已成为同罗伯特·E·李将军所部一长串失败或最多打成平局的战役。 更何况，1863 年 1 月 1 日颁布的《解放宣言》，将这场战争的意义从挽救联邦扩展到解放黑奴。国会于 1863 年 3 月实施《征兵法》后，纽约劳工不仅面临威胁他们生命的强制入伍，而且还面对获得自由的黑人将变成他们经济竞争对手的解放运动。

根据征兵法条款，富有的男人可用 300 美元购得兵役豁免权。 对于许多劳工来说，这次冲突一下子变成一场全由穷人参加而只让富人受惠的战争。 考验在他们日常社会中显而易见，自 1861 年以来在纽约的生活费用已翻了一番，而工资收入却远远落在后面。 爱尔兰裔码头工人特别愤怒，因为黑人顶替工被用以结束他们要求增加工资的罢工。李将军在 1863 年 6 月的向北挺进已使人们绷紧了神经，所以征兵于 7月 11 日着手实行时，麻烦应能预见得到。 几乎所有军队都被撤离该市，一波热浪把街道烤得滚烫。 此外，无往不胜的李将军开始从葛底斯堡全面撤退，又有消息传来说尤利塞斯·S·格兰特将军已攻克维克斯堡。 宽慰、欢乐、愤怒和焦虑竞相支配民众之心，结果酿成一场悲剧。

究竟南方邦联鼓吹家在煽动这场危机过程中起了什么作用，也许永远无从确切知晓。 自 7 月 13 至 16 日，成群结队心怀不满的人们在市内四处游荡，同伤残军团民兵以及 2 300 名警察发生冲突。 曾在 1862年 7 月和 1863 年 4 月允诺为联邦作出牺牲的大规模全市集会被忘得一干二净。 愤怒的人群坚持认为战争行将结束，征兵已毫无必要，白人不应为黑人自由去送死。 整整两天，人们随心所欲地施行种种暴力——大部分针对黑人——对阵激战在东河及哈德孙河沿岸此起彼伏。毫无疑问，这些人群主要由爱尔兰工人组成，也有不少迹象表明，大主教约翰·休斯很不情愿出面干涉，直至暴力泛滥成灾。

　　警察非凡的大无畏精神和各军团从宾夕法尼亚战场的回归结束了这场大屠杀，征兵本身则于 8 月恢复，没有再发生任何事故。 历史学家们的估计虽然大相径庭，但最起码有 150 人在一座美国城市所经历过的最严重的暴乱中丧生。 结果，数百万美元用于房屋修缮，最终被判犯有暴乱罪的 19 人平均服刑五年监禁。 可憎的叛国罪以及诸如焚烧黑人孤儿院等种族暴行，遮盖了该市在四年内战期间所作的贡献。 虽然该市仍然坚定地支持民主党——1864 年它以六比一的选票反对林肯连任——但其为联邦所提供的军事和财政帮助是巨大的。 纽约忠诚的真正体现，是五英里长的送葬队伍于 1865 年 4 月 25 日护送遇刺身死的林肯总统的遗体通过该市街道。

　　一个阴沉的纽约终于又回到和平的日常生活中。 城市仍保持着在贸易和资金来源方面的支配地位，并在战后时期加速发展。 经过 1861 年和 1862 年 3 月短暂的金融恐慌之后，《国民银行体系法案》于 1863 年制定，据以发行法定绿背纸币作为对战争的支付方法。 国会在其 1863 年立法中批准国民银行许可证后，全美国的银行家们几乎不假思索地求助于纽约保守经营的国民银行，望之成为他们可取得自己储备金的组织，而不是把他们的基金交托给持有州许可证的机构。 自 1853 年起，纽约一直为全国金融系统提供一个支票结算中心，在新的法律条款下，地方银行或可将纽约各银行持有的任何存款计为储备金。 在曼哈顿，这些地方银行的资金十分安全，便于管理，而且非常贴近全国最活跃的金融市场。 至 1866 年，该市已有五十八家持许可证的国民银行，将全国的资源吸引到曼哈顿。 这是一个全国性市场，交易品种包括银行承兑汇票、活期现金贷款、商业票据和政府发行有价证券，以及股票、对外贸易和保险等。 而且，由于国民银行支付 6% 的利率，从而吸引到10 万多新存户。

　　战争的结束就这样感受到纽约财政超强，经济繁荣，并急切想扩大其影响。 实际上，该市已延伸至第 34 街，更多的定居地沿东河河岸向北扩展。 1874 年，为纽约增添土地展开谈判，这还是自 1731 年蒙哥马利特许状颁布以来的第一次。 下韦斯特切斯特县的一部分(莫里萨尼亚、王桥和西农场)几乎使该市土地面积翻了一番，人口增加三万多。战时动员曾暂时减少了曼哈顿的总人口及移民流入，但随着和平的到来，士兵们都已复员。 更重要的，是新移民再一次拥塞花园城堡接待中心。 城市商人懂得如何充分利用大批非熟练劳工，该市很快又进一步扩大其在制造产量及生产品种方面的领先统计数据。

　　1870 年的统计报告表明，人口已增长到 942 292 名，有 7 624 家工厂生产价值为 332 951 520 美元的产品，比 1860 年水平的两倍还多。利润取决于廉价劳动力的获得，据估计，1867 年，该市至少有三万名妇女每天工作 12 至 15 小时，以挣取可怜的 30 美分日工资。 考虑到这些数字，对该市房产价值在 1860 至 1870 年间翻一番的事实也就不足为怪了。 到 1870 年，有九条渡船将纽约同美国第三大城市布鲁克林联系在一起，许多企业家搬到布鲁克林，完全摆脱曼哈顿的凌乱嘈杂而享受他们的成功。 加之纽约证券交易所会员又扩充至 1 060 名以上。 对于充满自信和成长中的纽约来说，似乎没有不可能办到的事。 在 1871 年，其港口处理全美国进出口业务总额的 71%，创历史纪录。 1872 至 1876年伊利运河的改善工程增强了中西部产品至其码头的流动。 作为全国贸易与商务的领头羊，这座全国最大城市的增长速度继续在下半世纪超前全国。

　　纽约未能居先的一个领域是在为其市民开创适于辟建公园的土地。但纽约还是有争议地建成了美国最著名的公园。 中央公园的兴建项目于 1857 年 9 月 11 日获得批准，其第一批完成的园区于 1859 年对公众开放。 南北战争期间，此项工程实际陷于停顿，即使该公园的界线已向北扩大至今第 110 街附近。 1865 年，公园每年吸引 700 万游客，该市重新任命由弗雷德里克·劳·奥姆斯特德和卡尔弗特·沃克斯组成园林组开始新的工作。 奥姆斯特德将其中央公园视为"文明的自我保存本能"所必需，并且他还确信普通市民应当像拥有马车的上等阶级一样常逛公园。 一个小动物园于 1871 年增添到中央公园后，很快就成为其广受欢迎的景点之一。 但不管奥姆斯特德的预期如何，普通市民对公园的利用率增长十分缓慢。 劳工们宁可去岛东边的琼斯树林进行野餐。 只是在公园委员会准许乘骑和闹饮之后，公园才失去其特殊地位而为广泛的各阶层民众所钟爱。 在当代纽约，一个世纪前产生出来公园的保护人已发展成一支壮大的队伍。

我们已注意到内战后曼哈顿的政治为特威德集团所支配。"老板"控制城市的各项任命，挟奥尔巴尼与其"黑马骑兵"结盟，并在 1868 年竟敢把手伸向华盛顿。 在那一年，位于东第 14 街豪华的新坦慕尼总部主办民主党全国代表大会。 特威德并非此过程的一支主要力量，但他的组织全力以赴试图给代表们留下深刻印象，甚至为时速可达十五英里的实验性高架火车举行通车仪式。 尽管如此，民主党坚定分子仍抱怨纽约"监管不善、铺筑马虎而车辆拥塞的肮脏街道"。

经过 22 轮投票，纽约取得皮洛士式的胜利：前州长霍拉肖·西摩（1810—1886）当选民主党总统候选人，同尤利塞斯·S·格兰特将军竞选总统，结果输给了后者。 特威德仔细地观察整个运动过程，确信他和坦慕尼能够在下一届代表大会之前控制全国的党组织。 但测试他预言是否灵验的机会从未到来，因为政霸集团不久就土崩瓦解，特威德从权力巅峰跌入万丈深渊。 但在犯罪和治理不当中间，坦慕尼和该市继续繁荣；自奥姆斯特德的战时任期开始，未曾有一位共和党人取得过市长职位，直到威廉·L·斯特朗于 1894 年作为一名改革候选人当选，其间历经整整 30 年时间。 纽约民主党由于自己队伍不忠所造成的损失，一成不变地远比因共和党反对而遭受的挫折为大。 在一个纽约一举成为主导世界大都会的经济革命时代，这座城市几乎一直由坦慕尼的老板们统治。

坦慕尼大楼在战后的十年间被显著改变。 长期为诸如特威德这样的新教领袖所控制，一场种族—宗教革命在组织内部展开。 至 1860 年，天主教徒组成该市最大的宗教群体，教会记录显示：1865 年在纽约

32 个堂区共计有 35 万名天主教徒。在 1866 年,估计约 10 万人在琼斯树林集会支持芬尼亚共和主义。及至 19 世纪 70 年代,爱尔兰人——19 世纪 40 年代赤贫移民的后代——终于获得纽约的政权。乔治·W·普伦基特(1842—1924),一位来自曼哈顿西区的坦慕尼行政区老板,在 1871 年同时领取三份公务员薪金者,简单地表达说:"爱尔兰人生来就是统治者,他们是世界上最诚实的人。"菲利普·霍恩一类贵族式领袖长期被抑制的恐惧已变为现实,他的精英阶层惊恐万状地畏首畏尾,因为他们意识到政权属于坦慕尼领导人控制的恭顺行政区。

《爱尔兰世界》,当今纽约最老的周刊,于 1871 年开始出版后,爱尔兰人从此有了一个重要喉舌。同年 7 月 12 日,坦慕尼激进主义分子成功阻止了新教徒庆祝搏因之役周年纪念日;在这次城市秩序得到恢复前有六十二人丧生。在 19 世纪 70 年代,新教徒对天主教爱尔兰人几乎已成传统的重大仪式的攻击终告结束,其原因仅在于爱尔兰新教徒在人数上被压倒。一个爱尔兰裔—坦慕尼轴心正在形成,其实力的基础,是核心组织为纽约移民提供关怀与帮助的无与伦比的能力,包括当时已在纽约的和此后五十年内来到纽约的所有移民。老板理查德·克罗克后来辩解说,坦慕尼帮助移民实现美国化;它"掌握未受培训举目无亲的人。并把他转变成一位公民"。所有它要求作为交换条件的,就是他的选票。坦慕尼逐步形成的这一系统卓有成效,以后的历史证明,其帮助意大利人、犹太人和黑人实现他们的梦想,同帮助爱尔兰人一样得心应手。

向美国移民的速度,在 1857 年之后由于经济萧条和战争,已显著减缓,但随着和平与繁荣的回归,人流量得以恢复。1873 年,移民又达到一个短暂的高点,差不多有 40 万个新移民踏上纽约的土地。这批来客的绝大部分系典型的"老式移民":来自英国、爱尔兰、德意志和斯堪的纳维亚,下定决心改善他们经济地位的人们。在 19 世纪 70 年代,有 270 多万新移民来到美国——最后一波爱尔兰人流入高潮发生在 1879 年一次小饥荒之后——北欧人占移民总数的首位。1882 年,尽管国会通过 50 美分"人头税"，仍有 78.8 万多移民来到美国，他们大多数取道纽约人境。

下层社会体格和领土的扩张，使支配纽约经济的工商企业家和银行家们惊恐万状。至 19 世纪 80 年代，该市一直延伸到第 42 街地区，而临近下等阶层实非理想的居住之地。忽然间，生活在市郊——长岛、布鲁克林或布朗克斯——成为对许多上流社会纽约人颇具吸引力的另一选择。对于那些决定不离开曼哈顿的富有家庭而言，哈莱姆的遥远区域并未意味着多少不便，因为地面铁路系统已能很好满足他们之所需。事实上，城市交通只是在 1878 年三条高架线路通车之后，才开始施惠于下层阶级。市郊布鲁克林对许多人最具吸引力，尽管存在须经渡船才能抵达的不便。

纽约精英阶层地理位置上的分散，使建筑布鲁克林大桥成为所有阶级一个永无休止的议题。建造一座连接曼哈顿同国王县的大桥是一个老主张，但直到 1857 年约翰·罗布林（1806—1869）递交了一份计划才显得切实可行。经过一系列政治活动，大桥实际上于 1870 年 1 月破土动工，全部工程由约翰·罗布林之子华盛顿主持，他是完成该项目最负责任的工程师。大多数人认为，要跨越一条宽六百英尺而其底部不知有多深的河流实在无法想象，但十多年来，这座大桥逐渐变大变美。贫民窟里的穷苦居民和布鲁克林高地上的富有商人，都惊叹地亲身目睹这一进程。

有些布鲁克林居民，也许受普利茅斯教堂亨利·沃德·比彻布道的影响，把将要建成的大桥视为开通驶往所多玛①的联运列车。1883 年 5月——经过 13 年的辛勤劳动，至少失去 26 名工人并致使自己身患潜函病症——华盛顿·罗布林（1837—1926）终于完成这项让整个纽约为之倾倒的艰巨任务。5 月 24 日，切斯特·阿瑟总统、格罗弗·克利夫兰州长和富兰克林·埃德森市长为布鲁克林大桥举行落成仪式。由于碰巧

---

　　① 因居民罪恶深重而被上帝焚毁的古城，见《圣经·旧约》中的"创世记"。——译者注

典礼与维多利亚女王诞辰同日，好不容易才避免了一场爱尔兰人口引起的骚乱。

作为自伊利运河以来最伟大的工程项目，该大桥不仅提供一条到达布鲁克林原野的便利通道，或许还使创建大纽约地区形成必然之势。因收费仅 1 美分，任何人都可跨上这座连接美国第一和第三大城市的桥梁。尽管发生过 1883 年阵亡将士纪念日惨祸——散步人群惊慌失措后有 12 人死于重伤——大桥仍成为大都会纽约市的一个标志。虽然布鲁克林承担该项目的三分之二费用，但布鲁克林大桥至今仍是纽约市的骄傲。

尽管有了新的大桥，要富有的纽约人决定离别这座城市绝非易事，而且不光从商业角度考虑。这座城市为文明生活所提供的享受设施，比全国任何其他城市都要多。在 19 世纪 70 年代，自然历史博物馆和艺术博物馆相继开放，一支由利奥波德·达姆罗施(1832—1885)领导的交响乐团于 1878 年成立，同年，吉尔伯特和沙利文的《英国皇家海军舰艇围裙》首次在纽约公演。美国贝尔电话公司于 1877 年 8 月被第一批授予营业许可证，至 1880 年，其服务范围已超出曼哈顿。托马斯·爱迪生(1847—1931)的白炽灯第一次在纽约用于照明，那是在 1882 年 9 月的华尔街地区。造价为 200 万美元的大都会歌剧院，于 1883 年 10 月 22 日借上演歌剧《浮士德》正式开放，立即取代贝尔蒙特·奥古斯特的音乐学院而成为演艺精品的旗帜。内战前，曼哈顿被排在"美国的雅典"波士顿之后而屈居第二，但 1865 年后，纽约跃居音乐艺术之首并一直保持至今。影响力转移的标志，是威廉·狄恩·豪威尔斯(1837—1920)在 1888 年从波士顿移居纽约。该市甚至有一个包括三个圆形场地可同时演出三套不同节目的大马戏团，这是由 P.T.巴纳姆提供的。自 19 世纪 80 年代以来，纽约在文化事务上从未跌落至第二位。

在建筑学方面，褐砂石建筑物临街正面遮蔽着许多纽约人的家，但在第 5 大道，真正精英的住房呈现一种"欧洲别墅"的风格。富有的纽约人首先居住在第 5 大道南区，但 1879 年 5 月由红衣主教约翰·麦克洛斯基（1810—1885）主持的新竣工圣帕特里克大教堂落成典礼，标志着纽约市中心已移往北城住宅区。 结果是又一波的向北移居热潮。 该大教堂及其临近的圣托马斯美国新圣公会教堂（建成于 1883 年），成为一种吸引富人的磁体。 炫耀性的铺张浪费变成建筑学的定则，阿斯特、惠特尼、范德比尔特、古尔德和亨廷顿诸家族，分别在第五大道北区建造大厦，从而他们的富有和高尚趣味可使大家一目了然。

除了私人宅邸之外，诸如沃尔多夫（1893 年）和阿斯托利亚（1897年）等豪华旅馆像雨后春笋般到处出现。 给人以更深印象的，是摩天大楼的大量涌现。 长期以来，芝加哥同纽约一直在激烈争辩，究竟是谁首先孕育出这一城市生活的现代化象征。 展开过许多技术性争论，包括电梯运行、管道设置、钢铁技术以及挡风织物等。 纽约的华盛顿大楼，即使有十二层高，但完全由砖石构成，故未能符合真正摩天楼的标准。 但布拉德福德·李·吉尔伯特的高塔大楼（1889 年）使用钢建成其金属骨架结构，或许这是第一次。 高塔大楼成为在曼哈顿坚实基岩里扎根的数百幢摩天大楼中的第一幢。 电梯的改善很快使建造更高的建筑有了可能，诸如曼哈顿人寿保险公司大楼（1893 年）、美孚石油公司和美国担保公司新的总部大楼以及给人最深印象的二十五层熨斗大楼（1902 年）等。 这些大楼都是全世界最杰出空中轮廓线的先驱。

在所有城市风光的变动中，没有比其接受法国人民的一份厚礼对纽约的未来更具象征意义。 1865 年，爱德华·勒内·勒菲弗·德拉布莱，一位崇拜美国民主制度的法国人，决定送给美国一块两国人民友谊纪念碑。 弗雷德里克-奥古斯特·巴托尔迪受聘设计这一项目，到 1871年，在正驶入纽约港的轮船上，这位雕塑家被一座代表"自由"的巨大迎客塑像的幻觉激发起灵感。 180 多个法国城市共筹集资金 25 万美元，以便让巴托尔迪进行设计和构筑——以亚历山大·埃菲尔创制的铁质骨架为基础——这座全世界最大的塑像。 这位被取名为自由之神的女子高 152 英尺，腰围 35 英尺，嘴宽 3 英尺，指甲长 13 英寸，在巴托尔迪的巴黎工作室内渐成雏形。

1876 年在费城举行的建市一百周年庆典，有 900 多万游客于事后在麦迪逊广场公园的展出中，看到塑像的右臂与火炬。 法国人只要求美国为他们的礼品配置一个合适的基座。 通常，联邦和州政府都不会很快采取行动，虽然格兰特总统于 1877 年 2 月确实已批准在贝德洛岛上的一处选址。 通过九年不懈的努力，以及由约瑟夫·普利策的《纽约世界报》领导的一场旋风筹款运动，纽约人方才凑足能够建成这一基座的资金。 自由之神塑像安装完毕后，高出港口地基 305 英尺。 其落成仪式于 1886 年 10 月 26 日举行，出席者包括克利夫兰总统和成千上万普通纽约人，是他们的捐献才使完成这一项目变为可能。 于是，纽约拥有一个比金融、制造业或建筑创新更为持久的标志，因为这座塑像代表自由、机会和希望。 一代接一代，惟有高耸港口的"自由女神"，才最长久地留在了来到美国的成百上千万移民的记忆之中。

1883 年前，在所有来美国的移民中，有 85% 来自北欧各国。 但正是这一年，标志着新到者原籍地的决定性改变，历史学家们将此称为新移民潮。 移民的主要来源从此变为南欧和东欧——意大利、俄国、希腊以及巴尔干诸国——到来者的数量超过历史上任何时期。 单就 19 世纪 80 年代而言，至少是以往任何十年期的两倍。 这是第一次大批俄罗斯犹太人到来，逃避沙皇亚历山大二世始自 1881 年的宗教迫害。 此后许多年，每一次继之而来的集体迫害，都会使纷至沓来的一大批犹太移民到达纽约，在前后三十年内，共有 156.2 万多东欧犹太人来到这座城市。 1910 年的统计报告表明，纽约市人口中包含有 125.2 万名犹太人。 这些贫穷、受过迫害、但年轻而雄心勃勃的人们的流入，从根本上改变了城市生活。

与犹太人到来同样给人深刻印象的，是南部意大利人的流入，这场迁移，一直被列为从一国到另一国"最大、最持久的"人口移居。 1880 年，该市只有 2 万名意大利裔居民，大多数来自北部省份，而在 19 世纪 80 年代的新移民，大部分都是来自意大利南部的农业工人。 在 19 世纪 70 年代，意大利人由于其宗教信仰、风俗习惯和乐意充当罢工中继续上班的破坏者，在纽约很给人瞧不起。　就大部分移居者而言，大多数新来者系男性，他们中有许多是打算返回祖国的"候鸟"。　因明显容易受剥削，他们常常顶替罢工工人去上工，实际拆了斗争中的工会的台。

国会对此问题作出反应，于1885年2月通过福伦法案，使任何人为破坏罢工而雇用劳工成为非法。　这项法令主要针对招募意大利工人的包工头系统，该系统专门从事把劳工承包出去并安排意大利移民的生活。　虽然包工头在其社区掌握社会及经济大权，但其影响力在这项法规的压力下迅速消退。　坦慕尼大楼街区首领的关照，是意大利工人摆脱居住区家长式统治的又一途径。　早在1885年，纽约劳工局就报告说，意大利移民——他们一开始愿意接受任何水准的工资——已变得"足够美国化"而参加甚至领导起要求增加工资的罢工。　早先最成功的意大利劳工领袖之一就是萨尔瓦托雷·宁福，他在几年后领导了四千多名意大利人协助建造纽约地铁。

新来者很自然定居在与他们同胞相近之处。　对意大利和犹太新移民来说，这就意味着他们被吸引到下东区低房租的衰落地区。　他们的到来促使爱尔兰和德意志居民的离去，后者原来占据着被称为约克维尔的东边地区。　没有几年工夫，新的语言、食品和习俗风靡整个曼哈顿南部。　犹太人手推车商贩在赫斯特及布利克街的人行道上随处可见，正统的敬神者建成可爱的埃尔德里奇街犹太教堂，以满足成长中的社区之需。　第5行政区的某些街道不仅有意大利人，还居住着那不勒斯人（马尔伯里街）、热那亚人（巴克斯特街）或西西里人（伊丽莎白街）。　北部意大利人居民社区本身，则迁移到百老汇以西第8或第15行政区的一些街道。　并非所有意大利人都留在该市。　许多人移居布鲁克林、泽西市、纽瓦克和全国其他地区。　然而，1900年人口统计报告说，纽约有145 433位居民系意大利人后裔，当时甚至20世纪早期更大规模的移民潮尚未到来。　至1908年，纽约已有50万多意大利人，比罗马的全部人口还多。　到1950年，意大利人已构成纽约最大的单一种族群体。

移民使城市的社会结构处于严重的紧张状态。 早在 1857 年，出租给新移民的经济公寓被指责为"日益增长伤风败俗行为的孳生地"，其状况从此显著恶化。 组织有素的按时去教堂做礼拜的人们，将这座由特威德主宰的城市视为哈德孙河上的所多玛，1866 年，主教马修·辛普森(1811—1884)承认该市有"比循道宗信徒更多的娼妓"。 一个似乎无法解决的问题，是成千上万无家可归的儿童流落城市街头。 纽约难民收容所(1825 年)及天主教贫儿收容所(1863 年)都声称对此数量之巨无能为力。 一位在少年收养方面的真正先驱为查尔斯·洛林·布雷斯，是他在 1853 年后领导起儿童援助协会。 布雷斯深信儿童在更敬畏上帝的乡村环境中发育成长最为成功，于是开始将无家可归的少年安置于城市之外。 他于 1853 年创办报童寄宿舍，1862 年开办女孩寄宿舍，他还在 1853 年创建一个包括 33 所职业培训学校的完整系统。 布雷斯毕生从事的工作，总共重新安置 10 万名儿童去西部地区，并给留在纽约的成千上万名儿童以及时的帮助。 不过，这一流动儿童人口的犯罪之灾，终于导致 1901 年少年法庭的建立。

面对移民，无论成人或儿童，问题是如此之多，以致各慈善协会最终决定组成一个包罗万象的保护伞组织。 1882 年，约瑟芬·肖·洛威尔(1843—1905)建立慈善组织协会，对救济服务的分配进行全面指导。没有联邦、州或市级机构照料新移民，为他们提供的任何服务全部由私人募捐者负担。 如同已指出的，仅有的另一选择，是坦慕尼大楼及其行政区首领小集团的慷慨赠予。

就业及少年犯罪，同纽约始终未能解决的住房问题相比，只可算是小巫见大巫而已。 1857 年的一项立法调查已表达对纽约贫民窟状况的震惊，但整整三十年却不曾有任何改变。 渗漏衰败的住房简直无法应付势不可挡的需求。 尽管 1887 年建筑规范修正强制改善管道工程及消防通道，但日益衰败的经济公寓仍是培养恶习和犯罪的密集校舍。 不过在那些拥挤不堪的房间里，整个家庭忙着赶制服装、雪茄、人工花卉以及许多其他产品。 1890 年，100 多万纽约人占据着 37 316 栋经济公寓楼，有些估计认为，至 1893 年，纽约人有一半生活在经济公寓里。雅各布·里斯(1849—1914)，一位来自丹麦的移民，出版了《另一半人怎样生活》一书。 身为《太阳晚报》的一名记者，里斯从分析由"犹太人街"到桑椹街的"弯道"，乃至第 10 亦即"斑疹伤寒"行政区的生活状况着手，最后得出结论说，东区"不适合信奉基督教的男男女女"居住。 他的书鼓舞着自西奥多·罗斯福起，直至弗朗西丝·珀金斯的整整一代改革家。

纽约人无论贫富，市政当局所提供的服务必须不断满足他们日益增长的需要。 曾在 1858 年运载 3 500 万名乘客的大规模马拉街车系统，未及迅速扩展以跟上 19 世纪 80 年代的乘客需求。 虽然马匹排便带来环境卫生问题，但 5 000 万名乘客到 1900 年仍在使用这一系统。 高架火车交通起始于 19 世纪 60 年代，但经营和服务均不可靠。 1892 年，期待着对高架交通进行合理化改革，曼哈顿铁路公司获准将四条现存路线合并成一个完整系统。 载客量立即增加，该公司不久就能给其投资者支付红利。

1892 年，这座增长中的城市打开了已大为扩展的克罗顿蓄水系统的阀门，该系统每天输送 3 亿加仑来自州北部地区多座水库的清洁用水。 翌年，纽约成为美国第一座用氯处理用水的城市。

垃圾焚毁始自建于总督岛上的一座处理厂。 在中央公园工作时学习工程技术特派员乔治·韦林(1833—1898)，在 1895 年之后完全重新组建卫生系统；其"白翼"清洁器在威廉·斯特朗改革政府期间为该市提供过出色的服务。

1896 年威廉斯堡大桥的竣工，开通一条自东区少数族裔聚居地到达布鲁克林的又一路线，并导致布鲁克林的迅速扩张。 从曼哈顿进入布朗克斯乡间，在华盛顿大桥于 1889 年通车之后变得更为便捷。

街坊文教馆，如街区指南馆、学院指导馆和亨利街娱乐馆等，相继在 19 世纪 90 年代建立，以帮助住在经济公寓区的居民。 这些街坊文教馆均由进步的社会改革人士所组织，为曼哈顿移民提供个性化服务及某些教育方面的援助。 这些努力，在城市中小学系统于 1895 年扩展有免费医检和为上进青年提供高中教育后，又得到补充，该系统已在 1877 年开始提供教科书，又于 1888 年增设幼儿园。 始于 1888 年的市教委成人夜校系列在下曼哈顿一直广受欢迎。 1898 年，慈善组织协会提供其第一批"社会工作"课程。 威廉·S·雷恩斯福德，《基督教与社会危机》一书作者和圣乔治新圣公会教区长，组织起一个社区中心及一支男童子军大队，格雷斯教堂主办一所"男孩唱诗班学校"。

1890 年的纽约已有人口 1 515 301 名，与 1860 年投入战争时的那座城市截然不同。 人口几乎已翻了一番，不断增长的欧洲移民潮给予该市未经润饰而振奋人心的特质，并保持至今不变。 成千上万新增加的小型商业机构，使曼哈顿作为美国的主要制造业中心的地位进一步得到巩固。 在 1890 年，纽约的 25 399 家工厂共生产 299 种工业产品，其总价值达 7.77 亿美元。 的确，曼哈顿是如此完全支配男女服装行业，以致地区制造商都觉得必须在该市立足，以利用在那里随处可得的专业经验和市场知识。

至 1900 年，纽约成为美国 100 家最大公司中 69 家公司的总部所在地。 制造商逐渐形成销售、簿记及债务展期等技巧，以及运用并购与联营增强他们的市场地位。 纽约的银行和法律界也创建起新型的商业组织。 银行家如摩根、莱曼、塞奇、赖安和惠特尼都是联营家——复杂金融并购的建筑师——正是他们的专长，才使纽约经历 1893 年金融大恐慌而幸免于难。

商业界又产生出新一代的零售巨子。 A·T·斯图尔特（1803—1876），一位来自爱尔兰岛北部的移民，建立过最佳零售商店。 1896 年，斯图尔特著名的"大理石宫"被约翰·沃纳梅克收购，后者开创广告促销运动之先河，以减价销售、特价商品及节约率等预告内容广泛见诸纽约报端。 但沃纳梅克不愿在周日报纸上刊登广告，不久就使他失去在零售业的领先地位，因周日广告已成为商业成功的关键。 纽约市曾系广告首创精神的测试市场，而刊登广告的积极行为，已是 20 世纪美国的准则。

无论因其卓有成效的广告还是琳琅满目的商品，新型百货商店都投购物者所好，并于一战前取代"仕女小径"商场。 R·H·梅西，在1858年开张的一家纺织品商场，是第一家将其零售业务搬往市北住宅区以接近富有顾客群的百货商店。 在奥斯卡·施特劳斯（1850—1926）领导下，"全世界最大的百货商店"建于第三十四街。 本杰明·奥尔特曼（1840—1913）也不落人后，在两个街区以东开始建造另一幢大楼。两者均于新世纪早期开门营业，接着，诸如金贝尔和布卢明代尔等的百货商店相继向北延伸。

事实证明，曼哈顿在满足其各类人群的娱乐需求方面，也同样善于随机应变。 正统剧院的中心曾经位于第14街"剧院区"和麦迪逊广场之间，在那里埃德温·布思于1869年开设了他的剧院。 但在19世纪后期，剧院群也逐步北移。 一度遭受非难或陷入窘境的杂耍，经托尼·帕斯特（1837—1908）在19世纪70年代的"纯化"，成为最大众化的娱乐形式。 音乐厅和赌场在西20诸街的过度集中，赋予该地区模棱两可的名声。 一名警察局副巡官，因一次会让他受贿致富的调任而兴高采烈，称此地区为"纽约市油水区"。

在"热情奔放的90年代"，以奥斯卡·哈默斯坦（1847—1919）为首的传统剧院企业家们，不得不跳过纽约市油水区去长地（时报）广场地区，以搬迁整个剧院行业。 但无论其剧院位于何种地区，纽约始终是一块吸引世界最伟大表演艺术家的磁体。 林德和狄更斯曾在南北战争前进行过巡回演出和讲演，接着来访的有：海伦娜·莫德耶斯卡女士、"女神"萨拉·伯恩哈特、埃莉诺拉·杜丝和埃伦·泰莉。 本国养育的天才如艾达·里恩、约翰·德鲁、玛丽·安德森和乔治·M·科汉，也款待着成千上万的观众。 很少纽约人注意到1896年在该市首次亮相的电影片。 也许最伟大的娱乐奇才就是利莲·拉塞尔（1861—1922），达姆罗施的一位学生，先成名于纽约卡西诺赌场。 当她1898年出现在韦伯和菲尔德的音乐厅时，已拥有周薪1 250美元。 对于文化精英而言，周一晚上去大都会歌剧院成为一项社会义务，歌剧院则将朱利奥·加蒂-卡萨扎（1869—1940）、恩里科·卡鲁索（1873—1921）和托斯卡尼尼（1867—1940）请到纽约，藉以回报精英们的光顾。

尽管具备所有这些荣耀，纽约最大的日常挑战是欧洲移民的继续流入。虽然花园城堡在1890年之前一直被用作接待中心，但要应付这样大规模的人流实在显得力不从心。因而在1892年1月之后，所有新移民都要通过位于港口中间埃利斯岛上的联邦接待中心再进入纽约。虽在1897年一场大火蔓延全岛，焚毁自19世纪40年代以来的移民档案，但这一"眼泪与希望之岛"保持作为主要移民集散地不变达六十年之久。直至其1954年关闭时，埃利斯岛共接受移民超过1 200万。在其开展业务的第一个十年期内，来自东欧的移民数量显著增加。1892年在俄国，又一场对犹太人的大规模集体迫害促使81 000名犹太人逃往纽约，而1905至1906年更严重的迫害导致1907年25.8万名俄罗斯移民的到来。1907年共有128万移民进入美国，这项数字记录一直保持到20世纪90年代。

对于19世纪90年代的犹太裔移民来说，生活就是不断的挣扎。1895年，《纽约时报》注意到犹太人的"全然无视法律"，看到他们的"衣服爬满虱子"，就下结论说"他们无法被提升到较高层次，因为他们自己不想那样。"不过，比这些精英阶层抱怨更危险的，是已生活在纽约的移民群体同新到犹太人之间发展中的种族冲突。紧张关系和敌对情绪时而导致暴力行动，例如1902年爱尔兰工人向一位犹太教拉比的送葬队伍投掷石块。但该市仍在不断吸收犹太移民，即使下东区的经济公寓变得比以往任何时候都更加拥挤不堪和令人作呕。曼哈顿的肺结核发病率剧增。自1896至1897年，兰德尔岛上的育婴堂记载着其366名弃婴97％的死亡率，仅12名弃婴熬过这一年。1900年，犹太人东区聚居地的人口密度达每平方英里64万人，创世界历史最高纪录。

曾有过为改变杂乱无章所作出的种种努力——尽管在大多数情况下

互相之间并不协调——这些努力分别来自社会改革人士、街坊文教馆和市政机构。 也许最大的需求就是改变贫民聚居区中世纪似的住房条件。 1879 年，在库珀联合学院举行的一次群众大会议决成立改善住宅协会，但到 1897 年，纽约人口的八分之七仍居住在第 14 街以南的贫民窟里。 一个以詹姆斯·沃森·吉尔德为主席的行政委员会纪实性地描述了经济公寓生活的状况和弊端，雅各布·里斯发表了他所拍摄的照片，但仍然未见有任何行动。 为照顾房东利益，住房规范改革计划于 1896 年被坦慕尼大楼取消。

只有一个人拒绝放弃斗争。 劳伦斯·维勒(1872—1959)深信人类具有"上帝所赋予的沐浴阳光和空气之权"，他逐步组成一个联盟进行相应的变革。 1901 年，《新经济公寓法》付诸实施，并成为全国所有城市的样板。 法律指令原先 35 万个空气不流通的房间必须开设窗户，并对新建筑强制实行最低卫生标准。 纽约基本上是一个租户的城市，1900 年仅 12% 居民拥有自己的住房。 因而新的立法主要是为大多数人改善居住条件。 但在 1901 年仍有 8.6 万座建筑物属于"旧法律"，房东们对"新法律"规定的年度检查一般都束之高阁；第一遍对"旧法律"大楼的全面检查，直到 1908 年才完成。

尽管纽约市的建筑、艺术、生活和人口在 19 世纪最后十年经历这样大的变化，但有一个社会公共机构保持稳定不变——坦慕尼大楼。自奥普代克市长短暂的战时任期以来，未曾有过一位共和党人在市政府供职，虽然民主党改革派如哈夫迈耶、威廉·格雷斯和艾布拉姆·休伊特曾走马灯似地占用过其官邸。 从 1886 年起，老板的头衔归属于理查德·克罗克，他的经历证明天才和野心可在纽约获得何种报偿。 克罗克以典型的坦慕尼方式逐步走向成熟，从一个邪恶的街头打手到第 4 大道隧道帮首领，从志愿消防员到行政区消防队中队长，从审讯室法警到市政委员会委员。 约翰·凯利在 19 世纪 70 年代上台后，克罗克伺机同这位老板结盟，被委以验尸官一职，年酬金 15 000 美元。 当上第十八区的领导后，克罗克定期将曼哈顿一批最强有力的民主党选票投递给坦慕尼候选人。"老实人约翰"故去后，克罗克从老板的书桌后跨上前来，没有遭遇多少反对即已大功告成。

1886 年选举系克罗克成为坦慕尼大楼领导后的第一次，该组织对支持艾布拉姆·S·休伊特当市长候选人多少有点勉强，这是一个新老板终于觉得后悔的决定。休伊特财大气粗、固执己见且难以相处，被事实证明过于独断专行，到 1888 年民主党人拒绝再考虑他。克罗克将常规提名给予他的老朋友休·J·格兰特(1852—1910)，虽然休伊特发动起一场针锋相对的竞选运动，但操纵民主党核心组织的选民仍以显著多数选举格兰特。资助和赚钱的承包合同源源流向忠实信徒，而克罗克，作为城市慷慨馈赠的分发人，也一举致富。并非所有甚至大多数生意牵涉腐败，因为不少财富都通过"诚实的贿赂"赚得。

由于警力是坦慕尼有效控制的主要因素，因而被给予特殊照顾以确保其忠诚。坦慕尼控制对这支队伍所有任命的 85%，而警察局长对下属的调动和提拔，必须先请示过该组织的地区领导人才行。通过政治影响取得其职位的警察们则感到，用钱回敬行政区老板或第 14 街党总部，乃天经地义之举。他们又转身尽其所能向其巡逻区的娼妓、酒吧店主、赌棍和商人勒索不义之财。从纽约市油水区到炮台公园，从格林尼治村到乞丐酒徒充斥的鲍厄里街，除了改革家或许再加平民百姓以外，人人皆大欢喜。

克罗克"大开绿灯之城"的发明机理在于，它为前所未有的巧取豪夺提供不受限制的种种机会；个人发家致富断可接受，只要坦慕尼能够提取部分收益就成。出自地方领导人、警察与合法商人的"贡献"，意在维护同坦慕尼的运作协定，充实着党的金库。克罗克的财政委员会接受所有钱财，甚至不愿费心进行登记。警察舞弊现象比比皆是，但仅仅代表着市政腐败的一小角而已。

商人们发现，一个贿赂宏观系统为在纽约经商所必备。查尔斯·W·莫尔斯(1856—1933)是一位在 1899 年创建"冰块托拉斯"的企业家，享有在市内各码头卸下冰块的专营权。冰块系该市闷热夏季街道的必需品，莫尔斯只是在赠与坦慕尼首领们货物后才赢得他的垄断权。他随后凭借只允许出售百磅冰块来弥补损失。自然，经济公寓居民很少买得起冰块，但又有谁在乎呢？市政领导人只有在分享到利润后才更重视这种企业。市政服务合同如水或交通运输开发为贫民致富提供充分的机会。克罗克本人引领在前，到19世纪90年代，他已成为一名腰缠万贯的豪富。

也许每一代纽约人都会发现一党控制本身的内在危险。在19世纪的最后几年里，公众对于克罗克过分行为的愤怒与日俱增，如同他们往日对待特威德政霸集团的贪婪行为一样。民主党市长如休·格兰特和托马斯·吉尔罗伊(1839—1911)相继兴旺发达，但随着坦慕尼、工商界和下流社会的默契联盟为所欲为，没有人再来关心人民的利益。然后在1892年，麦迪逊广场长老会牧师大人查尔斯·H·帕克赫斯特(1842—1933)，对纽约市油水区的腐败状况进行一系列个人突袭。他把其发现义愤填膺地在周日布道中公诸于世，当场震撼着教堂会众，特别是由于他们的牧师点名谴责所牵涉的政客们。帕克赫斯特谴责"丑事暴露无遗的黑暗势力"，他对肆无忌惮腐败现象的愤慨，导致州参议员克拉伦斯·莱克索决定展开一次官方调查。随着市政腐败证据不断积累，一场突如其来但正是时候的疾病救了理查德·克罗克。他悲哀地通知民主党县组织执行委员会说，恢复健康必须是他的第一优先。接着他离别纽约去体验万蒂奇促进康复的能力，那是他在爱尔兰新购置的一处不动产。

克罗克自愿将其操纵之手撤离政治舞台，恰巧和改革者联盟开始与民主党核心组织较量同时发生。1894年的联合运动代表着一种有意识的努力，于一代人之后开创出反特威德运动的传奇式气氛。另一个七十人委员会被推选出来，并草率地考虑让莱克索专门小组的首席调查员约翰·戈夫充当今后的市长候选人。但结果戈夫却被证实是一位民主党人，而改革人士不可能同他们所憎恶的派别妥协。于是委员会推选威廉·L·斯特朗(1827—1900)，一位受人尊敬的银行家和正直的新教徒，来领导其事业。 斯特朗的候选人身份，得到愤怒的商人、独立选民和甚至有些迟疑不决的共和党组织的支持。 在秋季，他以多出45 000张选票的显著优势轻取坦慕尼失去首领的乌合之众。 市政大厅再一次归属那些正直并深具改革意识的人们。

斯特朗给予纽约整整三年超党派、有条不紊和道德上极拘谨的政府管理。 为充分利用最佳人选的聪明才智，斯特朗任命的诸行政首长为清一色的出类拔萃之辈，其中包括乔治·E·韦林，他改革卫生规范是如此彻底，以致曼哈顿有了清洁的街道，恐怕这还是其有史以来第一次。 与此同时，斯特朗还取得对亟需修整的城市道路系统的重大改善。 不过斯特朗行政官员中最著名的，要数在警察局任职的火焰似的西奥多·罗斯福（1858—1919）了。 虽然罗斯福象征着精英阶层参与政治，但有人问他为何任职时，他却回答说："这样我就属于统治阶级了。"在试图与泛滥成灾的赌博和无处不在的非法酒馆作斗争时，罗斯福为查处腐败警察对城市街道所展开的夜间突袭，成为他传奇故事的一部分，并及时帮助他赢得了白宫。 西奥多·罗斯福是迄今为止绝无仅有的一位实际出生于纽约市的美国总统。

斯特朗市长坚信他有责任只任命最佳人选从事市政业务，但这种态度很快就使他与共和党核心组织政客们之间心存芥蒂，他们希望从自己同改革结盟中得到好处。 更何况斯特朗反天主教学校提案和日益坚持完全遵从礼拜天蓝色法规的热忱，大大削弱了有改革意识的民主党人对他的支持。 由于越来越孤立，斯特朗决定1897年不参加竞选连任。遗憾的是，他留在人们记忆里的，并非由于他带给纽约的更好政府，而是作为任期恰巧就在创建"更大城市"之前的市长。

通过并吞周边地区扩大纽约市的设想自19世纪30年代以来业已存在。 南北战争之后，这一主张同安德鲁·哈斯韦尔·格林（1820—1903）的生涯紧密相连，他是一名律师、改革家和保护主义者，对建造中央公园和推翻特威德政霸集团均深具影响力。 格林坚信，一个更为高效的市政府有赖于纽约兼并周边城市及无法人地位的土地。 1868

年，格林就任建议——结果是无济于事——这种扩张的一个委员会的主席，他在此后的三十年里始终以这场改革运动为己任。 格林仅有的一次成功发生在1874年，曼哈顿兼并布朗克斯河以西韦斯特切斯特县的三个城镇：王桥、西农场和莫里萨尼亚成为该市的第23和第24行政区。 即使是这样小规模的领土增加也使该市的面积几乎扩大一倍，给现存的14 000英亩领土再增添12 500英亩。 并吞最终还使纽约市扩展到美国大陆，并预示其将朝着更大的地理单元转变。

在19世纪80年代，随着曼哈顿的人口及经济实力继续扩张，由罗布林设计和建造的大桥实质上将纽约市和布鲁克林市联系在一起。 大桥只是进一步增强格林的信念，即领土扩张将会保障该市光辉灿烂的未来。 在为他的改革运动赢得艾布拉姆·休伊特和商会的认可之后，格林于1889年说服州众议院批准创建一委员会研究合并问题。 不过，由于对曼哈顿意图心存戒备的布鲁克林立法者的反对，这项议案在参议院被否决。 身为一个包含周边城市市长的私人团体——合并调查委员会主席，格林于1890年带着一份极其详尽和超越党派的报告回到奥尔巴尼，报告内容显示出把国王县、王后县及里士满县并入已扩张的纽约市将会得到的种种好处。 5月8日，关于创建一个研究委员会的法律获得授权。 所有早先的提案都曾使州共和党无法容忍，但格林及与之共事的委员们却逐步使州北共和党人信服，一个得到扩张的城市可能投票反对坦慕尼组织，从而赢得他们的支持。 1894年早些时候，在立法机构批准就合并问题进行一次普遍的公民复决投票后，这一措施得到民主党州长罗斯韦尔·P·弗劳尔的签署。

探究合并运动成功的原因，托马斯·科利尔·普拉特(1833—1910)似乎明显起着关键作用，这位纽约共和党人"随和的老板"逐渐成为该提案的一名支持者。 格林的坚持不懈、该市日益增长的改革情绪以及曼哈顿周边城市保守的投票风格都使普拉特相信，共和党人可能会从坦慕尼大楼手里夺得对该市的控制权。 于是，共和党反对公民复决投票的意念迅速消退，这种转变随即反映到1894年11月的选票中。 正由于此，斯特朗终于击败民主党人，从而赢得他改革的胜利，该地区的选民还赞同让纽约扩张的设想。 最后选票计数结果表明，大多数选民都倾向于这一无约束措施，仅东王后区和韦斯特切斯特县的芒特弗农镇强烈反对。 不过，布鲁克林的选民几乎完美无缺地对半等分，不愿看着他们的独立烟消云散。 许多有关税率和市政债务的问题尚有待澄清，但因普拉特的支持以及席卷纽约的改革之风，看来机缘终于转向格林一边。

两个多世纪以来，曼哈顿在其岛屿界限内慢慢向北伸展，在 1874 年才侵入大陆地域。 但获得布朗克斯刺激了扩张的欲望，城市选民在 1894 年似乎已确信无疑，扩张将永葆其美国最大都市的地位。 机缘确实十分有利。 布朗克斯长期以来一直是该市的粮仓，它的工业区将大大受惠于其同纽约的连接。 该地区系农场、重工业和精致的乡村别墅的奇特融合。 正是在布朗克斯，伦纳德·杰罗姆（1817—1891）为他的朋友们建造了一座赛马场，1905 年之前贝尔蒙特有奖赛马每年都在那里举行。 然而在 1895 年，下韦斯特切斯特县的普通选民看到使他们的未来同他们南面的经济巨擘结合所能获得的重大利益。 在曼哈顿的西南方，合并者们知道，以四比一选票批准公民复决投票案的斯塔滕岛（里士满县）居民希望被合并。 虽然斯塔滕岛将会是新市政当局人口最稀少的一个区，但该地域的农场主和商人们早已确信，他们可从使自己未来同纽约岁入的结合中获取利润。

国王及王后两县的居民们对兼并之举更是焦虑不安。 布鲁克林，1834 年在克服曼哈顿的坚决反对后，被授予城市特许状，在 1860 至 1890 年的全国最大城市中心的名单里排行第三。 对抗一直存在于两市的相互关系之中，当中央公园破土动工后，布鲁克林怂恿弗雷德里克·奥姆斯特德在 1866 年把它建造成风景公园。 在 19 世纪 80 年代，布鲁克林各码头处理的货物总吨位实际上已高于曼哈顿，商人们对于认为他们仅系纽约经济实力附庸的任何表示都会愤懑不已。 及至 1883 年，在举行庆祝布鲁克林大桥通行的盛大典礼时，曼哈顿为能确保其未来的合并而兴高采烈，但在东河对岸，却显得节日气氛不够热烈。

在此后十年中，布鲁克林积极采取措施并吞六个城镇，其独立均可分别追溯到荷兰人统治时期。 地方民主党核心组织——以"威洛比街哲人"休·麦克洛克林（1823—1904）为首——简直不愿参加坦慕尼大楼的队伍。 布鲁克林的共和党政治家们意识到，费城业已完成旷日持久的经济复苏，并在城市规模上超过布鲁克林。 同时他们深知，布鲁克林已达到其可被允许的债务极限，更多的债券销售很成问题，而合并则是明智之举。 在19世纪90年代，正是布鲁克林的共和党领导集团支持着合并运动。

最后，王后县广阔的土地面积，注定要占据这座更大城市的三分之二强，必须得到合并鼓吹者们的恳请。 拥有仍在继续增长的将近9万人口，王后县同曼哈顿有着许多商务联系，特别在那些沿其西海岸发展起来的工业地区。 这些由阿斯托里亚的斯泰因韦家族和科利奇波因特的康拉德·波彭豪森（1818—1883）（橡胶制品）开创的公司城镇惯于西向发展。 只有伸展到今拿骚县一带的东王后县，当时已为抵御大城市吸引的农场主们所占有。 在1894年的公民复决投票中，这些地区的居民都投票反对合并，但最终仍被长岛市、纽敦和弗拉兴居民的赞成票压倒。

合并的错综复杂，既直接显露无遗，又全然不可预测。 结果竟有四十个之多的市政实体被网罗于纽约独一无二的名下，并让任何一贯的财政安排及现存的政治王国无效。 突然间，曼哈顿的税收必须被施用于一个比原先大五倍的地区，在同样扩大的在职人员名单中摊派优惠和工作，使领袖们被预期搞得晕头转向。 纽约的市政公务员名单，事实上竟从一万两千个工作岗位剧增至六万多个。 每一位政治家既对这笔奖赏垂涎三尺，又对如此的优惠可能会遭受反对充满恐惧。 由于这些问题一直悬而未决，因此当奥尔巴尼于1895年试图批准成立一委员会以起草新的城市特许状而未获成功时，很少政治家对此感到吃惊。

但纽约市的领袖们断然不愿就此善罢甘休。 1895年，正当立法机构犹豫不决之际，他们又宣布并吞韦斯特切斯特县的伊斯特切斯特、佩勒姆、韦克菲尔德及威廉斯布里奇诸镇。 这些布朗克斯河以东地区总共拥有大约三万人口，从而圆满完成该市单边的北向挺进。 与此同时，在奥尔巴尼，参议员克拉伦斯·莱克索，经老板普拉特的批准，千方百计设法打破法令方面的僵局，并最终产生出合并法案。 根据其中的条款，立法机构将任命一个十五人委员会，为大纽约地区起草一份特许状。 几乎不出人们所料，州长莱维·P·莫顿任命安德鲁·格林领导这一团体，其成员包括那些深具改革意识的社会名流，如塞思·洛（1850—1916）、威廉·斯特朗以及弗雷德里克·沃斯特（1850—1917），他命中注定为布鲁克林的最后一任市长。

在该委员会内部，纽约和布鲁克林的两位在任市长都反对合并；斯特朗和沃斯特力图证实他们自己不受老板普拉特的控制。 斯特朗甚至还否决合并提案的一个文本。 塞思·洛，这位哥伦比亚大学校长但同时又是布鲁克林的前任市长，以一个复合协议促成者的身份出现。 正是他的大部分工作赢得立法机构的批准，并由莫顿州长于1897年5月4日签署。 大纽约地区的新特许状将市政管理集中到一位更有实权的市长手里。 五个新指定的纽约市行政区（曼哈顿、布鲁克林、王后、布朗克斯和斯塔滕岛）中每一个都将有一位"行政区区长"管理地区事务，并培养"地方自豪感和眷恋之情"。 即将来临的11月选举将选出合并后城市的第一任市长、五位行政区区长以及一个两院制市立法机构的全部成员。

整个1897年夏季，大都会地区的所有居民都在为日益逼近的转变沉思。 数十年来，诸如安德鲁·格林等合并的提倡者们认为，该市若要保持其对于新崛起挑战者如芝加哥等的现有优势，必须进行扩张。但他们所提倡的变革实在令人望而生畏。 大纽约地区将是旧城规模的四倍。 曼哈顿——250多年来一直就是整个城市——成为五个相等的纽约市行政区之一。 但曼哈顿影响力的历史气氛是如此强烈，以致其支配全市政治远远深入20世纪。 时至今日，在合并实行一个世纪之后，每当其他纽约市行政区的居民进入纽约县时，他们仍会说自己是去"市区"。 最重要的是，纽约的新市长将要担负起比美国任何其他市长更重大的市政职责，他将影响到300多万公民的日常生活，而且所经手分配的官衔比合众国总统经手的还多。

仅仅是统治一个如此宏伟豪华帝国的机会，已足够诱使理查德·克罗克结束在爱尔兰的流亡生活。 来自民主党核心集团的使者威廉·C·惠特尼和休·格兰特前往拜访住在万蒂奇的克罗克，为让这位前老板信服，他的党需要他来领导这场竞选运动。 只有克罗克的专长和诡计，才可保证新的市政府及其四倍于过去的公务员队伍将归属民主党。阿谀奉承效果十分灵验，克罗克于9月回到美国，至10月再次确立其对坦慕尼大楼的领导权，然后挑选出一位极为顺从的市长候选人。

罗伯特·范怀克(1849—1918)，自1889年以来市法院的一名法官，被提名竞选市长，他懂得坦慕尼大楼行将在全市范围分配重要职位。正当克罗克在单独一名候选人背后联合起竞争中的行政区各利益集团之际，共和党人和改革家们却在公开进行政治自杀。 市政改革家首先打算选举在任市长斯特朗，但在他表明合并将是纽约的一次"葬礼"之后，对他候选人资格的支持即刻烟消云散。 自称联邦公民的联合主义者求助于塞思·洛，但他又是那样虔诚正直，不可能同老板普拉特合作。 普拉特反过来坚持提名自己的候选人，前海军部长本杰明·特雷西，一位不怎么懂得城市现实的好人参选。 最后，第四位候选人重新唤起人们对旧时代的怀念，亨利·乔治(1839—1897)以税制改革问题发动一场独立的竞选运动。 面对改革家的四分五裂，理查德·克罗克的联合起来的民主党人轻而易举地赢得1897年11月2日的选举。 坦慕尼组织的忠实成员准备再度占据市政厅时，快乐地反复叫喊着"让改革见鬼去吧！"理查德·克罗克，这位一度系"曼哈顿的主人"，则思索着他对世界最大城市未来的控制。

1898年1月1日，罗伯特·范怀克宣誓就任大纽约市第一任市长。

如果说他的名字今天除了一条高速公路以外很少有人记起的话，那是由于他系一名平庸的法官、一位无能的行政官员以及一个愿意将其权力转让到一位老板手中的市长。 他之掌权，恰好在该市取得重大突破而成为全国乃至世界经济最强大的都市之际。 纽约港有着世界上最完美的港口并支配全国的进出口贸易；全美进口货物有67%都经该市578英里长码头区的某一处入境。 该市无论工厂数量、其资本价值、国内生产总值以及雇员人数，都在全国名列第一。 商业和制造业的优势同财政金融的主宰地位融为一体。 但所有这一切都同范怀克几无关联。 被老板克罗克提拔来掌管市政厅，他深知任命权、政策和政治都同他无关。无怪乎他的短暂任期以其个人丑闻为标志，他被指控接受制冰托拉斯的不义之财，以封官许愿作为回报。 大纽约市的第一任市长远远没有他所统治的城市那样卓越非凡。

第七章

治理世界的最大城市

大纽约市的创建将坦慕尼首领理查德·克罗克带到权力的巅峰，但同时却又毁了"随和老板"汤姆·普拉特的信誉。普拉特认为凭借动员布鲁克林和王后区的保守主义选民可将纽约变为共和党的堡垒，但立刻被证实仅仅是一种幻想而已。处于明显弱势的坦慕尼候选人战胜四分五裂的各反对派集团，表明了纽约市确是民主党的天下，并在遭遇支离破碎反对的情况下仍将保持这种状态。只有当坦慕尼大楼变得过于贪婪，当它的过度行为被公诸于众，当其骄傲自大所激起的义愤可以被调动起来，共和党人或改革家们才有机会赢得对该市的控制权。因为坦慕尼领导人经常不够敏锐，这种机会来得比所能想象的更为频繁。但由于共和党人和改革家们难以在合作计划上达成一致，因此他们的联合运动取得的成就远远少于好政府提倡者们的期待。然而，这座大城市的 20 世纪政治史，正是围绕这三个更迭中的集团之间的紧张关系和冲突而展开。

在合并问题上的斗争表明和预示：一些政治主题将继续进入新的世纪。若没有安德鲁·格林等好政府鼓吹者，合并很可能从未尝试过，而若无普拉特的影响，合并将永无批准之日。然而，即使面对控制第一届市政府这样一笔可观的奖赏，共和党人和改革家们仍未能产生一份联合候选人名单。即使他们竞争中的儿位候选人总共获得 55% 的选票，坦慕尼仍轻而易举地赢得了 1897 年选举。纽约是美国城市社会最宏伟的产物，但充其量又不过是以不同的方式被人治理而已。始终存在这样一些要求，诸如城市政治需要整治，改革应予引介，以及该市的经济实力当有开明的政府相匹配等。 在新世纪第一个十年期间，赋予纽约更好政府的政治运动在继续，不过只赢得对处于牢固地位的坦慕尼大楼力量的间歇性胜利。

大纽约市于 1898 年元旦举行盛大集会庆祝其诞生。 报人们如约翰·彼得·曾格、威廉·卡伦·布赖恩特、霍勒斯·格里利和亨利·雷蒙德等，经常激励纽约变得伟大非凡。 如果那里的事件似乎更耸人听闻、更出自内心以及更令人振奋，那很可能是由于他们编辑技术的高超。 但在 1898 年之前从未有过由于报人对发行量的关切而引发一场战争的事。 是年，支配该市出版界的出版商系《世界报》的约瑟夫·普利策，他在 1882 年才成为纽约人。 他的报纸是一份民主党报，专替反对"利益集团"的民众说话，并积极为推进自由女神像等公众事业奋斗。 该报还为 1 300 名纽约人提供工作机会。 普利策开创出一份综合性、有插图又十分赢利的报纸，用弗兰克·科布的话来说，这是一份"不受约束、百折不回和恐吓不倒的"报纸。

后起之秀威廉·R·赫斯特（1863—1951）敢于挑战《世界报》。1895 年，赫斯特在其抱负驱使及其母亲资助下购入《晨报》，一份被人称作"家庭女仆趣事"的丑闻报纸。 不久，他准备就绪同普利策竞争。 两人都崇拜拿破仑，并都像他一样，力图扩张各自的王国。 赫斯特，作为后起之秀，率先发动进攻，掠夺《世界报》的记者队伍，聘走阿瑟·布里斯班并任命他为《晨报》主编。 赫斯特接着又将《晨报》的售价降至仅 1 美分，追求有轰动效应的标题，并为连环漫画"黄孩儿"开辟版面。 但所有这一切都徒劳无功，普利策《世界报》的发行量继续安然超前于《晨报》，在广告业务上更是遥遥领先。

对于普利策和赫斯特这类人物而言，美国和西班牙在古巴内乱问题上日益紧张的关系仅仅是他们俩较量的另一个回合而已。 1898 年 2 月 15 日，在哈瓦那港口被炸沉的"缅因号"战舰舰长恰巧是一位纽约人，这更为他们的社论增添了炽热气焰。 这两家报纸，再加上《纽约先驱报》和《纽约时报》的参与，形成加勒比海新闻稿件辛迪加，从而提供一连串经常是虚假的故事，以耸人听闻并增加报纸销量。 这就是人们所说的"黄色办报作风"。 单独一份报纸每天常要发行四十个版面之多，售价则增至 2 美分，为这场狂热的出版竞赛提供资金。 然而这一次，新闻界果然成功地实现了它的目标，公众的愤恨已将整个国家推到了冲突的边缘。 1898 年 4 月 25 日，赫斯特凯旋式地向纽约发问："你们觉得这场《晨报》之战如何？"

约三百名记者突然降临古巴，赫斯特亲自驾驶自己的快艇，加入《晨报》十艘通信快船的行列以传递最新消息。 赫斯特的努力拉动其报纸与《世界报》的 112.5 万份的日发行量并驾齐驱，但这场短暂报纸之战的结果很快重新确立起普利策的首要地位；同时也挽救两家报纸免于破产。 战后赫斯特决定将其报纸售价恢复至 1 美分。 阿道夫·奥克斯(1858—1935)主办的远算不上红火的《纽约时报》，于 10 月作了相同的降价，出于自卫，其他十五份日报也竞相仿效。

西美战争主宰着 1898 年期间的城市新闻，但几乎任何事务都会使市长范怀克显得无足轻重。 完全受坦慕尼老板克罗克的控制，顺从的范怀克按指示分配优惠并对警察任凭邪恶盛行的现象熟视无睹。 作为回报，克罗克答应为其兄弟竞选州长，如果他的对手不是西奥多·罗斯福的话，奥古斯塔斯·范怀克或许就会赢得州政府官邸。 罗斯福重振起他在圣胡安山之役时的雄风，在纽约州的各个讲演台上无往而不胜。 他于是成为州长，致使克罗克大为懊丧，这位老板不得不满足于仅仅控制纽约市。 不过，每当克罗克出现在大都会歌剧院时，剧院管弦乐队都照例演奏"向首领致敬"，作为对老板至高无上地位的确认。

在范怀克治下，没有一个市政管理领域比执法情况所遭受的损害更为严重。 克罗克要求任命威廉·"大比尔"·德韦利(1855—1919)，闻名遐迩的曼哈顿中城罪恶霸主为警察局副局长。 德韦利在鲍厄里的对应人物是"大蒂姆"·沙利文(1863—1913)，他的主要兴趣很难同执法沾边，但他的名字却无论如何被赋予该市枪支控制法的荣誉。事实上，实施"沙利文法"是为了让大蒂姆的警察队伍易于处置他的对手，即先在对方身上栽赃枪支然后再将他们拘捕送进监狱。体面和秩序成为沙利文酒吧王国的规则；男人们据说都缝拢口袋以避免被逮捕。在大纽约市，在商业、政治和罪恶之间存在着一种默契，各方都懂得其他两方的贪婪、必需品和残酷无情。像首领约翰·麦卡拉这样诚实的官员就被纽约市油水区的罪恶老板所取代；一位在任地方检察官领导起广受欢迎的"让改革见鬼去吧"大合唱；商业领袖们指导着克罗克在华尔街的投机买卖。早些时候，1894 年的莱克索委员会于 1894 年发现警察局纯系"一个已确立的排外性社会集团"，仅仅致力于"公共劫掠的聚合"。尽管在斯特朗市长治下曾遭受过改革的短暂冲击，但范怀克政府又重蹈人们已熟悉的腐败覆辙。

然而，腐败再一次导致州政府采取行动。1899 年夏，一个以州参议员费迪南德·马泽为首的调查委员会得以将纽约市"肮脏的贿赂"、有组织罪恶和警察腐败死灰复燃记录在案。1900 年 1 月颁布的马泽的报告还指控美国制冰公司，一家得到市政府准许而拒绝销售 60 美分以下冰块的垄断企业，养肥了坦慕尼大楼显赫人物克罗克、范怀克和港区行政长官查尔斯·墨菲。掠夺之所以惊人，仅仅由于其开展是以损害坦慕尼口口声声所代表的下层阶级选民的利益为代价。这种人为抬高冰价的后果，甚至连最无知的贫民窟居民都懂得。克罗克灵敏的政治直觉感知到公众的义愤，他没有去抑制因马泽的揭露而产生的修正特许状的要求，克罗克使人人感到意外地再一次退隐。当了几乎 16 年的老板，克罗克退居爱尔兰的万蒂奇，在那里他饲养良马，包括那匹 1907年德比马赛冠军得主，欢度着他长寿的晚年。

克罗克于 1901 年 2 月在该年将成为坦慕尼凶年的种种预兆中离别纽约去爱尔兰。新圣公会主教亨利·波特（1834—1908）发表一封谴责范怀克政府的公开信，作为州长的最后一次行动，已当选尚未就职的副总统罗斯福撤去地方检察官"让改革见鬼去吧"阿萨·加德纳的职务。

随着老板的离去，民主党组织被领土及重要职务任命权争执闹得四分五裂。 的确，由克罗克名义继承人路易斯·尼克松展开的党内调查结果会招致身败名裂，以致不可能发布一份公报。 野心勃勃的行政区领导人断言"克罗克不是事情的全部"，并竭尽全力保护他们反对增长中改革潮流的王国。

特别开庭期法庭法官威廉·特拉弗斯·杰罗姆（1859—1934）开始质疑警察局副巡官有关掩盖罪行的事实。 他发动一系列对"被告某甲"的突袭查抄，赢得人们的普遍赞扬，并使他一跃而升登曼哈顿地方检察官的宝座。 所有与坦慕尼相关事务中的最不吉之兆，是罗伯特·富尔顿·卡廷（1852—1934）的公民同盟的好政府队伍和托马斯·普拉特的共和党追随者之间政治调和的逐步进展。 如果可以取得这一联盟——而1897年的经验证明，为击败坦慕尼必须取得这样的联盟——那么纽约才可得救。 1901年9月5日，《国民》发表社论说，改革事业"不是选举一位市长，而是拯救一座城市"，9月10日，公民同盟呼吁组成一个联合候选人名单（共和党人和改革家们）以对抗坦慕尼。

对联合的要求使政治注意力集中到政治家人物塞思·洛身上，他就是1897年高举改革大旗的哥伦比亚大学校长。 身为一名成功的商人和1881至1885年布鲁克林令人望而生畏的市长，洛热心投身于行政公职。 但他的个性十分冷淡，他也没有一个职业政治家应当具有的技能。 甚至在他作为哥伦比亚大学校长的生涯中，洛竟让其继任要求将令人钦佩的教学改革归功于后者。 尽管他如此缺乏受人表彰之心，洛仍被认同于有关创建大纽约市的主张。 他曾任职于1896年特许状委员会，长期推动城市合并。

虽然普拉特发觉洛在个性上易受攻击，但他无法忽略洛的候选人身份所展现的取胜可能。 因此他勉强批准了以洛和杰罗姆为首的联合候选人名单。 坦慕尼凭借其权宜的改革家候选人爱德华·谢泼德（1850—1911）进行反击，但一个联合起来的反对党、公众对罪恶的剧烈反应、洛的胜任条件以及杰罗姆蛊惑人心的雄辩，使民主党的努力注定归于失

败。 洛被事实证明是一位迟钝的竞选者，但他仍击败谢泼德，并于
1902 年 1 月就任纽约市第 92 届市长。

马泽调查的一个最大讽刺，是改革让纽约市付出两年诚实和高效政
府的代价。 经马泽参议员提议及立法机构通过使之成为法律，一则特
许状修正案将市长任期缩短一半，并将该市重新组织成五个行政区。
因此，洛当政仅两年，期间他改革政府管理并将其意愿强加给官僚、企
业和政治家们。 考虑到坦慕尼长达数十年之久的混乱统治，两年时间
简直难以显示成效。 洛严格缜密的诚实冒犯了许多设法同坦慕尼共存
的既得利益者，他的改革支持者也开始失去热情。 纽约的改革冲动，
在历史上一向既短暂，又摇摆不定。

不过在其短暂的任期内，洛确实取得大量成就。 城市管辖权经重
新谈判以提高收入，坦慕尼的冗赘人员被毫无情面地从工资表中删除。
整个城市被进行重新估价，从而税率得以降低，不过企业实际上必须支
付更多的税金。 洛还开始一项庞大的学校建设计划，批准曼哈顿大桥
的建筑承包合同，以及加速市区地铁系统的设计工作。 他在东区开设
第一家公共浴室，并发起经济公寓住房改革。 尽管他作出了最大努
力，经济公寓居民从 1900 至 1910 年共增加 50 万人，超过前十年的总
增长数，即 40 万人。 此外，洛又竭尽全力扩展一项计划，以使穷苦的
纽约人能入民办医院进行治疗，其费用则让市政府承担，由此引发人道
主义的关怀，并从而促使纽约建立世界上最大的市政医院系统。 总
之，洛的两年任期取得进步极大。

考虑到洛的可观成就，令人难以置信的是，他任期的主要公共问题
竟是星期天酒类销售的枝节问题。 地方检察官杰罗姆试图实施停止营
业的法律归于失败，从而使有特权的美国白人新教徒和支持教权主义的
联合的信徒开始持敌对态度。 更为重要的是，当警察局长弗朗西斯·
格林将此无效果的禁酒运动继续推行到 1903 年时，洛实际上是牺牲了
下层阶级选民的支持。 加之以警力严格实施陈旧的小贩专卖证规定，
使洛在日益强大的犹太人选票方面损失惨重。 联合政府迅速走向政治

灾难。

洛业已开始一系列的长期改革创新（他并未因此而获得声誉），但他的短期政策却使一些强大的选民集团产生逆反心理。 作为一名单调乏味的演说者，洛既不能明确有力地表达他对平民百姓的关切，又日益被他自己的阶级视同叛徒。 也许一个四年任期的政府本可使成就与关切较为显著，但由于洛所代表的改革运动的成功非同小可，他在两年后不得不奉命担任竞选连任市长的候选人。 当从洛那里几无所获的老板普拉特叛离改革联盟时，显而易见，1903 年将目睹坦慕尼的又一次周期性复活。

一个新的民主党联盟的组织者便是查尔斯·弗朗西斯·墨菲（1858—1924），一位前棒球接球手转身变为酒馆老板，掌管贫民区并从第 2 大道一根路灯柱上满足他的人民的需要。 墨菲，或许算得上坦慕尼最伟大的 20 世纪人物，于 1902 年取代路易斯·尼克松而成为该组织的领袖，他在筹划一个恢复民主党人体面的战略。 显然，如果他们要挑战洛，他们就需要一位具有与洛相同德行的人。 墨菲找到了他的人乔治·B·小麦克莱伦（1865—1940），南北战争初期联邦军总司令之子，38岁，一位坦慕尼政治和众议院的老手。 一场获胜的麦克莱伦竞选运动，还会让墨菲征服他在坦慕尼的对手并巩固这一组织。 为此目的，墨菲情愿批准主张联合的候选人担任主管会计及市政委员会主席等职。麦克莱伦的确诚实，但更好的，是他有希望竞选全国公职。 他一定会吸引独立选民，忽略琐碎细节，而且，用《纽约论坛报》的说法，"服从命令而不追究其所以然"。

1903 年竞选运动，是两位绅士间一场遵守规则的竞选运动，其中一位力图使组织选票作用最大化，另一位则寻求重组一个多派别的改革联盟。 结果，改革遭到拒绝，因为改革本身及洛在道德上看起来实在显得过于拘谨，而麦克莱伦所提供的，是开明的政府和自由喝酒的权利。 墨菲的"巧妙提高党派呼声"足以取胜，该组织已无需考虑用伪选票充填投票箱。 麦克莱伦以 314 782 票对 252 086 票击败洛，普拉特朗诵起悼念改革的诗句:"洛市长来去匆匆,纽约市依然如故。"

麦克莱伦在 1903 年 11 月的当选,标志着墨菲对于坦慕尼大楼 20 年统治的开始。 但不管一些民主党人如何预期,这并非意味着"毫无限制"。 虽然麦克莱伦为党的核心组织提供广泛的职务任命,但他拒不接受不称职的人占取要职。 例如,他坚持任命他自己的人担任警察局长、卫生局长及清道局长等关键职位。 雅各布·里斯称麦克莱伦为纽约曾经有过的"最佳组织市长"。 他不仅翻新整治党的核心组织,而且还设立城市改进委员会给予整个城市以新的活力。 一项综合交通计划被采用,警察局长威廉·G·麦卡杜目睹那些交通管理条例得到执行。 一个五大行政区联合公园规划被实施,街道拓宽、公共利用码头区用地面积以及凸式码头现代化工程先后得到批准。 自 1902 至 1907 年,该市共投资 1 500 万美元建造九座哈德孙河船舶停泊位。 总之,麦克莱伦领导下所取得的成就,即使是塞思·洛也无懈可击。

但所有这些改进,相对麦克莱伦第一任政府的宏伟成就,即 1900 年破土动工的城市地铁系统,显得黯然失色。 自从纽约第一条高架铁路于 1866 年组成公司以来,市民们一直对高层火车制造的噪音和污染大为恼火,早在 1870 年 2 月,比奇气流管式运输公司就已开始在百老汇地下挖掘一个街区长的地铁通道。 艾尔弗雷德·比奇(1826—1896)远远超前于他的时代——他的地铁站包括用湿笔画装饰的候车室,并配备有平台式钢琴和家具——但由于技术和政治问题,他的倡议无法实现。 不过比奇天才的一个方面幸存下来,那就是数十年来加速信件在曼哈顿街道底下流通的气流管式邮递系统。

纽约并非惟一渴望实现地下旅行梦想的城市。 伦敦在 1863 年已为此作出表率。 纽约于 1900 年 3 月 24 日破土动工建设它自己的城市地铁系统。 在麦克莱伦和奥古斯特·贝尔蒙特二世的领导下,工程在所有洛政府已完成部分的基础上继续展开。 约一万两千名劳工,在极其危险的条件下每天工作长达十小时,仅以每小时 20 美分的工资,建设这条地下管道,而被挖掘出的泥土用来扩大总督岛。 终于,1904 年 10 月

27 日，麦克莱伦市长登上一列包括有八节车厢的火车，接过控制器，在曼哈顿岛底下作了一次全程 9 英里、历时 26 分钟的旅行。 第一天，共有 11 万位市民买票坐车，首起城市地铁犯罪案也于同日见诸报端。 至 10 月 29 日，日载量已达 35 万人，他们就是未来数以百万计乘客的先驱。

老板墨菲宽厚地看着他的门生获得成功。 也许算得上坦慕尼漫长历史上最敏锐的领袖，墨菲为人诚实，而且使自己局限于"诚实的贿赂"，其过人之处也正在于此。 现代的调查者已发觉，他的合同承包商为该市履行价值为 1 500 万美元的职责，但工作看来完成得相当出色。这位老板生活得很有气派但并不炫耀；而且，他从未忽略为他的选民服务。 墨菲与蒂姆·沙利文怀有相同的信念，"没有一种罪恶会像政治上的忘恩负义那么卑鄙"，他在 1905 年真正显示出自己对这一理念的深信不疑。

麦克莱伦值得重获提名，由于州政府已批准经修正的市长任期，他全然期待再继续另一个四年任期。 然而，已用金钱赢得众议院席位的威廉·伦道夫·赫斯特，试图从麦克莱伦手中抢夺民主党提名。 在墨菲控制的党拒绝赋予赫斯特这笔奖赏之后，这位被激怒的出版商开始以独立候选人资格参选。 麦克莱伦在这场势必乱哄哄的争吵中几乎被忽略，这是一次充斥着恶毒语言和奸诈行径的竞选运动。 墨菲把赫斯特称为社会主义者，因为后者提倡市政府拥有扩展中的高效经营的城市地铁系统。 而赫斯特则以个人诽谤进行回击："每个人都工作，除了墨菲，他只知道大笔捞进现钱。"这场血雨腥风的结果，仍是党组织获胜，不过有不少观察员断言，有些令人烦恼的票箱被扔进哈德孙河里。

市长仅以 3 500 票的优势险胜，这还多亏墨菲尽了他的忠诚义务。但麦克莱伦为一系列以他名义进行的活动所惊骇，很快就同墨菲断绝关系。 因此，在 12 月 30 日宣布新的任命时，只有两位坦慕尼领袖名列其中，不过这两位都直接对市长承担责任。 墨菲同赫斯特的宿怨使他的党进入政治上的在野时期。 当这位不信世间有真诚善意的老板于

1906 年迫使民主党人提名赫斯特竞选州长时，他与麦克莱伦之间的裂痕进一步扩大。 虽赫斯特败北，但麦克莱伦仍允许约翰·珀罗伊·米切尔(1879—1918)调查坦慕尼大楼中的腐败现象。 米切尔所发现的结果，是一位共和党州长撤销三名民主党行政区区长的职务。 麦克莱伦在其任期的所余年度不再理会墨菲及党的核心组织。

从 1906 年到 1909 年，麦克莱伦实行独立的行动方针，有效地管理着一座欣欣向荣的城市。 商业继续繁荣，虽然烟草业已开始离弃曼哈顿，搬往阳光更为充足的南方。 纽约那时是全国啤酒酿造业中心，有着比芝加哥、圣路易斯和密尔沃基合起来更多的啤酒厂；现在已没有主要啤酒厂留在该市。 但新兴工业在纽约层出不穷。 美国的电影业于 1905 至 1907 年间在纽约起步。 新的制造及船运设备在王后区新城港湾沿岸不断涌现，其税收所得源源流入市政金库。 虽然麦克莱伦的名字在今天纽约几乎已无人知晓，但完成港口的改造工程，开始市政摆渡服务以及大规模扩展建公园和运动场系统，都是他一届政府的功劳。 最后一批马车于 1907 年从第 5 大道被清除，部分原因是由于来自第 5 大道协会的压力。 至 1908 年，城市地铁全长已达 84 英里，连接布鲁克林行政区大厅的轨道也已开通。 王后区大桥和曼哈顿大桥于 1909 年竣工后，外围行政区进一步同曼哈顿融为一体。 经承包合同将克罗顿水库系统扩展到卡茨基尔流域，该市供水得到保障。 甚至 1907 年 10 月的银行大恐慌也未能阻碍该市的进程，因为在危机期间，麦克莱伦市长和他的审计师亲自请求 J·P·摩根筹措 3 000 万贷款以保护城市信用和工资发放。

麦克莱伦任期最大的人文戏剧，并非这位市长同墨菲的冲突，而是前往纽约持续不断的移民潮。 尽管该市规模巨大无比，其资源仍因成百万移民的到来而十分紧缺。 1903 年，从德国不来梅至纽约的客轮统舱票价已降低到 33.5 美元，1907 年，埃利斯岛记录下其史无前例的最高移民数目 128 万人。 意味深长的是，1908 年伊斯雷尔·赞格威尔写出他的流行剧本《熔炉》来描述纽约。 新移民主要来自俄国、中欧和意大利，但在人数上，犹太人占多数。 至1910年，有110多万犹太人居住在纽约，全市有41%的居民系外国出生。 似乎所有犹太新移民都订阅亚伯拉罕·卡恩的《前进报》，一份于1897年创办的报纸，同时，每个家庭都想把他们的孩子——如果不是他们自己的话——送进免费的市立学院。 1905年，东区小学生有95%为犹太人，一场教育革命在拥挤的课堂里展开。 虽然到1905年已有5万早期犹太移民搬往布鲁克林的布朗斯维尔，但他们的迁居对于曼哈顿经济公寓区诸多街道的影响看起来微乎其微。 在1906年麦克莱伦开始他的第二任期时，容纳3万人的纽约51个街区中的37个位于下东区。 雅各布·里斯估计该地区的人口密度为每平方英里33万人，面临如此艰巨的问题，住房条例变得毫无意义。 为帮助对付赤贫，《纽约时报》在1910年节日期间开始为最贫困对象恳请援助。

确实有许多纽约人对犹太移民愤恨不已。 1902年7月破坏犹太教拉比雅各·约瑟夫葬礼的暴乱，就是犹太人被其他早期移民鄙视的明证。 还有人认为犹太人有犯罪倾向。 麦克莱伦自己的警察局长就曾指控说，所有纽约犯罪案中有50%系犹太人所为，但后来又迫于被激怒犹太社区的压力而公开撤回指控。 无论如何，纽约不断吸收着新的移民，并且同先来的爱尔兰人、意大利人和德意志人一样，犹太人成为这座伟大城市有价值的一部分。

不管从什么角度看，麦克莱伦市长领导下的纽约是美国最振奋人心和最生气勃勃城市。 虽然他决定于1909年退出政界而去普林斯顿大学钻研学术，但麦克莱伦给纽约留下了墨菲极想保持的廉正作风和卓有成就。 不过，要在坦慕尼大楼内找到如此合格的人选并非易事，最后，墨菲迫切的目光跨过东河集中到最高法院法官威廉·盖纳(1848—1913)身上。 虽然盖纳当选的可能性无法确定，因为他是一位离经叛道的天主教徒，但他同布鲁克林民主党领导的多次冲突为他赢来廉正和坚定的名声。 而且他热爱自己的工作，比任何其他大都会地区法官每月审理更多的案件，其判决也较少遭到撤销。 总的来说，他似乎很像取代麦克莱伦的理想候选人，同时再一次使赫斯特当市长的野心受挫。

经过艰难的谈判，盖纳终于接受1909年度民主党提名，并同意在竞选中被排在墨菲提名官员的候选人名单之首。不过在竞选运动早期，在一次对坦慕尼大楼的访问期间，这位法官坚决保持自己的独立性。盖纳问聚集在一起的领导人哪里是"他们说会把我一口吞下的那只老虎。如果有任何吞噬的话，未必没有可能倒是我吃了那只老虎！"虽然由于赫斯特展开一场独立的联合竞选运动使竞选变得复杂化，但其结果仍然可想而知。盖纳得票250 678张，轻而易举地将共和党候选人奥托·班纳德远远抛在后头，比赫斯特也多出10万余张选票。坦慕尼大楼又回来重新掌权，或者说至少看起来像是如此。

民主党核心组织的复活胎死腹中。曼哈顿在1910年拥有233万人口，但即使如此巨大的数目也不足以报答坦慕尼的仆从们。虽然盖纳获胜，但墨菲候选人名单中的其他人却没有，新市长不愿意将自己廉正的名声换取一个在政党分肥制下获得官职者的恶名。他以一脸微笑及数句好言接受墨菲对职位任命的要求，然后就束之高阁。令人深感棘手的独立性是盖纳政府的特征，一个墨菲本该从市长身上预期到的特性，这位市长每天步行三英里去上班，并告诉主张妇女参政权的女士们说，所有人都渴望得到"他们至少能够胜任的事"。

盖纳的成就是如此意味深长，以致全纽约480万人都为此感到欢欣鼓舞，只有赫斯特及坦慕尼对他的成功愤恨不已。盖纳不仅对墨菲关于职位任命的期望置若罔闻，而且他还全面检查市政在职人员；他清洗名单中"吃空薪者"致使坦慕尼组织失去四百多个职位。盖纳同财政预算委员会的联合多数达成共识，一起重组度量衡局，要求市政工作人员每天出勤实足八小时，并发起一系列立法倡议，后来成为1911年"盖纳特许状"。

1910年仿佛像是盖纳一生中最难忘的年份；他看起来似乎前途无量，不少观察家都认为他的政治生涯很可能向白宫发展。但是，在8月9日，当这位市长登上"至圣威廉皇帝号"轮船开始他受之无愧的假期时，他遭到一名心怀不满、刚被解雇的码头工人詹姆斯·加拉格尔的枪击。 盖纳未能去欧洲，而是在霍博肯的圣玛丽医院呆了三周。 盖纳一直脾气暴躁，自以为是——麦克莱伦市长认为他"从未正常"过——但这次未遂暗杀使他的情况变得更糟。 子弹无法从他的咽喉取出，市长带着疼痛和日益增长的暴躁性情生活。 他同市政委员会主席约翰·珀罗伊·米切尔争斗；失去自己在财政预算委员会的盟友；总体上对获得任命的最佳人选不再有兴趣。 他漫无节制的行为迫使自己写过三封公开道歉信，他的政府最后一年始终处于混乱状态。

市长的不稳定状态难以被用来缓解纽约市1910年的激烈气氛。 工人们，特别在那些由深具战斗性社会主义背景的犹太移民占支配地位的行业，越来越多地运用罢工手段来获取更大的经济利益。 1909年，"衬衣式连衣裙"妇女们在克拉拉·莱姆利希带领下举行罢工，这是一场史诗般的"7万名犹太人变为7万名战士"虽败犹荣的斗争。 1910年，斗篷制作工人和衬衫制作工人举行罢工，这场战斗一直坚持到路易斯·布兰代斯于8月谈判成一项"和平协议"。 1911年新年伊始，劳工激进分子联合起来要求改变工厂楼面无法容忍的工作条件。

以三角衬衣式连衣裙公司为例，女工被要求支付她们用的缝衣针线，为她们的衣物锁柜纳税，并对损坏物品课以三倍的罚金。 但不管怎样，这家位于华盛顿广场22号十层高阿施大楼顶三层的制衣厂，成功地抵御了一切使工会组织进入工场间的企图。 然而即使工会也不可能防止三角公司灾难的发生。 那是在3月25日将近放工时分，发生了一场火灾，先烧死电梯操作员。 虽然消防部队迅速赶赴现场，但其云梯只够及六层楼。 仅在数分钟之内大楼变成一片火海，共146名工人在这场火灾中丧生，其中125名系女工。 三角公司惨案，作为纽约历史上最大的工厂灾难，在案发两天后一项建筑部门裁定宣布阿施大楼不安全而显得更为可怕。 不过，在法庭上，没有发现曾有谁在玩忽职守，故法官下令无罪开释。 三角公司的遗产是更高昂的劳工战斗精神和更多的州政府行为。 在奥尔巴尼，立法机构对阿尔·史密斯和罗伯特·瓦格纳的呼吁作出反应，从而产生出 56 条工厂改革措施。

毫无疑问，三角公司火灾所造成的死亡大大加速了全纽约的工会运动；例如，在 1913 年，犹太建筑工人建立起他们的第一个工会组织。在 1914 年生产总值达 10 亿美元的规模庞大的服装行业，服装工人统一工会(国际妇女服装工人联合会的前身)宣告成立。纽约正在走向全国杰出的"工会城市"。

除工人战斗和政治纷争之外，纽约市还经历许多有形的变化。1901 年，梅西百货商店在第 34 街开始营业，1902 年，熨斗大楼得以建造。纽约证券交易所于 1903 年投入使用，同年，《纽约时报》搬进其在长地广场的塔楼。1908 年 1 月 1 日，该报社开创以抛下一发光彩球迎接新年的习俗，抛入彩球处即今人们称之为时报广场的地方。建筑精华，诸如卡斯·吉尔伯特的艺术海关(1905)、纽约椭圆形露天赛马场(1905)、斯坦福·怀特的殖民地俱乐部(1906)和法国文艺复兴广场旅馆(1907)，均先后在麦克莱伦统治该市期间举行落成仪式。1908 年，欧内斯特·弗拉格的歌唱家大楼——拔地 612 英尺而成为世界最高大楼——喜庆开张；1967 年，该大楼又成为有史以来爆破拆除的最高建筑。

盖纳的即位，却进一步加强大都会在历史性建筑方面显示经济优势的狂热。1909 年，大都会塔楼高出歌唱家大楼 45 英尺。接着，在 1910 年 9 月 8 日，新的宾夕法尼亚火车站开始运行，这是一个古罗马卡拉卡拉皇帝豪华浴场的翻版。同时在 1910 年，长岛铁路，这条最终使上下班旅客时而丧失机动性的线路，第一次在新铺设的电气化轨道上进入曼哈顿。并非所有建筑皆系私人出资。市政府继续开展其凸式码头的现代化改造工程，并于 1911 年通往东河的地狱之门航道，以加速市内商品流通。也许该市商业和交通优势给人印象最深的表现，是 1913年两次落成仪式所留下的。2 月 3 日，位于第 42 街的中央大火车站开始通车，4 月 24 日，伍德罗·威尔逊总统点亮照明卡斯·吉尔伯特(1859—1934)的"商业大教堂"，即 792 英尺高伍尔沃斯大厦的八万盏电灯。此后将近 20 年间，伍尔沃斯大厦一直是世界最高建筑，其经营者们精心将吉尔伯特的哥特式装饰维护至今。 欧·亨利先前富于幽默感的评论"一旦人们将之修饰完毕，纽约会是一个伟大的地方"，似乎在这些年里得到了证实。

但如果说建筑物可展现纽约的经济实力，那么它们更能表明其心智境界。 长期确立起来的大学，被迫撤离下曼哈顿人满为患的街道，去该市别的地方另辟胜境。 1895 年，纽约大学搬迁其部分院系去布朗克斯的大学高地；1897 年，哥伦比亚大学迁至晨边高地；1907 年，纽约市立大学搬往非闹市区的女修道院街。 约瑟夫·普利策，也许部分受赫斯特声名狼藉和《纽约时报》威望日隆的启示，决定捐资成立一所新闻学院，该学院于 1911 年在哥伦比亚大学新的校园开始招收新生。

同年 5 月 23 日，威廉·霍华德·塔夫脱总统和盖纳市长主持纽约公共图书馆的开幕典礼。 这一造价 900 万美元、位于布赖恩特公园水库旧址、气势宏伟的艺术建筑，成为阿斯特、蒂尔登和伦诺克斯基金会对该市的遗赠物之家。 对学者们来说更为重要的，是其被约翰·肖·比林斯(1838—1913)组织得井然有序的参考资料，从而使第 42 街成为学者们代代相传的朝圣之地。 只有这样一个社会公共机构的声誉，才可使 J·P·摩根图书馆的荣耀和市政参考图书馆不太丰富的资料相形见绌。 还有另一座文化上具有历史意义的建筑于 1913 年破土动工。亨利·克莱·弗里克位于第 5 大道和第 70 大街的宅邸最终成为纽约最小但是最好的博物馆之一。

盖纳市长带着与日俱增的暴躁和放纵掌管纽约。 一方面，他力主警察严格实施小贩营业执照法，其实这是一项引起曼哈顿最小企业家反感、并已得到证实几乎无法推行的措施。 另一方面，盖纳却又阻止警察未经授权就采取行动关闭妓院或赌场；他甚至禁止自由使用警棍控制人群。 不过这位市长也许知道警察的实际能力，因为在遭遇一次重大挑战时——1912 年 7 月 16 日赌徒赫尔曼·罗森塔尔被谋杀——警察局被事实证明极不称职。 罗森塔尔命案虽导致两位人士开始其职业生涯，他们分别是新闻记者赫伯特·斯沃普和检察官查尔斯·惠特曼，但并未给盖纳在政治上带来任何好处。 事实上，此案或许还使他必须统领民主党 1912 年全国候选人名单的一线希望顿成泡影。 尽管存在枪伤、警察的丑闻以及墨菲统治下坦慕尼大楼的敌意，盖纳在 1913 年仍迫切希望再任一届。 他的自负促使他接受一个改革联盟的市长候选人提名，并乘船赴欧洲以充分休息迎接他知道会是一场恶战的竞选运动。 1913 年 9 月 10 日，盖纳死于途中，膝上留着一本爱默生的《随笔集》。 爱默生曾有一次这样写道，改革十分危险，因为它"求助于利己主义，使人们得意忘形"。 在盖纳给纽约的最后一篇咨文中已有这种暗示："没有国王，也没有小丑能够统治这座城市，那样的日子已经一去不复返了。"

盖纳提到的"小丑"，是指老板墨菲亲自挑选的候选人爱德华·麦考尔法官。 作为一名忠实的党徒，麦考尔在正常情况下理应确保当选，但他的候选人资格却因墨菲过度使用坦慕尼大楼的政治权力而遭到损害。 1912 年 11 月，民主党以纽约历史上最大的多数票将威廉·苏尔泽 (1863—1941) 送入州政府，多数票的很大部分系坦慕尼所提供。 苏尔泽在其就职演说中立誓要保持他的完全独立性，墨菲的反应是"绝对不可能"。 当这位州长支持一项直接与党核心组织相抵触的基本法，同时又拒绝任命一名组织中坚分子去州高速公路委员会就职时，战线正式拉开。

在墨菲的授意下，以阿尔·史密斯为首的民主党立法机构拒绝通过基本法，并凭借授权调查苏尔泽竞选运动的资金筹措情况来展开回击。 1913 年 8 月 13 日，几乎碰巧与麦考尔获得提名同时，奥尔巴尼的民主党人对他们自己的州长进行弹劾，指控他发假誓，提交假财务报表以及盗用竞选运动基金进行私人股票投机。 苏尔泽受到审讯，并于 10 月 17 日被解除职务。 墨菲显示出他对党的完全控制，但他权力空前赤裸裸的展现，却给予该市改革家们一次极好的机会，使之得以从盖纳之死中恢复过来，并再一次推举出一位联合候选人。 随着融合派经结盟赢得 57% 选票而获取令人目瞪口呆的意外胜利，墨菲已持续 8 年之久重要职务任命权又延长到 12 年。

约翰·珀罗伊·米切尔自从领导 1907 至 1908 年调查并致使几位行

政区长解职后，一直同改革息息相关。作为盖纳1909年胜利时的当选市政委员会主席，米切尔在所有主要项目上都与市长密切合作，并在市长住院期间实际代行首席执行官之职。1913年5月之后，米切尔成为港口税务官，设法把握住官僚制度并将效率注入一贯松懈的海关管理。当正受赫斯特指导的融合派要求他取代盖纳而列于改革候选人名单之首时，米切尔没有丝毫犹豫。在威尔逊总统、赫斯特和所有进步人士的支持下，米切尔领导他的联盟走向胜利。米切尔的政纲就是简单本身。"我要使纽约成为世界上治理得最好的城市。"

米切尔在治理这座城市过程中的最大问题，是他自己的个性；他是一位杰出人物统治论者，老是低估党的核心组织在为纽约人的需要提供个人关怀方面的重要性。恰恰相反，米切尔认为只要简单地任命几位工作效率高的行政官员，其中确有几位他的私交，他就可以使政府摆脱市政重要职务的任命了。官僚制度虽然受到损害，但是从未被摧毁。像他的前任一样，米切尔在1914年4月17日的一次针对他的暗杀企图中幸存下来。他还领导该市安然度过由第一次世界大战爆发而造成的短时期现金短缺。尽管州立法机构对这次危机置若罔闻，不过米切尔仍成功地同摩根辛迪加谈成一笔8000万美元贷款，从而将该市置于"现购现付"的稳固地位。这位市长的问题在于，他从未能够使平民百姓信服，这是一项了不起的成就：一般人只看到工作难找和公共服务减少。米切尔赢得来自上层阶级的朋友的赞成，但缺少工人们的支持。他被视为一位从不关心普通人的"曼哈顿市长"。

米切尔的信条是："立得正，说得响。"他个人出面调停服装业，平息1916年的罢工危机，不过他已进入政治地狱的边界。墨菲在1915年选举中重新取得对市政委员会、地方检察官和行政司法长官职务的控制，米切尔则亟需向该市显示他不是昙花一现的杰出人物。1916年7月，这位市长全力支持一项实施1912年城市规划大会建议的分区计划。纽约不久就采用全国第一部分区法典，该法典指令摩天大楼实施"梯级形后退"制，创造出一种高层建筑上部向上逐层缩小的形式，成为此后 40 年间纽约建筑的特征。

米切尔相信节俭,他在降低税收的同时,无情地裁减行政部门数量。 他希望通过实施加里计划取得重大的财政利益,这是一个提供职业培训及更高效使用学校设施的教育改革计划。 为实现这一目标,米切尔撤销了市教委领导,傲慢地置家长们的反对于不顾,并对大多数学校建设项目行使否决权。 虽然全国许多城市都认识到加里计划的革命性质并对之大力推广,但在纽约市,这位市长政治上的幼稚使许多选民开始持敌对态度,并最终导致这些革新措施的吸引力丧失殆尽。 更让他的困难火上加油的,是米切尔本人虽系天主教徒,却决定削减给予私人管理下宗教慈善团体的公共津贴。 在那些争战中,他攻击从属于宗教团体的儿童保育机构,甚至设法对一位天主教神父的电话进行搭线窃听。 至 1917 年,他的融合派联盟日渐萎缩,他已失去赫斯特旗下所有报纸的支持。 米切尔在市政厅的表现,恰好就在他 1917 年 7 月 30 日接受融合派提名竞选连任之际,预示着民主党的又一次复兴。

至此,坦慕尼大楼享有纽约市重要职务任命权资源已达十二年之久。 的确,墨菲在对州政府施加影响方面,远比控制他自己的城市更为有效。 有些党的领导人把 1917 年称作墨菲要证明他胜任老板的"最后一搏",墨菲奋起应战。 为恢复通常民主党相对于融合派联盟的多数,墨菲的视线落到布鲁克林县法官约翰·弗朗西斯·海兰(1869—1936)身上,他是一名忠诚的民主党人,不过许多人认为他的头脑相当迟钝。 墨菲布置了一个情节,让国王县的民主党人在党的代表大会上强迫海兰接受他的见解。 为完成墨菲的方案,海兰还赢得来自赫斯特出版物的新闻媒体方面的支持。

竞选运动的不确定因素是选民对美国介入第一次世界大战的反应。米切尔发起一场独立竞选运动,反对"赫斯特、海兰和霍亨索伦家族"①,同时力求保持他的中产阶级基础选民。 塔夫脱总统、罗斯福、

---

① 日耳曼王室,1415—1701 年间统治勃兰登堡,1701—1871 年间统治普鲁士,1871—1918 年间统治德意志帝国。 ——译者注

威尔逊以及纽约州州长查尔斯·埃文斯·休斯都在市长的支持者之列。但结果仍无法避免厄运。 11月6日,海兰(和墨菲)取得压倒性胜利,313 956票对市长的155 497票。 不仅这位"男孩市长"就此退出政坛,而且支持他的上层阶级深为145 332张选票投给社会主义候选人莫里斯·希尔奎特(1869—1933)而大为震惊。 一贯积极支持威尔逊战备政策的米切尔决定应募加入空军,虽然他已38岁。 约翰·珀罗伊·米切尔于1918年7月8日在一次飞行训练中丧生。 为缅怀这位市长,有一座机场用他的名字来命名。 可悲的是,大多数纽约人却相信,长岛上的米切尔机场系用以纪念轰炸鼓吹者"比利·米切尔"将军,而不是纽约的一位前市长。

"红色迈克"海兰于1917年当选市长,恰好与美国介入一战同年。1913年,纽约的对外贸易已衰落到进口和出口分别占全国的58%和37%,但第一次世界大战的爆发使这些损失得到补偿。 在美国参战的19个月中,纽约和霍博肯成为运载美国远征军的主要海港。 在1917年4月之前,对海港设施的需求已显得急迫,随着各种人员、军火和给养从四面八方涌入这座城市,情况更呈现空前灾难。 地方铁路终点站无法控制交通,火车拥塞,首尾相接一直排到匹兹堡。 而港口设施,即使已包含布鲁克林600万平方英尺的新布什码头,所受负荷是如此超常,以致不少船只未经满载即被迫起航,以便让码头为更多的船只腾出空间。 直到欧文·T·布什被任命为纽约港战争委员会主席后,才从混乱中理出头绪来。 至1918年中,该港市已运转得比以往任何时候都更为平稳,虽然出于伊利运河1918年的挖深拓宽,运往海港的货物吨位已显著增加。 纽约从战时货币及商务贸易中受惠,一举取代伦敦而成为国际金融中心。

战争期间的纽约生活最令人难忘的方面,也许要数该市得以避免欧洲冲突带来的民族仇恨这一事实。 虽然德意志人占总人口15%,但他们的生命和财产没有遭遇全国其他地方普遍发生的那些恶性事件,这主要应归功于市长米切尔和海兰。 对于政治努力,该市团结得像一个人，海兰甚至胆敢命名赫斯特担任回归战士官方接待人，后者旗下的报纸在 1914 年还站在德意志帝国一边。

《纽约时报》在人称"一个心智出奇愚钝的人"海兰当选后，显得惊恐万状，威尔逊总统则感到大惑不解，"怎么可能世界上最大的城市竟让这样一个人置身高位？"答案当然是坦慕尼的组织力量。 1917 年之后，同时也是 1906 年以来第一次，墨菲终于可以同市政厅内一位意气相投的人打交道了。 但这并不意味着欺骗性的政府行为。 事实上，后来至少有三组调查对象，一致认为海兰诚实可信，城市也得到很好管理。 即使是华尔街 1920 年 9 月 16 日的破坏性爆炸，即一起被指责由恐怖分子一手策划并造成 33 人丧生的炸药爆破事件，也未能动摇海兰政府的稳定。

海兰自豪地强调，斯塔滕岛上造价 3 000 万的市政凸式码头于 1919 年启用，他批准该市历史上最大规模的学校建设或教育预算，经警察局长理查德·恩赖特之手消除警察受贿现象，以及建成布朗克斯终点货物处理市场。 比所有这一切都更为重要的，是海兰——如同他在竞选时所允诺的——使 5 美分城市地铁票价保持不变。 这位市长打算建设一个市政府拥有的载运系统，并指定约翰·德莱尼对后来成为独立城市地铁系统的建设工程进行规划。 在另一项运送创新中，纽约州和新泽西州于 1921 年 4 月 30 日联合创建免税港务局，"以购置、建造、出租与经营航站码头和运输设施"，并使所有港口职能融为一体。 仿效伦敦港务局的模式，美国首家这样的机构成为决定纽约未来的主力之一。 选民们显然看出海兰为人诚实可靠，当可弥补他缺乏幽默及言谈辞令单调乏味的不足。 于是，在 1921 年 11 月 8 日，又一次在墨菲、赫斯特和人民的支持下，海兰以 41.7 万张选票再度当选。 尽管存在着形象问题，他仍成为现代第一位连续任职八年的市长，又是合并后第二位赢得再选连任的市长。

市政建设在海兰的第二任期继续取得非凡的进展。 一个在 1919 年得到确立的大规模教育建筑计划，到 1925 年已提供给该市 662 所学校，这是一项受到《每日新闻》高度赞扬的成就。 一些照片显示市长在地区计划协会的活动情况；他在 1922 年 10 月自动电话拨号开始时去那里；他成为通过西纽约市广播电台设施被人们收听到他讲话的第一位市长。 海兰的主张有些过于宏伟，他所批准的通往斯塔滕岛的地铁至今尚未建造。 但这位被遗忘的市长签署的其他项目如三联行政区大桥和一所艺术高中，后来则给该市带来巨大收益。

1924 年，两件"煞有介事"的发生有助于决定纽约市的未来。 第一件事围绕选民们在 1923 年 11 月批准的"城镇自治"修正案。 盖纳特许状应予修改；"城镇自治"似乎就是现成答案；1924 年，市财政预算委员会被市政委员会委员吸收组成市议会。 但这一行政管理"改革"毫无建树。 市长得耗费相同精力与新的实体争斗，又经过十五年时间，一部新的城市特许状才得到通过。

第二件事本来或许会改变该市的历史，但结果却没有，那就是在麦迪逊广场花园召开的民主党全国代表大会。 美国杰出的民主党人是纽约州州长阿尔·史密斯(1873—1944)，一位由查尔斯·墨菲培养的、准备参加总统竞选的政治家。 许多人想当然地认为史密斯会被列在候选人名单之首，并将他的竞选纲领重点放在美国广大城市的需要上。 但在 1924 年 4 月 30 日，死亡致使墨菲的稳操胜券之手从政治舞台上消失。 州参议员詹姆斯·J·沃克(1881—1946)哀叹道，"坦慕尼的头脑中枢躺在髑髅墓地。"当民主党人于 6 月 24 日与会时，他们缺少一位指导性权威，大会被证实为美国党派历史上一次最大的失败。 通过创纪录的 103 次投票表决，无望地分为城市派和乡村派的代表们，选出约翰·W·戴维斯作为他们相互妥协后的提名人。 史密斯、天主教徒和美国城市代表均遭到冷落，此后整整 52 年，民主党全国代表大会一直未敢在纽约市举行。

确实有其他人前来并深感惊讶。 当伟大的法国建筑师勒科尔比西埃于 1920 年访问这座城市的时候，他称之为"一场灾难，不过是一场美丽的灾难"。 勒科尔比西埃此处所指的就是曼哈顿，它在 1910 年达

169

到人口的巅峰，此后即开始从 230 万人口逐渐下降。 但对于来访者及其他行政区的纽约人而言，它仍然是 "这座城市"。 曼哈顿是临近地区的结合，包含着格林尼治村放荡不羁的生活方式，默里山庄严沉着的居住小区，以及哈莱姆惊心动魄但又令人抑郁的街道。 好的住房建筑无论哪里都奇缺。 1922 年，州住房建筑条例经修正允许保险公司参与住房建筑项目后，大都会人寿保险公司在王后区开始兴建住宅。 在林边和王后区，斯坦韦公司的花园公寓大楼得以建造。 建筑师如奥托·艾德勒茨、奥古斯特·赫克舍、阿道夫·朱克和路易斯·霍罗维茨，竞相将各自的美丽梦想增添到这座城市的空中轮廓线中。 在 20 世纪 20 年代，公正和施特劳斯大楼、派拉蒙剧院、金贝尔的百货公司以及麦卡尔平、大使和沃尔多夫—阿斯托利亚旅馆接踵落成。 1925 年 11 月，第 8 大道上一座崭新的麦迪逊广场花园取代了民主党人曾经在内遭遇灾难的旧建筑。 总之，纽约的勃勃生机在爵士时代势如破竹，同其单调乏味即使工作效率高的市长形成鲜明对比。

在坦慕尼地界围内，墨菲去世后的变化显而易见。 领导权落到乔治·W·奥尔万尼身上，这是一位先前仅在科尼岛指导过北极熊俱乐部的律师。 阿尔·史密斯此时成为该州最有权势的人物，他毫不隐瞒自己对海兰——"不完善的煽动家"——及其主要支持者赫斯特的鄙视。 当《纽约时报》指出市长在 1924 年最后六个月里频繁度假四次时，史密斯决定采取行动。 他加入奥尔万尼和布朗克斯县新领埃德·弗林反对海兰的行列。 在 1925 年激烈的初战中，三个人都一致支持颇得人心的州参议员吉米·沃克，一位卓有成效的立法者，是他的法案批准礼拜天开放棒球、拳击和电影等公众娱乐。

罗伯特·摩西后来写道：沃克"具有真的魅力，但不具备能吸引效忠的领袖气质"，此后的事实证明这一评价无比正确。 不过，1925 年的问题是赤裸裸的政治权力之争，党的初选大会，是曼哈顿和布朗克斯的核心组织反对外行政区的一场战争。 沃克以多出 10 万张选票的优势赢得 9 月的初选，从而使海兰靠边。 他在 11 月 3 日取得对共和党人弗兰克·沃特曼的胜利，几乎是虎头蛇尾的聚变。沃克作为一名忠诚的民主党人接任市长，他的就职仿佛能保证坦慕尼和整个城市的大好时光仍将继续下去。

沃克有着光辉灿烂的个性，大量娱乐性行业的友好关系，以及一种对公共关系的直觉。但他对于市政府的事务一无所知，也没有再学习的愿望。他是一个有派头的半吊子，看来不知怎么很适合他作为第一位就职演说通过无线电现场直播的市长身份。选民们一致欢迎他对警察局长和卫生局长的任命；很少有人抱怨坦慕尼保留了25个局长职位中的20个。并且，沃克同市议会的极好关系被证实是对海兰最后几年严厉的广受欢迎的舒解。沃克将其管理责任置于自己享受故乡奇妙事物之后。

沃克逐渐开始象征纽约的爵士时代，一个沉溺于酗酒行乐而公私道德规范都相当松懈的时代。他虽上班惯于迟到，但仍满怀热情地主持他职务的礼仪部分。他帮助安排鲁道夫·瓦伦蒂诺①的葬礼，组织抛投纸带的盛大游行迎接海峡游泳健将格特鲁德·埃德尔，又在庆祝纽约建市三百周年大会上扮演主角。不过，市政事务也并未被完全忽略。这位市长还仲裁城市地铁罢工，改善公共卫生局的工作，并鼓励警察局继续对赌场进行突袭查抄。但沃克在公众眼里，永远是最快乐的。

官方事务很少打扰到沃克的个人生活。他在就职后的最初30个月里一共度假149天，并经常让那些希望同纽约市做生意的人为他支付账单。虽然该市有着700万居民和5亿美元预算，这位市长对他的日常职责简直就是不闻不问。行政长官们经营着这座城市，坦慕尼则照管重要职位任命。1928年，沃克提名格罗弗·惠伦(1886—1962)担任纽约市的迎宾官，管理他职务的礼仪部分。市长职务的重大责任就此彻底从他肩上卸去，致使"我们的吉米"能够全力以赴其他活动，主要就

---

① 瓦伦蒂诺(1895—1926)，美国电影演员，出生于意大利，由其主演的无声影片《酋长》、《血与沙》、《鹰》等均富有浪漫色彩，曾引起众多女影迷的狂热崇拜。——译者注

是追求一位名叫贝蒂·康普顿的舞蹈家。

用娱乐业的行话来说，1928年是对这位"夜神仙市长"毁誉参半的一年。 沃克决定离开他的太太并和在里茨·卡尔顿的贝蒂·康普顿同居。 记者们宽容地置此丑闻于不顾，但史密斯州长作为一名严谨的天主教徒对此大为震惊。 一个潜在引起混乱的事件是，市法院于5月2日决定将市内轨道交通票价涨至7美分。 政治生存感一向十分敏锐的沃克立即下令上诉。 后来，当一次发生在时报广场车站的市内轨道交通事故造成16人丧生时，他即利用这一惨剧及交通费上涨痛斥交通管理人。 但沃克的注意力总是很快就回到康普顿小姐身上，他故意对腐败的传言置若罔闻。 甚至在王后行政区长官被证明犯有操纵下水道工程承包合同罪时，市长仍然无动于衷。 尽管存在所有这些不祥之兆，沃克坚持花更多的时间度假，作更多次的纵酒痛饮。

大萧条开始于1929年，但这一年对于纽约市长来说却成为凯旋之年。 3月，约翰·F·柯里(1873—1957)，一位出色的组织家及沃克的盟友，取代乔治·奥尔万尼成为坦慕尼大楼的最高领导。 4月8日，最高法院否决市内轨道交通的票价上涨，并进而下令其追加给市府630万美元过期税收。 全体选民视之为沃克的胜利而为最高法院这一裁决欢呼，也对市长创建该市第一个医院管理局铭记在心。 沃克再度当选的机会忽然间变得更为牢靠，同时，似乎为了使他的好运更加突出，一座新的中央公园卡西诺娱乐场又于5月开张。 在其金碧辉煌的各室内，从未有人向沃克呈送过账单。 市长和市府都尽情享受。 沃克惟一的抱怨是："我得到的乐趣从来没有我得到的赞扬或责备多。"

7月18日，慈善家奥古斯特·赫克舍带领一群热心公益的市民，要求沃克接受再次提名。 市长表示尊重这一请愿，尽管没有史密斯的支持并面临共和党人对全市范围腐败的指控，沃克以多出86.5万张选票的优势轻而易举地赢得秋季选举。 落在他胜利之上的惟一阴影，就是10月29日股票市场的暴跌，即标志着大萧条开始的股票崩盘。 对这场灾难漫不经心，沃克于12月接受加薪15 000美元。 他是在20世纪30

年代得到加薪的极少数纽约人之一。

除了他的加薪之外，沃克在这十年一开始就出师不利。1930 年 1月，他受帕特里克教堂红衣主教海斯(1867—1938)亲口警告，要他改变生活方式。3 月，一百多人在联合广场一次共产党人同警察的冲突中受伤；警察局亟需一位新的局长。更有甚者，是美国检察官查尔斯·塔特尔发现纽约州地方法院系统广泛存在不称职或腐败现象。塔特尔指控的结果，是法官塞缪尔·西伯里(1873—1958)于 9 月起开展一项调查。从坦慕尼的观点来看，西伯里的探查意味着危险。腐败很快被发现不仅存在于地方法院，而且还存在于妇女法院和警察缉捕队。丑闻在八位民主党区领导人拒绝放弃豁免权并提供证词后变得更为凶险。庞大的民主党核心组织突然受到灾难性的威胁。

坦慕尼试图以恐吓手段进行回击。1931 年早些时候，该市的法人团体顾问拒绝为西伯里的调查人员兑现薪金凭单，只好依靠一项法院指令才迫使这笔资金得到发放。但日益变得显而易见的是，地方法院的腐败如此清楚地反映出地方检察官职位未能行使其监督责任。1931 年3 月，在一位预期出庭的证人被谋杀后，州长富兰克林·罗斯福决定将西伯里的调查范围扩大到包括地方检察官职务。至 4 月 8 日，针对全市所有政府部门的总调查已在进行之中。

当以曼哈顿县治安官托马斯·法利为首的"锡盒"旅被传讯到西伯里面前作证后，一幅市政府大范围不称职的生动画面赫然浮现。不久人们发现，其他被揭露的事实有：标准及上诉委员会没有标准；市定罪程序使市府花费数百万美元；新的医院管理局是一场官僚主义恶梦；王后区遗嘱检验法院书记员不知道自己的职责；福利救济金 90%进入民主党人口袋；乔治·奥尔万尼的律师事务所能够为城市承包合同"迅速办完手续"；一位证人可以不记得他从哪里借走 50 万美元；等等，等等——这张清单似了没完没了。

但无论如何，坦慕尼领导人没有任何意向放弃豁免权。为何他们的核心组织在 1931 年 11 月的全市选举中一举获胜——尽管存在以上这些被揭露出来的事实——他们就该放弃豁免权？ 但此刻提出令人难堪的问题都是关于市长的行为。 谁负担他这么多假期以及为什么？ 为何沃克的私人财务代理不接受西伯里的邀请，拒绝从墨西哥返回并出面作证？ 市长在参与某些股票投机过程中究竟提供过什么方便，如果有任何可能的话？ 终于，期待已久的沃克市长同西伯里法官之间的冲突在1932年5月25至26日爆发。

沃克曾经说过每个人都必须单独地"出生、死去和忏悔"，并且，在同西伯里争辩过程中，这位市长一直显得技艺高超地含糊其辞。6月22日，州长命令沃克正面回答西伯里的指控。 沃克仅在自己从芝加哥民主党全国代表大会归来后才这样做，大会提名富兰克林·罗斯福竞选总统。 会上这位顽固不化的市长却投票提名阿尔·史密斯，并加入坦慕尼力图阻挠罗斯福获得全票提名的行列。 轮到州长，也不十分满意沃克对于西伯里的答复。 因此，按城市特许状第122项条款的规定，罗斯福决定对沃克一案举行公开听证。 沃克再一次面对西伯里，但这次，调查人员对所提问题作了十分巧妙的安排，以致如果否认一项指控就意味着承认另一则罪名。 这次开庭结束后，罗斯福没有其他选择，只有罢免沃克。 但在他这样做之前，"我们的吉米"先于1932年9月1日辞职。 沃克气势汹汹地说，他会在11月向选民们证明他无罪，不过他从未履行这一诺言；此后不久，他即背井离乡去欧洲。 他的离去，标志着随心所欲的爵士时代在纽约的终结。

经受过改革派市长们连续数任的接替，海兰—沃克年代赋予坦慕尼一次机会，以证明其能够有效地管理纽约。 不过到1932年，该组织已彻底声名狼藉，"喧闹的20年代"的繁荣，被含有多达90万人名的领取福利救济金名册所取代。 但无论如何，改革仍处于失势地位，该组织继续是纽约政治生活中惟一最有权势的力量。 的确，在1932年11月的特别选举中，核心组织致使临时市长约瑟夫·麦基（1889—1956）——他的独立秉性使专业人士无法容忍——所有希望顿成泡影，并轻而易举地选出约翰·J·奥布赖恩（1873—1951）来完成沃克原先任期所剩下的年份。 奥布赖恩的聪明才智或许能以他自己常被人们引用的一句话最好概括，那是他被问及他的新任警察局长的身份时的回答。"我不知道，"这位纽约市长说，"他们还没告诉我呢。"

虽然坦慕尼经历了政治灾难，但这座城市固有的生命力仍毋庸置疑。 大萧条降低了该港口的进口百分比，不过也仅降至占全美国的50%。 尽管有过股价暴跌，证券交易所的会员数量却进一步扩大，全市不动产的估定价值于1931年达到史无前例的最高纪录。 虽然曼哈顿地价仍为全世界最高，但即使在王后区这样的外围行政区，地价在1905至1929年间猛增1 000%。 在建筑业暂时进入低谷的同时，以前开始的各项工程正趋于完成。 1928年，港务局建成通往新泽西的外延大桥，1931年，荷兰隧道和乔治·华盛顿大桥竣工通行。 普利策的《世界报》等旧组织不免会消亡(1931)，但它们很快都被新组织所替代。 新的具有历史意义的大楼鳞次栉比，高耸入云。 1930年，当威廉·范艾伦的七十七层克莱斯勒大楼被占用，并在短时间内作为最高建筑称雄世界之际，装饰派艺术有了它最宏伟的丰碑。 看来，所有纽约需要的——尽管在大萧条时期——是能够同其经济实力相称的开明领导。但改革已消耗掉多次机会。 洛、麦克莱伦、盖纳和米切尔都被事实证明不够鼓舞人心。 坦慕尼带来过繁荣，但它的政治制度也达到丑闻和悲观怀疑的顶点。 这座世界最大城市究竟要到何年何月才会拥有配得上它卓越地位的领导呢？

第八章

拉瓜迪亚时代

吉米·沃克的纵情享乐，完全适合于 20 世纪 20 年代喧闹的精神特质。 在纽约市，这荣耀的十年目睹坦慕尼大楼的传统支配地位经过长期的间隔得以重建。 在全国范围内同等广为流行的，是对企业家精神和公司领导层由衷的敬佩。 然后来了 1929 年的市场大崩溃。 坦慕尼或许有朝一日能够克服沃克被迫辞职所带来的名誉损失，但美国商界要挽回其声望却没有任何应急办法。 半个世纪以来，这个国家及其最大城市的经济一直沿着螺旋形上升路线无止境地运转，这完全是美国商人们的功劳。 美国人开始信仰企业领袖的专门知识、敏锐目光和行为方式，同民主党人开始期待纽约市的巨额多数选票一样虔诚。 但到 1930 年，资本主义制度和坦慕尼大楼似乎都变得摇摇欲坠。 随着政治丑闻和经济灾难的后果逐渐深入纽约人的意识，忽然间显得灾祸主宰一切。 坦慕尼大楼无法拯救吉米·沃克，以前仿佛无所不能的企业领袖，面对市场崩溃简直就束手无策。

第 15 次统计报告显示：纽约在 1930 年的总人口为 6 930 416，全市房地产估定值达到前所未有的 190 亿美元。 难以想象如此巨大的人口和实力密集体竟会受到财政崩溃的威胁，尤其因为该市很好地被保持在合法放债和收税的限度之内。 然而，一种灾难感遍及整个坦慕尼组织，它对沃克政府的赞扬，显得同赫伯特·胡佛总统所说繁荣正在回归美国的陈词滥调一样虚伪空洞。 随着大萧条早年特有的通货紧缩的加深，市府到期偿还市民所欠债务的能力越来越受到怀疑。

1930 至 1931 年间，忧心如焚的沃克政府被迫解雇 11 000 名中小学教师，为平衡预算而孤注一掷，但其收效却转眼即逝。 所有市政福利基金均已耗费殆尽，而私人慈善机构，它们的许多服务都通过市政金库支付，被证实在为失业纽约人提供救济方面几乎无能为力。 州长富兰克林·D·罗斯福被迫召开一届特别立法会议，考虑地方救济开支和紧急食品供给两大问题。 至 1932 年，该市有三分之一的制造业工场关闭，160 万纽约人领取各种救济；整整四分之一的人口失业。 在这种情况下，要是吉米·沃克被迫引咎辞职难道真会起什么作用？ 纽约市从未遇到过如此灾难性的经济危机。 同时，也从未有过更好的机会在美国生活中展开深刻的、甚至是革命性的变革。

如果说纽约人在这凄凉黯淡的 10 年岁月里还有任何值得庆贺的事，那就是城市风光的继续发展。 克莱斯勒大楼于 1930 年 4 月竣工，但给人印象更深的，是 1929 年 10 月 1 日动工兴建的帝国大厦。 尽管遭遇错综复杂的财政困难及工会纠纷，该建筑继续向高处攀升，纽约人关注着，为这一奇迹般的构架通常以每周四层的速率不断增高而喜不自胜。 不过，当大厦于 1931 年 5 月落成开幕时，却很少有人租赁，帝国州公司已濒临破产多年。 此处往北不到一英里，在 1931 年 10 月开门营业的一家新的沃尔多夫—阿斯托利亚旅馆，曾作为另一个巨大项目进行施工。 市场崩溃之后，市中心一片原先规划用于建造歌剧院的土地上市出售，土地很快就由洛克菲勒家族购得。 他们不久即宣布，一个最终覆盖面积为 14.5 英亩的商业兼娱乐中心将在那里建造。 这个工程就是洛克菲勒中心，建设十四幢巨型建筑物花了整整十年工夫。 1931年，建设该项目的工人们认为理所当然应该举行一次小小的圣诞节庆祝活动，于是他们便在工地布置了一棵小圣诞树，从而开始了一直延续至今的传统。

1932 年，纽约大萧条最艰难的时刻，城市濒临破产，同时，沃克的政治烦恼加剧。 7 月 22 日，这位市长告诉他的 148 557 名市政雇员，如果要让城市继续生存下去，他们必须接受一次减薪。 该市 190 亿美元债务已相当于所有 48 个州的债务总和，而全市预算中有三分之一用以偿还公债。 甚至就在沃克发表演说之际，他正在与银行业同盟谈判，该同盟要求市府减少 4 000 万预算，然后它才愿意提供更多的贷款。

但随着事态的发展，实施这一艰巨任务的，已不再是沃克，而是其继任"圣乔"·麦基。 在沃克被迫辞职后接替掌权的两个月时间里，麦基一直在履行大幅度精简工作岗位和降低工资的痛苦任务。 他的冷酷无情，是让坦慕尼得以选举约翰·奥布赖恩完成沃克任期的因素之一。 奥布赖恩，一位有荒唐错误用词倾向的政党仆从，以"照常营业"的准则对待危机。 但银行家们并未被冠冕堂皇的诺言所说服，他们在 1933 年迫使市政府接受另一个"银行家协定"。 作为对三年期高利率现金贷款的报答，市府决定限制不动产税，创设预算储备金，并采取严格措施对拖欠税款者课以罚金。 纽约市还同意放弃拟议中对股票、储蓄银行和保险公司新征的税收。 该协定挽救了城市，保住了坦慕尼虚报的在职人员名单，但同时也提供进一步的证据，证明在 20 世纪 20 年代通行的商业—俱乐部会所联盟继续在起作用。 究竟奥布赖恩以及不断的举债服务是否真的代表纽约的未来？ 这座全国最大城市有无可能拥有一位堪与富兰克林·罗斯福相媲美的领袖，乃至后者主导国会的"百日新政"？ 作为对这些需求的反应，改革家同共和党人的旧联盟一起为 1933 年选举制订方案，决心从那个可恶的核心组织手里夺回控制权。

是坦慕尼和沃克的可耻行径，而不是大萧条，为改革竞选运动提供了背景。 理想的改革派市长候选人本该是廉洁正直的西伯里法官自己，不过，他的眼睛正盯着州长职位，拒绝参加市长竞选。 但他的威望赋予他对改革候选人当选的否决权，他阻止罗伯特·摩西（1888—1981）和约翰·F·奥莱恩将军等酝酿中的候选人获得提名。 最后，也许是不可避免地，改革家们转身求助于一位有独立见解的候选人，他曾是共和党人奉献给沃克 1929 年压倒多数胜利的牺牲品。 在那场竞选中，费奥雷罗·拉瓜迪亚（1882—1947）未曾赢得任何一个市议会选区，尽管他不断地指控沃克政府明目张胆地盗窃。但到 1933 年，拉瓜迪亚被事实证明是正确的。

拉瓜迪亚之所以有机会参选，是由于他在 1932 年民主党取得压倒多数胜利后被逐出国会。不过，甚至失败也产生效益，因为拉瓜迪亚在过渡时期同罗斯福刚开始的新政配合默契。一个在融合派旗帜下的拉瓜迪亚候选人身份，将会保证罗斯福在反对坦慕尼的竞选运动中的中立地位。是阿道夫·伯利安排西伯里同拉瓜迪亚进行一次会晤，结果是达成"意见一致"并得到这位法官的批准。

1933 年 8 月 3 日，拉瓜迪亚接受融合派提名，并以典型的极度激动的风格开始他的竞选运动。西伯里对事实真相的揭露已使坦慕尼彻底名誉扫地，以致真正的竞选是在融合派同以约瑟夫·麦基为首的复苏党之间展开。拉瓜迪亚凭借指控麦基为青年反犹主义——一项希特勒上台年份的强烈指控——赢得影响力与日俱增的犹太人集团的支持。11 月，融合派四叶式候选人名单获胜，虽然仅取得全部选票的 40%。1934 年 1 月 1 日，拉瓜迪亚在西伯里的办公室宣誓就任市长，改革终于有了它值得拥有的领袖。城市历史的一个新时代即将开始。

费奥雷罗·亨利·拉瓜迪亚，这位纽约市第 99 任市长，于 1882 年 12 月 11 日出生在格林尼治村。历史学家称他本人就是一个彻头彻尾的少数族裔竞选纲领，因为他是一个犹太人母亲和一个意大利人父亲的孩子，在亚利桑那和意大利长大，是一名美国新教圣公会教徒。加上从 1900 至 1906 年在领事服务机构及 1907 至 1910 年在埃利斯岛移民站任职期间，他学会说六种语言。作为一名年轻的律师，拉瓜迪亚对坦慕尼及其团伙逐渐形成一种憎恶感，这种厌恶变成他的特征。他加入共和党，并于 1916 年成为第一位当选进入国会的意大利裔美国人。此后经过短时期的军队生涯，他于 1919 年成为市政委员会主席。在那里，虽然他有效地与海兰市长合作，但他的独断专行使他日渐疏远自己党的中坚。当共和党人在 1921 年无视他作为市长候选人时，他再一次赢得国会席位，并自 1922 至 1932 年卓越非凡地服务于华盛顿。他懂得从何处可取得使用权力的手段以及它们如何运作。 从未有过任何人更适合担当治理纽约这一任务。

拉瓜迪亚受命于危难之际,他允诺这是绝无仅有的艰难时期;对纽约市及其雇员和人民来说,"不会再有免费的午餐"。"超党派、非政治性的地方政府"就是他的奋斗目标,他深信,好政府的原则将能战胜纽约的腐败传统和全国的大萧条。 这位市长直接面临的问题是:3 000 万美元的预算赤字、14.2 万个家庭依靠救济生活以及城市被抵押给银行家协定条款的事实。 7 000 万美元的救济贷款只剩下 3 900 万,这笔数目至 1934 年 8 月也将耗费殆尽。

拉瓜迪亚打算将他刚开始的百日全部用于"清除残骸及修整废墟",这些都是由坦慕尼治理不当所遗留下来的祸害,而摆脱财政困境则是当务之急。 显而易见,只有通过一次增税才可维持救济方案。 因此,在这位市长于 1 月 2 日提交的经济计划中,一项重大的拉瓜迪亚让步是其最引人注目的部分。 他放弃毕生反对的销售税而提议 2% 的征收额,为市府在救济开支中的份额提供资金。 这一"暂时的"销售税,加上 3% 的公用事业税、1% 中的十分之一毛利税以及对银行家协定的修正,将足以保持该市的偿付能力。

重要的大都会税收计划必须取得州立法机构的批准,而在奥尔巴尼,纽约市的前景看起来并不十分明朗。 民主党州长赫伯特·莱曼(1878—1963)批评这项措施将导致市长"独裁",该提案屡次濒临被否决的危险,最后,州长于 4 月勉强在这一议案上签字。 经过他的最早一百天之后,拉瓜迪亚终于获得一个征税方案,但正如他在给参议员罗伯特·瓦格纳的信中所写的,"我是多么筋疲力尽……有许多次我都几乎顶不住了。"尽管新的征税项目于秋季到位,但拉瓜迪亚仍违背他在竞选时关于不再给文职公务员减薪的诺言,借以进一步平衡预算。 他的经济措施包括减薪休假,但工作仍然完成。 成百上千个市政工作人员突然停职,他们不全是坦慕尼寄生虫。 这些严厉措施的结果,是该市连续二十年的财政稳定。

纽约经济在多年后才得到复苏，但在就职仅数天后，市长就戏剧性地显露出他对腐败和犯罪的深恶痛绝。他的第一个象征性的行动，是下令逮捕犯罪集团成员查尔斯·"幸运的"卢恰诺；摄制成电影的市长对吃角子老虎赌具实施攻击要晚些时候才发生，那是在该市赢得一项反对联邦政府接受赌具的合法禁令之后。这些都是公共关系场景，但持续更长久的，是拉瓜迪亚对于"一切好政府的职责归于胜利者"的信念。他打算在市府内清洗掉接受恩赐职位的党派仆从，并任命不附带任何政治条件的人们进入他的融合内阁；这些人最关心的应当是如何管理好自己所领导的部门。他的行政长官名册，读起来像是一份纽约最有才能的公务员光荣榜：阿道夫·伯利、保罗·布兰查德、爱德华·科西、西格斯蒙德·S·戈德华特、奥斯汀·麦考密克、罗伯特·摩西、约翰·莱斯、路易斯·瓦伦丁和保罗·温德尔斯。

这些人不仅其献身精神毋庸置疑，而且他们不愿卷入政治的个性还使民主党立法机构容易接受拉瓜迪亚的财政方案。总之，该市的"百日新政"挽救了它的信用，打下平衡预算的基础，并开展起一场大规模的政府改组运动。同时，民主党对拉瓜迪亚可能利用他的行政长官专长建立一个融合派核心组织的疑虑随即烟消云散。市长的意向远更崇高：他想要创建一支以人民信任他这一事实为基础的选举大军。拉瓜迪亚时而是一名暴君，时而是一名独裁者，时而是一名节目主持人，时而又扮演一名小丑的角色，但他始终在努力说服他的选民。他与该市异乎寻常的亲密关系一直维持12年之久，使市政府的组织形式和纽约市的具体构架均发生革命性的剧变。

拉瓜迪亚政府在其第一年冬天经受住许多严重问题的考验。气候如此寒冷，以致不得不开放军械库给无家可归的人居住，以免他们被冻死。下了这么多雪，只有向教师退休基金出售短期城市本票，才付得起移去积雪所需要的费用。出租车司机、饭店服务员和洗衣房工人联合起来罢工，而164条等候领取施舍食物的队伍仍不够喂饱全市这支饥饿大军。公共事业振兴署驻纽约官员甚至指责拉瓜迪亚无意推动人民从领取救济过渡到工作救济，为此不得不成立一个福利专门委员会进行调查，这是许多次类似调查中的第一次。

接着，警察局长声称他无法与拉瓜迪亚共事，于是，烦恼的市长在9月任命首席巡官路易斯·瓦伦丁(1882—1946)为警察局长。 在市长的全力支持下，瓦伦丁对犯罪分子"变得强硬起来"，并批准可采用审问的"第三级"形式①。 最重要的一点，是他决不容忍警察腐败。 瓦伦丁在其任内共开除了244名警察，被激怒的巡警们说他还造成83人自杀。 他使一场纽约警察局的定期清洗开始运转，并在实际上减缓了犯罪统计数字的急剧上升。

在所有拉瓜迪亚任命的官员中，没有人在1934年表现比公园管理局长罗伯特·摩西(1888—1981)更为出色。 建立起纽约州公园系统的摩西，以解散5个行政区公园委员会和解雇成百上千工人来开始他34年纽约市改造者的职业生涯。 除了他的天赋才智、充沛精力和管理专长之外，摩西还有另一个优点。 那就是只有他，在所有拉瓜迪亚任命的人中间，敢于对任命他的上司大声回嘴。 拉瓜迪亚一直让他保持着公园管理局长职位，甚至不管罗斯福如何不喜欢他。 到1934年底，已有60座新的公园得到兴建，该市仍计划为类似的项目向华盛顿申请联邦基金。 摩西在结束他独特的职业生涯之前，共监督过总价值超过200亿美元的建设项目。

赢得联邦基金的一个最关键因素，就是拉瓜迪亚在1934年秋季取得的预算成就。 在这位市长平衡该市的预算之后，联邦政府立即批准拨款用于一系列重大建设项目，正是这些项目奠定了纽约经济复苏的基础。 单就福利援助一项，纽约在1933至1939年间收到的资金就超过10亿美元。 拉瓜迪亚还得到阿尔·史密斯极为宝贵的协助，是他说服华盛顿租赁帝国大厦的空余楼面。 由此带给纽约的工作岗位和薪金有助于城市复苏。 但对于坦慕尼，拉瓜迪亚毫不留情。 他对恩施职务清

---

① 在英语口语中用，指警察对罪犯所进行的逼供、拷问或疲劳讯问。 ——译者注

洗的主要受害者系爱尔兰裔民主党人，据一位历史学家估计，在拉瓜迪亚治下，仅5%的新政府职位归还他们。 远更受宠而得到15%职位的，是把他们60%以上的选票投给费奥雷罗·拉瓜迪亚的意大利人，以及为融合派提供关键性胜出选票差额的英国新教徒后裔改革家们。 所有人群中最幸运的，要数大规模犹太人迁徙移民的第二或第三代子孙。到20世纪30年代，纽约的医生、律师、牙医和教师，一半以上都是犹太人，这一中产阶级骨干队伍将拉瓜迪亚视为他们一生中拥有好政府的最佳机缘。 他们一致团结在拉瓜迪亚周围，对关于市长私下有反犹太反黑人言论的谣传置若罔闻。 犹太人从拉瓜迪亚手里得到的政府职务甚至比意大利人得到的还多，整整10年，他们一直是他最忠诚的选民。

　　一个令人吃惊的因素致使拉瓜迪亚时代的族裔政治更趋复杂。 长期以来，移民群体的到来及其文化渗透乃是纽约生活的特色之一，但学者们突然间发现，该市最新的许多批移民几乎是在人们不知不觉中到来，他们就是黑人群体。 于1924年通过的一系列限额法案暂且将外国移民问题从纽约政治家的意识中排除开去。 但即使在那时，众所周知的大迁徙运动，即全国黑人农业人口大批迁往城市中心的运动，已进行10年之久。 的确，在1933年，只有奥布赖恩市长去争取哈莱姆的黑人选票，这一地区通常为人们所忽视，但他却称之为"世界花园景点"。奥布赖恩以他平时常出差错的方式告诉接受能力不强的听众说："我的心同你们的一样黑。"

　　然而突然间，出乎意外地，拉瓜迪亚的纽约竟然有5%黑人。 这群体几乎完全是贫民，他们未来的福利成为市长政治考虑的一个重要因素。 1935年3月，当一场骚乱在奥布赖恩的"花园"街头突然爆发时，这个问题变得更为严峻。 白人店主受到威胁，黑人力量的存在，必须像早些时候爱尔兰、意大利和犹太移民问题一样摆上议事日程。市长的特别工作队发现，黑人"对于种族歧视和处于富足之中的贫穷"心怀强烈愤恨。

　　虽然拉瓜迪亚政府仿佛对发现自己手头存在种族问题十分惊讶，其实对此应并不陌生。 纽约黑人历史始自在新阿姆斯特丹农场照料庄稼的黑人农夫，第一名到达的黑奴于 1626 年记录在案。 在 17 世纪，荷兰人和英国人都已实施奴隶法规以管制居住在曼哈顿的黑人。 种族间的经济竞争以及对黑人的虐待导致传说的 1712 和 1714 年阴谋暴动，镇压也不解决任何问题。 但这座城市仍形成一种宽容倾向。 早在 1750 年，凡能够满足财产标准的黑人都有权投票，更多的黑人在独立战争年代通过参加大陆军赢得人身自由。 至 1787 年宪法正式通过时，该市人口 10% 是黑人，虽然其中只有三分之一是自由人。 奴隶制作为一种合法制度在纽约一直延续到 1827 年，但在此很久以前，曼哈顿的黑人就有他们自己的免费学校，并在市政选举中形成一个重要的投票集团。

　　在 19 世纪 20 年代以前，坦慕尼大楼一贯支持废奴主义，只是当爱尔兰和德意志移民在人数上超过黑人之后，其反奴隶制的信念才开始减退。 欧洲新移民还夺走黑人的饭碗。 在 1830 年，曼哈顿的佣工 50% 为黑人，但到 1850 年，该数字骤减至 10%，爱尔兰女佣成为高贵身份新的象征。 随着爱尔兰人开始垄断码头和运送行业，黑种男人唯一可得到的工作，是充当顶替罢工工人上班的工人或接受低于工会规定工资工作的工人。 面对继续存在的偏见、日益减少的工作机会以及政治上的无能为力，黑人开始逐渐离别纽约，到南北战争时期，仅有 12 472 名黑人留在该市。

　　整个 19 世纪，黑人在该市的人口率一直在成比例缩减，即使他们的实际人数仍在缓慢增长。 黑人社区被迫慢慢从一处移往另一处，19 世纪 30 年代聚居于五点区，19 世纪 60 年代搬迁到格林尼治村的“小非洲”，至 1900 年又移居到纽约市油水区的西部市中区和圣胡安山。 所到之处，偏见和歧视无不紧紧跟随，而且他们还经常成为警察暴虐的牺牲品。 例如，1900 年 8 月 15 和 16 日，一起持刀行凶事件酿成黑人和白人暴民之间的大规模交锋，时而又受警察唆使，对抗零零落落地持续了一月之久。 新世纪的第一次人口统计显示，纽约有 60 666 名黑人，仅占这座经合并后城市总人口的2%。 但美国国内从南部农村到北方城市的移民潮业已开始，到1910年，纽约的黑人人口已上升到91 709名。 第一次世界大战爆发使该市更具吸引力，因为工作岗位再一次唾手可得，并且在美国历史上破天荒第一次，一个黑人希望中心正在创立。它被人们称作哈莱姆。

兴建于1657年的哈莱姆，也许算得上纽约市真正的最古老郊区。距市政厅仅八英里，它首先拥有的是上层阶级的乡间别墅，他们的跑马比赛沿着哈莱姆巷，即后来的圣尼古拉大道举行。 当高架轨道于1878至1881年间延伸到该地区之后，它变得更便于那些要逃避意大利和犹太移民的市中心居民进入。 其结果是，一场建筑热潮迅速将哈莱姆的乡村面貌改变得优雅入时。 戴维·金于1891年委托建造的一排排宏伟的联体别墅成为这一地区的标志，这些房屋的设计分别出自詹姆斯·洛德、普赖斯与卢斯，以及麦金、米德和怀特等著名建筑师之手。 爱尔兰人聚居于第8大道以西诸街；"小意大利"在第3大道以东日渐扩展；"小俄罗斯"则可在第125大街以南的第5至第7大道之间发现；但哈莱姆却纯粹保持为上层人士之家不变。

然后在1904至1905年间，经过一次投机性的经济迅速膨胀，不可避免的泡沫破裂发生了，哈莱姆一下子变得有大量过剩住房亟需被出租。 直到此时，黑人在哈莱姆的存在形式仍局限于从事仆人一类的卑贱职业。 但是1900年的骚乱、由建造宾夕法尼亚车站引起的大混乱以及莱诺克斯大道城市地铁线的竣工恰巧与市外住房过剩同时发生。 非洲裔美国人房地产公司被组织起来，将黑人安置于空余的公寓套间，不管多少租户合起来交一份房租都行。 在10年内，共有1.5万黑人来到哈莱姆，他们在市中心的各个教会很快也跟着向北迁移。 哈莱姆，作为一个拥有良好住房、社区教会和增长意识的黑人社区，自然成为移民黑人的向往之地。

至1920年，当居住在曼哈顿的黑人达到10.9万人时，显而易见，新移民的继续流入将耗尽哈莱姆的资源。 房地产的所有权继续掌握在白人手里，但由于缺乏修缮，该地区已变成一座贫民窟。居高不下的房租仍为一成不变的法则，而适合黑人的低收入工作致使他们除少数人外无法摆脱过度拥挤的困境。随着人口密度的不断增加，少数族裔聚居区生活的病征生下根来。卖淫与抽彩赌博、麻醉剂毒瘾以及少年犯罪，都被公认为 20 世纪 20 年代的社区问题。哈莱姆还具有纽约最糟糕的婴儿死亡率和肺结核发病率。

哈莱姆没有任何有效的政治喉舌为它的事业辩护；其名义上的代表是白人，但他们对这些问题根本不予关注。浮夸奢华的领导人如神父马库斯·贾维(1887—1940)和苏非①阿卜杜勒·哈米德所提供的，是神秘的个人魅力而非改革提案，即使是他们，仍不得不同更具传统性的政治代表如查尔斯·安德森(1866—1938)竞争，以获取一个陷入混乱的社区的效忠。最终，没有人有效地为哈莱姆说话。至 1930 年，纽约市327 706 名黑人中的 20 万多名被填塞进方圆 2 平方英里的哈莱姆，但他们的潜力却被无知、缺乏领导和贫穷消磨殆尽；大萧条开始时，哈莱姆人口中有一半依靠救济生活。

令人十分惊奇的是，刚离别 20 世纪 20 年代的衰败，就迎来通过发现黑人过去发现希望和自豪的新时代。哈莱姆文艺复兴树立起优秀的文学标准。白人剧院至少认同《绿色的牧场》、《琼斯皇帝》和《真鲷和贝斯》等剧中的黑人，爵士音乐和勃鲁斯歌曲②更是以哈莱姆为中心。来自市中心的白人访客，以吉米·沃克本人为首，使某些卡巴莱③变得全国闻名。1934 年，两名白种商人购下一座破产的滑稽歌舞杂剧场，对其进行整修并预约贝西·史密斯④前往演出，最后在第 125 街开设了阿波罗剧院。来自哈莱姆东部意大利聚居区的拉瓜迪亚，能否同

---

① 原意为苏非派，一伊斯兰教神秘主义派别；或指该教派信徒。作者在此拟指该教派教士。——译者注
② 一种感伤而缓慢的美国黑人民歌。——译者注
③ 指餐馆或夜总会中用以助兴的歌舞或滑稽短剧等表演。——译者注
④ 1894—1937，美国黑人女歌唱家，被誉为"勃鲁斯女王"，遇车祸，因是黑人被延误抢救而卒。美国剧作家 E·阿尔比的话剧《贝西·史密斯之死》即以此事为题材。——译者注

一个没有领导人的社区和睦相处呢?

　　拉瓜迪亚几乎立即作出一个管理者对黑人极其重要的象征性姿态:他于1934年创建纽约住房管理局。黑人居住区在该市享受最少的社会服务,拥有最小的公园地块,集中着最大数量的犯罪行为和文盲。除此之外,纽约就业黑人的大多数在20世纪30年代年收入还不足1 000美元。如果市政府真会制定一项政策,为最贫困者提供更好的住房,那么此举所显示的关切,甚至连居住在第139街的"奋斗者联体房"中的黑人精英都未曾为哈莱姆居民想到过。拉瓜迪亚的确作过这样的尝试,但没有成功。

　　拉瓜迪亚走马上任时,哈莱姆已有25年未建造过一所学校,无论其人口如何增长。又过了四年,才有一所新的学校建立起来。此外,尽管罗伯特·摩西负责建造了大批公园,但就在与之相同的十年间,仅一座体育场在哈莱姆中心地段开张。哈莱姆河住宅,一个位于第151街含有574个公寓套间的居住小区,于1937年开始出租,但是又一次,其高昂的房租对于贫困黑人社区的核心而言,仍然无济于事。拉瓜迪亚试图以几项高层次的任命来安抚黑人的民心;他任命赫伯特·德莱尼为税务局长,迈尔斯·佩奇为一地方行政官,以及简·博林为一名法官。格特鲁德·艾尔成为中小学系统的第一位黑人妇女校长。但这些都只不过是象征性的姿态而已。

　　意大利人,在他们即将成为该市最大少数族裔集团时,看到50年进步在这位市长任期达到顶点。"小花"①赢得权力就是通过利用这一系统。意大利裔美国人因拉瓜迪亚而产生强烈的自豪感,是由于诸如"幸运的"卢恰诺(1896—1962)、托马斯·卢凯瑟、约瑟夫·阿多尼斯和弗兰克·科斯特洛(1891—1973)等人的非法活动,曾使他们整个群体忍受恶名。这些人对卖淫、赌博和贩毒的控制已造成关于一个超强意大利罪犯辛迪加的传说。拉瓜迪亚对这些恶棍和骗子深恶痛绝,他会

―――――――――
　　①　拉瓜迪亚市长的外号,其意大利名费奥雷罗意为小花。——译者注

同警察局长瓦伦丁和州检察官托马斯·杜威(1902—1971)迫使他们中的许多人逃亡离去,守法意大利人为之欢呼雀跃。

移民野心的不确定性在犹太人社区也很明显。 曾有过一些犹太人歹徒——阿瑟·"荷兰人舒尔茨"·弗莱根海默和迈耶·兰斯基(1902—1983)系主要代表——但犹太人社区视之为贱民和畸形人。 而他们的骄傲则是众多的市立学院毕业生,以及犹太人行政官和执法官在拉瓜迪亚政府中所起的突出作用。 犹太人智力优秀的传统,在 20 世纪 30 年代来自纳粹德国的大批流亡者涌入纽约之后得到进一步加强。

第三主要少数族裔集团在拉瓜迪亚时代变得日益突出。 阿彻·亨廷顿于 1904 年创立说西班牙语的美国人社区,到拉瓜迪亚时代,这一群体中波多黎各人占据绝大多数。 1930 年,在第 125 街周围东哈莱姆说西班牙语居民聚居区,波多黎各人的数量已超过 4.5 万,他们的居住地段状况甚至比哈莱姆更糟糕。 来自小意大利和本居住区的青少年之间的斗殴在 20 世纪 30 年代屡见不鲜,角斗场经常就选择在本杰明·富兰克林高级中学。

显而易见,拉瓜迪亚最大的一项挑战,就是要为纽约人口不同种族成分建立起一种共同目标意识,借以鼓励各族裔间的合作。 但拉瓜迪亚无法专注于任何单一的集团,无论其如何强大;他所关切的,是救助和更新纽约全体人民。 为此目的,他不计其数地前往华盛顿,力争让该市延长新政的各项措施。 虽然有人保证他获得罗斯福、哈里·霍普金斯、哈罗德·伊克斯和路易斯·约翰逊一次表示同情的听证——他们中间没有人希望纽约市崩溃——但拉瓜迪亚必须不断克服他们的疑虑。 这位市长能够做到这一点或许就是他的一项最大成就,因为只要他许诺给建设项目和工作岗位注入资金,拉瓜迪亚总是能够兑现。

20 世纪 20 年代大都会建设的一次伟大繁荣,随着建设者们在一座为大萧条所苦的城市里不是破产就是不愿启动新的项目而告终。 但没有一个行业会像建筑业之于纽约的经济复苏那样关键。 爱好高楼大厦、工程师和建筑师的拉瓜迪亚懂得,新的建筑工程取决于获得联邦资金的可能性。 前些年的重大社区工程——纽约医疗中心(1928)、河边教堂(1929)、现代艺术博物馆(1929)、每日新闻大楼(1930)、布鲁克林学院(1930)、惠特尼博物馆(1931)和纽约市博物馆(1932)——已不再由个人或市府提供资金。 独立的城市地铁系统已处于联邦政府下的破产在管状态，宏大的尼克博克村住房开发工程为大萧条所迫，不得不让筹措资金变为债权人分得有限偿金的破产清算项目。 在1934年，唯一可取得建设资金的途径，是通过全国工业复兴法申请，拉瓜迪亚的任务就是动员起尽可能多的劳动力和现金用以促进纽约复兴。

纽约所需要的，是具有前所未有规模的一些市政工程项目，而其动工兴建，则有赖于联邦政府的慷慨赠予。 市长手头幸亏有着——罗伯特·摩西出色地改编的十卷本地区测绘图集(1929)——一个所需社区项目的粗略轮廓。 拉瓜迪亚对这些蓝图知之甚少，但他却是实施蓝图必不可少的催化剂。 而且，市长非常信赖摩西，无论罗斯福如何厌恶，也不管摩西本人1934年竞选州长怎样遭到惨败，仍继续留用他，利用他的极其多产高效，解开华盛顿的钱袋扎绳。 只有拉瓜迪亚能够如此成功地运用官僚和个人手腕取得联邦政府基金。 至1936年，拉瓜迪亚为他的城市共争取到美国公共事业振兴署全部开支的七分之一，正是这笔资金使纽约从大萧条里脱身。

没有其他任何一项拉瓜迪亚的成就可同他的建筑遗产相媲美。 在他执政时期，该市建成一个综合性公路和公交系统，并开发了美国最广泛的公共住房规划。 1933年，纽约的港口和码头成为重灾区；市区地铁建设陷于停顿；三联行政区大桥的桥墩竖立在东河中间视如墓碑。但在此后七年中，有三座主要大桥(三联行政区大桥、白石大桥与亨利·哈德孙大桥)和一百多座小桥，以及50英里长市内快速干道竣工。至1940年，纽约的不交叉公路全长，已超过其后美国五个最大城市的总和。 此外，东河下还有一条交通隧道把王后区同市中心连接起来。12英里铁轨增添到独立的第8大道地铁线，第60大道地铁线于1941年竣工；已作出规划将所有市区地铁合并成一个联合运行的城市捷运系

统。 至1939年，拉瓜迪亚机场面对群集在一起欢呼雀跃的32.5万人开
放，建造另一座机场，即旷野机场的计划大大提前，该机场于第二次世
界大战期间兴建。 港务局修筑了14座新的凸式码头，并为另四座配置
上部结构；忽然间，该市已能轻而易举容纳远洋巨轮。 公园管理局长
摩西建造了255个运动场、5 000英亩新的公园以及十余座游泳池。 通
过各种融资方式，拉瓜迪亚目睹至1941年已有十三个住房项目为1.7
万家庭开放。

建设热潮至1940年告一段落，这主要是由以下几个因素所造成：
新政结束、欧洲战事爆发以及纽约已达到其开支限额这一事实。 的
确，拉瓜迪亚的1940年预算，只给基本建设留下象征性的1美元。 但
城市风貌的革命仍在继续，这些年所取得的成就，至今在纽约依然清晰
可见。 有如克里斯托弗·雷恩的伦敦，如果你想探索拉瓜迪亚的过人
之处，你只需凝视一下他所热爱和重建的城市就一清二楚了。

"帽子"还赋予纽约与市貌复兴同样伟大的政府重建。 盖纳的1911
年城市特许状限制市长职权并增加财政预算委员会和行政区区长的实
权。 1924年通过的修正案，虽然限制州政府对于纽约市"财产、事务
或政府"的控制，但并未改变以上状况。 拉瓜迪亚深信只有一个强有
力的市长才可控制这座城市，但他想通过以阿尔·史密斯为首的委员会
修改特许状的第一次尝试于1934年8月宣告失败。 但拉瓜迪亚没有气
馁，在取得必要的立法机构批准后，他指定一个非党派委员会对此问题
进行研究达19个月之久。 拉瓜迪亚本人以其特有的气势在委员们面前
进行论证。

该委员会终于产生出一个特许状，将更多的权力集中到市长手里，
并创建市议会，批准创设副市长职位和城市规划委员会，以及明确设定
审计员的职责范围。 纽约的"地方自治"从此得到进一步增强，此
外，一个用于选举市议会的比例代表制也被设立起来，但这究竟能算何
等伟大的"改革"尚可质疑，因为它无法保障至少有一些参选少数派的
代表能够当选。 1936年11月3日，在为罗斯福全国一边倒的胜利作出

贡献的同时，该市选民还将其支持赋予一个遭到所有行政区区长和坦慕尼大楼反对的四千字文件。 旨在加强市长权力维护财政预算委员会自主的新特许状定于1938年1月1日生效。 在1937年11月，选民们还得决定是否赋予拉瓜迪亚在他所倡议的特许状之下领导他们城市的机会。

在纽约历史上，从未有过融合派能够面对坦慕尼牢不可破的权力和选民的漠不关心，为其候选人赢得连选连任。 但融合派也从未有过一位如此生气勃勃的人物作为代表，更未曾有过任何一届政府能够以城市风貌如此巨大的变化而夸耀。 究竟有没有别的改革家能够依靠意大利人、犹太人、大多数黑人以及有组织的劳工为他投票？ 除拉瓜迪亚之外，有没有其他任何人能够同时保持反法西斯的犹太人和相当赞同法西斯的意大利人对他的效忠？

然而，拉瓜迪亚仍反复强调他的政治独立性。 确实，在其12年的市长任期内，他从未支持过任何一名共和党人竞选州或联邦职位。 虽然共和党因他的缺乏党性和任人唯贤而愤懑不已，但他们别无选择，不得不在1937年仍提名他为市长候选人。 联合派组织也是同样情况。这位市长的再次当选还得到美国劳工党的支持，这是一个在1936年创建的组织，以便于自由派民主党人士支持罗斯福而无需为坦慕尼候选人名单投票；这一行列在选举中为市长提供令人震惊的48.2万张选票。进步党人、社会主义者甚至共产主义者都在1937年支持拉瓜迪亚。 事实上民主党人企图将拉瓜迪亚和共产主义支持者混为一谈，他发觉很容易否定这一点。

在这样的政治形势下进行竞选，民主党人选择杰里迈亚·马奥尼，一位或许应交好运的人，充当候选人。 马奥尼指控市长在销售税问题上自食其言，并正在设法谋取一个内阁职位。 不过，当拉瓜迪亚在1937年10月12日主持西区公路通车典礼之际，时距选举不到一个月，竞选运动实际上已偃旗息鼓。 融合派赢得60%以上选票。 拉瓜迪亚获得选票共1 344 690张，相对多数票达454 000张。 而且，他的候选人控制财政预算委员会 16 张选票中的 15 张。 坦慕尼对新组成的市议会几乎没有控制。 1937 年选举是一次能力和人格的胜利，这在纽约历史上几乎是前所未有的。

拉瓜迪亚已成为一名全国性人物。 他的政府在联邦资金的援助下继续大兴土木，缓慢的经济复苏使得由市府出资的其他项目上马有了可能。 仅 1938 年一年，布朗克斯科学高中开始招收新生；雅各布·里斯公园对数百万沐浴者开放；一份未来建设的总体规划出版。 市区地铁系统的扩展在继续；港口贸易显然处于回升时期；行政部门改革也在继续。 进步是如此显而易见，以致新当选的审计官约瑟夫·麦戈德里克能够发行 3.75 亿美元收益本票，利息低至 1.35%。 兴高采烈的市长不仅宣告银行家协定结束，而且还批准为市政工作人员加薪，这实际上是一个削弱五年紧缩开支计划的行动。 经过多年降低工资，工作人员施加压力的政治现实确实也无法否认。 除此之外，拉瓜迪亚还辩解说，1939 年的房地产税为每 100 美元净收取 2.82 美元，这同城市风貌的巨大改进相比，也实在很难说是过分。

一段小插曲颇有启发性。 一位游览该市的拉丁美洲国家外交官为所有进行中的建设项目而惊叹不已。 在其行程的每一个停留点，他都发问是谁发包订约，市长回答说"是我"。 到这天行程末了，这位外交官情不自禁地发表议论道："啊！ 拉瓜迪亚，你一定是一个非常富有的人。"但事实是：拉瓜迪亚仍住在他的东哈莱姆地区，仍为他的朋友们烹调意大利餐，仍靠他的薪金生活。 即使是他的对手也从未指责过他为人不诚实，而许多人则深信，他出自内心地乐意为一个国家选区的全体选民服务。

拉瓜迪亚的第二任期在市政府内掀起一场管理革命。 在新的特许状下，第一副市长由任命产生。 但拉瓜迪亚在心理上不会授权别人办事，这项"工作很快落到处理某些邮件及为市长坐镇财政预算委员会的地步"。 过了整整 30 年之后，这一职位才真正达到其潜在的功能。 管理革命对市政府产生更直接影响的，是行政部门结构改革。 至 1939

年，所有雇员中有74.3%必须通过竞争性考试才可获得市政工作，这一百分比在五年中增长了20%。 拉瓜迪亚带来的择优录用制度，保障了聘用更能胜任的工作人员，并使市政公务员的职业生涯变得极有吸引力。 自1933至1939年，申请行政公务员工作的人数增长3 884%，从而为纽约平民百姓增强了政府职能。

随着该市从大萧条中逐渐复苏，经济条件的改善日趋明显。 经过1938年一次短暂衰退，经济统计数据在拉瓜迪亚时代稳步增长。 例如，在1939年，该市经销全美国23.4%批发生意，零售业务则为全国的7.6%。 纽约在1940年出口全美货物的40%，此百分比已随全球战事加剧而得到增长。

纽约在迎接1939年世界博览会时，其国际上的卓越地位已得到进一步提高。 三联行政区大桥、市中心区隧道以及它们所连接的公路系统的竣工，使成百上千万旅游观光者便于到达中心王后区。 当该市刚取得以一次世界博览会纪念乔治·华盛顿总统宣誓就职150周年的权利时，公园管理局长摩西力主把王后区的弗拉兴草地作为其选址，否则他将反对开展这一工程。 他自然有他的道理。 经过两年时间并花去5.91亿美元之后，摩西将此科罗纳倾倒场，容纳90英尺高灰堆及狗样大小河鼠栖身之地，改造成为一个伸展1 216多英亩的典雅博览会地点。

拉瓜迪亚为纽约所作的最后一项伟大贡献发生在1940年：他实现了一位管理者的梦想，将市区地铁和高架轨道线合并成一个联合经营的、市政府拥有的运输系统。 经验表明，由拉瓜迪亚建造的独立市区地铁从未能够在一张票只卖5美分的情况下自给自足。 更何况曾一度赢利经营布鲁克林—曼哈顿捷运系统和纽约市行政区间捷运系统的私人公司均告破产，并完全依赖市政补贴。 1938年，纽约市要求州政府批准一项债务限额豁免，以便它能够买下破产公司，同独立线路联营，并创建一个自给自足的运输系统。 获得批准后，1940年6月，三系统以3.26亿美元的代价实现联合。 该市一下子经营起一个全长1 300英里、价值15亿美元的运输系统，并有盈余；兼并在其第一年产生2 800万美元营业利润。 但不久，联合运作开始衰落，随着成本上涨，对拉瓜迪亚远见卓识的称赞也迅速消退。 联运系统变为一项亏损经营，一个压在所有未来市政预算之上的沉重负担。 给纽约装点门面的益处伴随运输合并而来。 拆除与地下路线重复的地面高架轨道线便利了交通流量，增加了房地产价值，并改善了许多纽约景观。 布鲁克林行政区政府附近市府大厦—卡德曼广场的重新发展，或许是地铁联营衍生产物广受人们欢迎的最好例子。

拉瓜迪亚在 1941 年的再度当选本应比实际上容易。 八年的融合派统治已从根本上改变了这座城市，但职位本身——常被认为美国第二最难担当的工作——也多少使市长的脾气变坏。 向来就是一名飞扬跋扈的老板，拉瓜迪亚变得越来越不能容忍失败、延误和反对；个人冲突经常在"帽子"和他的工作班子之间爆发。 他似乎确认自己永远不会担任全国职务，而情愿接受在加拿大—美国防务委员会任职，或充当罗斯福的民防协调人。 当美国走近反对他所鄙视的轴心国的战争时，拉瓜迪亚好像几乎已失去管理这座城市的愿望。

无论如何，在 1941 年他再次担当市长连任候选人时，拉瓜迪亚颇为自得地炫耀罗斯福对他的支持。 6 月份的一次盖洛普民意调查显示有 59% 的选民支持他，但随后他对广受欢迎的民主党州长赫伯特·莱曼过激的人身攻击，使许多拉瓜迪亚自然的支持者——自由派选民反过来持敌对态度。 拉瓜迪亚严责莱曼老是支持民主党人，并使用某种刻薄的语言来描述这种不开化的思想方式。 更有甚者，他拒绝道歉，说这是他最精选的表述词语，仅仅用以形容政治老板，而不是针对莱曼。这位市长的顽固不化，将一个话题赋予布鲁克林的民主党人威廉·奥德怀尔(1890—1964)，一位深具个人魅力并对竞选运动驾轻就熟者，使他成功地大大降低了拉瓜迪亚在得票上的领先地位。

在 11 月份的选举中，市长仅以 13.2 万票的优势赢得再选连任。 虽然这次胜利让"小花"成为自理查德·瓦里克(1789—1801)以来第一位连任 12 年的市长，但也表明，统治这一大都会的艰巨任务，最终甚至连这样一位出类拔萃的领袖都难以招架。 民主党人争辩说拉瓜迪亚只是一位兼职市长，既然新政下的建设项目已告一段落，而仇恨和敌意又甚嚣尘上，拉瓜迪亚究竟能在他的第三任期取得何种成就值得怀疑。但这个问题在他当选仅一月之后便无实际意义。 珍珠港事变确定了市长和他的城市必将成为全民族赢得战争努力必不可少的一部分。 成就辉煌的伟大时代到此结束。

战时治理纽约市既无需冒险精神也并非轻而易举。 百老汇的灯火变得暗淡无光，拉瓜迪亚似乎也随之不再鸿运高照。 1942 年 2 月，拉瓜迪亚辞去他作为民防机构首脑的职务，他在此位置上未能取得多少成果，同时也没有进行重新将他的注意力集中到城市事务上来的尝试。珍珠港事件之后，这位市长在所有大桥和隧道以及许多工厂都布置了保安人员。 他把两百多名日本裔美国人拘留在埃利斯岛，并竭尽全力对付市政劳工流失于私有行业和美国军队问题。 实际上，拉瓜迪亚希望能在另一场战争中再一次效命美国，并认定领导人民反对法西斯主义是他的天职。 他一生中最大的失望是这一召唤从未到来。 拉瓜迪亚被局限于担当一个平民百姓的角色，他仅仅被允许作一些宣传鼓动性广播演说。

1942 年 5 月，拉瓜迪亚全家搬进罗伯特·摩西为他们翻新整修的行政官邸。 格雷西宅邸原为一名苏格兰商人所建，后来曾被用作纽约市博物馆。 这一联邦式建筑就此成为该市权力中心的象征，正是从那里，拉瓜迪亚和他的后继者们应付了一次又一次危机。 例如，在 1943 年 8 月 3 日夜晚，哈莱姆突发抢劫风潮，这场由高房租、战时歧视和经济匮乏所引起的骚乱，造成 5 人死亡，数百人被捕。 拉瓜迪亚发誓要采取改革措施，一项房租控制法获得通过，但并没有产生根本上的改变。 市长和他的家人一直在那里愉快地度过他的其余任期，官邸距离哈来姆个到两英里，这一悲惨的藏垢纳污之地，以其继续的衰败挑战这座拉瓜迪亚治下城市的宁静。

拉瓜迪亚始终懂得，是纽约在为美国的城市生活树立基调；如果说他总是好像处于重大事件的最前线，那是因为该市本身就是全国乃至世界瞩目的中心。 1945 年 5 月，拉瓜迪亚宣告退休，他已充分意识到自己的巨大成就。 联合政府为纽约奠定了牢固的财政基础。 即使为城市风貌增添太多的建筑物，该市的债券债务在 1946 年 6 月总计仅 21.94 亿美元，比 1941 年减少整整 5 亿美元。 城市建设在战争期间陷于停顿，但完成 20 世纪 30 年代宏伟规划的蓝图犹存，摩西局长会继续留任以确保这些工程的开展。 战时的就业增长使救济问题趋于终结，但福利部门已准备好为贫困的纽约人提供援助；它很快就会再一次分发数百万美元的补助金。 1 万名市政工作人员在拉瓜迪亚批准的慷慨养老金计划下生活得心满意足，他的这一创举导致 1947 年健康保险计划的设立，后者甚至在全国范围产生深远影响。

在种族关系方面，拉瓜迪亚政府已实施禁止歧视行为的住房及公平就业法，并远远走在任何全国立法提案的前面。 而且，他的再度当选证明融合政府未必都昙花一现。 哈夫迈耶、洛以及米切尔均未能再度当选，但在拉瓜迪亚的连续三届任期里，纽约变得比以往数十年更便于治理。 他所留下的，是一座更欢乐幸福、更适合居住、更繁荣昌盛的城市。

1945 年 10 月 21 日，一次在曼哈顿举行的仪式将第 6 大道改名为美洲大道。 虽然本地人至今仍往往拒绝使用新名，但实际上纽约选区的真正居民已形成一个世界性社区。 或许名称更改是纽约所采取策略的一部分，用以赢得一项大奖，即为新创立的联合国提供总部基地。 虽然这一世界团体的第一次会议在伦敦举行，但到 1945 年底，亨特学院的布朗克斯校园已被选定为该组织的临时总部。 国际著名的规划师们都反对将联合国置于一座现成的城市之中，但纽约的诱惑力实在难以抵御。 如果该市能够提供一个永久的基地，那么几乎毋庸置疑联合国会决定留在那里。 1946 年，当正式大会在成功湖（拿骚县）和弗拉兴草地公园举行之际，市长委员会最终达成一致意见；位于东曼哈顿海龟湾的一个永久性基地将提供给联合国。 由威廉·泽肯多夫(1905—1976)组织的17英亩开发地块，被洛克菲勒财团购入后捐赠给纽约。 联合国于1946年接受这一提议的选址。 平面图被绘制出来，其中一部分工作由曾帮助创建洛克菲勒中心的华莱士·哈里森(1895—1981)承担，至1947年年底，这幢以玻璃作幕墙的45层高联合国秘书处办公楼开始向天空攀升。 拉瓜迪亚，1946年正领导着联合国救济与复兴代表处，自然为此激动万分。 他始终相信，这座城市是成百上千万来到这里的人民的希望象征：从此它又可为全人类扮演类似的角色。 但这位市长未能亲眼看到这座大楼的建成，他于1947年9月29日因患胰腺癌去世。 然而，想必他已知道，正是他和联合国一起，帮助纽约成为"世界都市"。

第九章

长期下滑

随着 1945 年全球冲突的结束，纽约市似乎已具备一切理由可以坚信它未来的繁荣。 自合并以来，其人口实际上已翻了一番。 按 1950年的人口统计，共有 7 891 957 人在该市居住，这分别比美国当时 48 个州中的 45 个州的人口都多，而且在规模上远远超过许多联合国的创始国。 纽约的制造业活力，因战争创伤磨炼而成的锐利优势，在全国更是无与伦比。 一座宏大的港口使之成为美国的商业首都，全国货运交通每年有 40% 经过该市。 其运输系统的年载客人次，则相当于全世界的总人口。 纽约是一座真正的世界性城市，虽然最新的统计数据显示，它正在变得较为美国化；1948 年其人口仅 30% 为外国出生，相对而言，此数字在 1910 年曾为 41%。

该市在欢迎回归的美军人员以及接受成千上万世界难民时所面临的直接挑战，就是严重的住房短缺。 自 1946 年至 1956 年间建造的公共住房出租公寓单元，达到前所未有的数量。 首先是那些临时性战时型匡西特活动公寓，遍布于诸如卡纳西海滩公园、东布朗克斯以及王后区。 然而对美国未来更有影响的，是年轻的已婚夫妇在郊区购置房产的愿望。 在纽约周边各县，以拿骚县莱维顿为样板的开发区地产住房激增。 不可避免地，长岛铁路用一位叫做闯将丹的被困扰的市郊上下班旅客形象为其标志，郊区和中央核心城市之间的合作互利关系迅速建立起来。 单拿骚县收到的来自联邦退伍军人管理局的房产抵押贷款，就比整个纽约市还多。

仅仅数年内，每天进入该市的郊县居民达到 40 万人，为了利用其仿佛取之不尽的工作机会。 例如，在 1947 年，纽约拥有全国 240 881 家制造商中的 37 870 家。 其中占据明显多数的，是所有的制衣工厂。 服装业自南北战争之前就一直是纽约规模最大的行业，其所提供的工作岗位，比底特律的汽车业或匹兹堡的钢铁业所提供的都多。 有着一个如此强大的制造业基地，该市的财政十分稳固，虽然它的工作人群中大多数都居住在其地理边界之外。

战后时期于是成为了人口涌入和市貌改观的年代。 也许没有什么比该市与汽车之间的较量能更生动地说明这种变化。 随着底特律再一次开始为消费者制造汽车，该市懊恼地发现它已失去对自己街道的控制。 战后的购买热潮和与日俱增的市郊上下班人群致使交通控制成为一场恶梦，这个问题甚至一直到今天都未能解决。 据估计，如果把每天进入纽约的汽车首尾相接，那么它们可以横跨全国。 1946 年，著名的第 5 大道双层公共汽车逐步停止使用，在 11 月，贯穿全市的第 42 街有轨电车完成其最后一次行程。 一切有轨电车业务，包括所有外行政区，于 1957 年 4 月 7 日结束。

1945 年 5 月，费奥雷罗·拉瓜迪亚宣布他的离职愿望。 于是，政治议事日程的第一项任务就是选举纽约第 100 任市长。 做了十二年的反对党，坦慕尼大楼孤注一掷抛出一张吸引人的候选人名单。 它所选择参加市长竞选的候选人，几乎是一位典型的纽约人。 威廉·奥德怀尔于 1910 年从爱尔兰移民美国，怀着口袋里仅有的 25 美元和取得成功的欲望，他干过各种体力活，直到 1916 年成为公民，此后他立即当上一名警察，走上近乎神话的爱尔兰人晋升之道。 不过他的志向要比巡警们高，不久他便进入福德姆法学院；他还参与分区的民主党政治活动。 全 1939 年，作为清除公害运动的布鲁克林地方检察官，奥德怀尔赢得有效起诉臭名昭著的谋杀公司的大部分功劳。 1941 年，他竞选市长失败，但他同拉瓜迪亚得票差额远远少于预期的想象。 二战期间，奥德怀尔担任同盟国驻意大利管制委员会军士长，退伍时为准将军衔。他在意大利时几乎以全票再度当选地方检察官。 到 1945 年，他显然是坦慕尼大楼希望重新掌权的最佳人选。

共和党提供的候选人是乔纳·戈尔茨坦，一位前民主党人，还一度是坦慕尼的成员。 在一次奇特的历史逆转中，民主党人指责戈尔茨坦系"老板钦定"。 更有甚者，他们还取笑拉瓜迪亚选择的接班人纽博尔德·莫里斯(1902—1966)，一位无政党候选人，为没人要的历史遗产。两位对手则声称奥德怀尔的正式履历实际上要比外表看到的少得多，莫里斯还断言奥德怀尔留给布鲁克林一个"烂摊子"。 但对于选举结果，人们从未有过丝毫怀疑。 11 月 4 日，比尔·奥德怀尔成为纽约第 100 位市长和坦慕尼大楼的宠儿。

奥德怀尔的职业生涯始终建立在忠于坦慕尼的基础之上，但这位新市长又很难说得上是一个唯命是从的人。 常被描述成比任何当选市长都更了解该市的领导人，奥德怀尔意识到他的主要任务是监督和控制纽约过渡到和平经济时代。 因此他认为满足回国退伍男女军人的住房需求应是当务之急，而 1943 年制定的战时房租控制应当得到扩充。 虽然在数十年间经常引起争论并不断予以修正，这些规则至今仍继续有效。房地产业的残酷无情旨在取消这一系统的运动，使租房生活的纽约人动辄藐视房地产业主社会集团。 纽约始终以住房租赁市场为主；例如，在 1948 年，其居民有 76% 住在公寓房里。 因此，经这位市长制度化的房租控制系统之成为神圣事物中的最神圣者，也就不足为怪了。

比尔·奥德怀尔被证实能出色地配合与适应他所统治的城市变化中的人性外观。 如同对于所有现任市长一样，反复不断的财政问题一直困扰着他的政府。 奥德怀尔指责奥尔巴尼对纽约市"故意少给找头"，并在预算局设立分析处以证实他的观点。 他所采取的许多行政积极措施还包括：创立交通与烟雾控制局来对付环境问题以及重组并据称改善福利局的工作。

市政府的改组，在 1947 年 11 月选民批准废止市议会的比例代表制后变得较为简单易行。 这次投票，从本质上讲，系冷战开战的产物。由于公众日益恐惧美国劳工党的强盛，加上其他左派人士的选票，很可能将立法代表席位奉送给一名共产党人，选民们于是认为市议会成员必须掌握多数，这项授权所加强的，不仅是民主党人的支配地位，而且还有市长的实权。 奥德怀尔的另一项早期成就，是一场强有力的抗击天花恐慌运动；在 1947 年，重组的卫生局为将近 635 万人接种牛痘。

也许没有任何一项行政措施比创建劳工关系分局对该市的未来更为重要。 一旦爱国主义的牺牲已不再必需，该市劳工大军要求补偿加薪就在所难免。 当 1946 年 5 月一场拖船工人举行的罢工严重影响港口商业并造成燃料短缺时，奥德怀尔首先颁布一份市长紧急状态宣言，然后帮助调解争端。 他的干涉为行政参与同市政雇员之间的劳工纠纷开创一个先例，对此，其后任的市长们一直试图拒绝接受。

所有纽约的市长都得对付日益高昂的劳工战斗精神，纵然其只是以诸如运输工人工会的"红色"麦克·奎尔（1906—1966）等领导人为代表。 由于该市不希望去应付所谓的共产主义工会，康登—瓦德林法案于 1947 年在立法机构获得通过，旨在使政府雇员罢工成为非法。 但该法令的各项条文，包括开除公职，是如此严厉，没有任何一位政治家能够完全实施该项立法。 然而，无论该市是否承认运输工人工会，难以置信的是所有市长竟然都会容忍运输工人罢工。 纽约的市内地铁和公共汽车每天运载量为 800 万人次，于是在 1948 年，不得不履行同愤愤不平的运输工人达成的工资协议。 其代价便是自 1904 年一直维持着的 5 美分车费。 1948 年 7 月 1 日，乘坐一趟市内地铁的票价升至 10 美分，成为后来多次涨价的第一次。 而且，该市在 1949 年接受与其雇员集体谈判的准则，从而开始了 18 万市政员工大军深具影响力的新时代。

1948 年在市政议事日程上处于重要地位的，是庆祝大纽约市合并五十周年。 该市在五十岁时含有 320.26 平方英里土地，包括全长 5 719 英里的街道和 578 英里的滨水区。 全市 80 所高级中学和 569 所小学及初级中学，满足着 100 万名学生的上学需求。 在人口密度方面，纽约为全国平均水平的 500 倍，但似乎无人知晓这一点。 人们宁可谈论纽约的经济实力：全美国的商品批发业务有五分之一在其边界内进行。

作为五十周年庆祝活动的一部分，是旷野国际机场在 1948 年 7 月 1 日的落成仪式；至 1960 年，其新跑道上的频繁活动使之得以超越拉瓜迪亚机场而成为通往该市的主要入口。 1949 年，期待已久的布鲁克林炮台隧道竣工通车以减轻交通拥挤，总统哈里·杜鲁门前来为联合国广场举行奠基仪式。 1949 年甚至连住房短缺都仿佛有所缓解，此时曼哈顿的大批斯特伊弗桑特市区新式住房正开始出租，该项目系由大都会人寿保险公司出资建造。 城市规划者们还由于旨在清除贫民窟的联邦城区重建基金赢得国会批准而欢欣鼓舞。 总之，奥德怀尔和他的政府已经为其连任竞选运动做好充分准备。 所有选民都承认，艰难的过渡时期不会没有问题，但大多数人认为，奥德怀尔的成就很值得称赞。

但这位市长不断推迟宣布他将竞选连任的时间。 关于他已允许自己的城市对非法活动过于"开放"以及丑闻将被揭露的谣传不胫而走。 有人声称，有朝一日街上巡警会少于一千人，"暴民"会拥有更多的政治影响。 确实，几乎毋庸置疑，美国集团犯罪"首相"弗兰克·科斯特洛，即在坦慕尼大楼最具影响力的人物中间。 坦慕尼的辩护士们辩解道，市长与纽约大主教弗朗西斯·约瑟夫·斯佩尔曼（1887—1967）相互间有着同等友好关系，而无论是这位犯罪集团成员还是那位教士，对该市的决策过程都不存在任何政治控制。 然而，谣言说奥德怀尔同集团犯罪有着秘密联系，并可由辛辛监狱的一名监犯加以证实。 好像是为了进一步确认这一指控，直到这名囚犯被处死在电椅上之后，市长才最终决定再一次把自己奉献给公众。 奥德怀尔一经决定参加竞选，立即倍受选民们青睐，于是民主党人一举夺魁。

民主党人在 1949 年的胜利是压倒性的。 不仅奥德怀尔赢得 59% 的选票，而且民主党人还囊括所有行政区的区长职位，包括新当选的曼哈顿行政区区长罗伯特·F·小瓦格纳（1910—1991），并赢得 25 个市议会席位中的 24 席。 奥德怀尔的主要牺牲品再度是纽博尔德·莫里斯，他这次作为共和党—自由派—融合派提名人参选，谴责现政府"掠夺和腐败"。 这次竞选的一个有趣现象，是社会党人维克托·马尔坎托尼奥（1902—1954）有相对强劲的表现，他要求恢复 5 美分市内地铁票价，强制实行房租削减，降低公用事业费价格以及终止警察对黑种和拉丁美洲裔纽约人的暴行。 他还声称"你可以把比尔·奥德怀尔企图镇压的……工会塞满中央公园"。 似乎没有人听莫里斯或马尔坎托尼奥的话。

不过，当含糊其辞的指控突然间呈现出实质性内容，选举的事态变得难以平息。 在《布鲁克林之鹰》上发表的一系列证据充分的揭露指控说，一个由警察和法官组成的联盟保护着 4 000 名赌注登记经纪人，每年所得回扣均在 100 万美元以上。 虽然证据确凿，但奥德怀尔仍不予承认，坚称此项指控系新闻界长期积怨所致。 他甚至在一名被指控的警察自杀之后继续为纽约警察局辩护。 但腐败的证据显而易见，公众的反响又如此强烈，以致在 1950 年 1 月，这位市长因"神经衰弱"逃往佛罗里达。

奥德怀尔开始设法寻找各种途径，以摆脱忽然成为烤盘的纽约。在 110 多名警察面临被市长称为"政治迫害"的调查而决定辞职之后，火焰变得更为猛烈。 腐败对于纽约警察而言很难说是新鲜事，但自特威德以来从未有过一位市长对此看起来竟会这样感觉迟钝。 最后，布朗克斯的老板埃德·弗林安排好一笔交易，奥德怀尔于 1950 年 8 月 31 日辞去市长职务，并接受哈里·杜鲁门的驻墨西哥大使的任命。"在那里他将摆脱交通问题、肮脏的人行道、暴风雪、一位不断挖掘警察局腐败丑闻的执拗地方检察官，以及老是在坦慕尼大楼重大聚会上亮相拍照的非法团伙成员等种种烦恼。"

但奥德怀尔的突然逃脱并未将他的名字从报纸标题中去除。 在赌注登记经纪人哈里·格洛斯讲出曾为这位前市长连任竞选基金捐赠 2 万美元之后，奥德怀尔被传令在调查集团犯罪的基弗维尔委员会面前进行说明。 这个著名的委员会还对弗兰克·科斯特洛展开质询,他承认自己同十六位坦慕尼领导人中的十位都"很熟",并且"也许他们对我有点信任"。 于是,在1951年3月19日和20日,奥德怀尔提供证词。他终于承认他知道警察局的腐败以及熟识各类犯罪集团成员,他还承认他曾一度造访过科斯特洛的住所。 但他否认接受过任何非法献金,并在此后一直坚称"我从未被指控过犯罪,更不用说被宣判有罪了。"不过基弗维尔委员会的最终报告却很带谴责性。 该委员会断言,奥德怀尔的行为,"似乎常给被怀疑为非法团伙中身居高位者带来有利的结果"。 而且,"他未能对集团犯罪的证据紧追不舍……造成纽约市强盗行为的增长。"但由于没有提供渎职的铁证,比尔·奥德怀尔继续担任大使,一直到他于1952年辞职并在墨西哥城建立起一家律师事务所。

依据城市特许状,自奥德怀尔辞职之日起,市议会议长文森特·因佩利特里(1900—1987)即自动接任市长,直至1950年11月一次特别选举得以举行。 因佩利特里系一个西西里出生的纽约人,有着一名成功的检察官和一位"不买老板账"的律师的卓越声誉。 虽然名义上是一位民主党人,但他决心作为一名承袭融合派传统的独立候选人当选。宣布他不受坦慕尼的影响,因佩利特里以经验党的提名人的名义进入市长竞选。 也许这场简短竞选运动最有趣的特点,是它标志着坦慕尼大楼新老板市府政治的开端。

实际上从1949年起,卡尔米内·德萨皮奥(1908—2004)就已成为曼哈顿的民主党领袖,但奥德怀尔轻而易举的再度当选未能给他带来显赫地位。 现时,他选择费迪南·佩科拉同"因皮"及共和党人爱德华·科西竞选。 并不出乎人们意料,这场竞选运动常像是一张资产负债表,决算着三位候选人中哪一位是最好的意大利人。 对于这一投票集团的吸引力极为重要,因为到1950年,意大利裔美国人构成纽约选民最大的单一成分。 但没有一个候选人可能拥有所有意大利裔选民,而因佩利特里取得22.5万票多数的关键是"独立"这个词。 腐败的继续以及坦慕尼俱乐部的丑恶政治似乎使选民开始持敌对态度。 无法争辩——即使那是事实——身为领袖的德萨皮奥已系统性地清除了他的党同科斯特洛的联系；更确切些说，他正在使民主"神圣化"。但很少有人，甚至在民主党人之间，会相信在1950年11月，并不令人震惊的是纽约人却选举因佩利特里。

文森特·因佩利特里是自吉米·沃克以来"穿着最好，休闲最好"的纽约市长，但他的三年在位时间被证实尚不足以让他累积一份内容充实的记录。事实上，由于他未能运用职位的权力，他的任期使改革家们大失所望。作为一名独立人士，他缺乏坚实的政党基础，因而在对付更在乎德萨皮奥胜于市长的财政预算委员会和市议会时，往往处于不利地位。因佩利特里为数极少的提案被忽视，这位市长犯政治错误几乎司空见惯。例如，在1952年，他提交纽约的最大预算13.36亿美元。为了向该项预算筹措资金，商品销售税被增加到3%，一份防止赤字的长期财政计划在奥尔巴尼提出。但由于没有进行适当的立法准备，1953年2月，州政府官员否决了该项提案，因为该市正在对自己征税直至"经济瘫痪"。像他的前任奥德怀尔一样，因佩利特里试图说服奥尔巴尼，纽约市接受的地方援助，按比例远远少于其贡献的税收，但立法机构对他的分析置若罔闻。

不过"因皮"的确作出过很好的任命，而且像拉瓜迪亚以来的所有市长一样，他最好的一项任命给的也是罗伯特·摩西。摩西被选来领导贫民窟清除委员会，该机构将动用联邦的城市重建拨款建造大部分中产阶级住房。在此方案下，摩西竭力推动在晨边花园和科利尔斯河湾的合作开发区的建设。由于该项工程迫使买不起新住房的原地居民搬离，市长备受强烈指责。其政治收效甚微，因住房增加的功劳归予摩西。市长的声誉又因一项对于滨水区腐败的调查牵连到他的一位老朋友而稍受损害。最终使他困惑的，是交通费用不得不在1953年7月上涨到15美分。市长受到批评说，他对这次涨价无动于衷，因为他大部分时间都在度假。总之，因佩利特里的绩效被证实逊于他的允诺，他市长任期仅仅是坦慕尼统治的一段插曲而已。

无论谁是市长，纽约市的魅力和诱惑力继续吸引着新移民的到来。人口统计报告表明，该市 1950 年拥有 7 891 957 位居民，意大利人构成其最大的单一种族成分。 1952 年移民法案对意大利人规定了前所未有的最低限额，每年不到六千名，因此，他们继续的影响力有赖其人口的自然增长。 令人惊讶的是，56%的纽约居民仍系外国出生，或为第一代美国人。 在一座继续因其充满机会和经济地位上下流动性而引以为荣的城市中，继续停滞不前的，是占其总人口 10%的黑人。 大多数黑人继续被隔离在黑人聚居区里，即使中产阶级黑人，也会因肤色而蒙受耻辱。 例如，他们被不明言地排斥在租用诸如斯特伊弗桑特镇等项目公寓的人群之外。

纽约增长最快的种族群体是波多黎各社区，在 20 世纪 50 年代早期已达 32.5 万人。 这一族裔自美西战争时代以来已有相当数量居住在曼哈顿地区，至 20 世纪 20 年代，已有不少西班牙语居民集居区分别在布鲁克林海军船坞附近和部分东哈莱姆地区建立起来。 在 20 世纪 30 年代，许多波多黎各人在华盛顿高地定居，南布朗克斯吸收了这一群体在战争年代的流入。 但很少纽约人对始自二战结束的庞大移民潮有过思想准备。 在 1945 年至 1960 年间，有一百多万移民逃离农业经济崩溃的波多黎各。 随着该岛国政府为其经济复兴发起自力更生运动，成千上万失去工作或未充分就业的美国人纷纷从波多黎各移居美国大陆及其传统上的机会之城。 这些新来者不仅都是美国公民，而且他们还是第一批乘坐飞机来到纽约的移民。

奥德怀尔已意识到他们与日俱增的人数，并要求其福利委员会研讨波多黎各人在适应一个城市环境过程中将会面临的问题。 一份 1949 年调查报告发现：98%的波多黎各人前来纽约是为了改善经济状况，但由于缺乏教育、语言障碍和种族歧视，大多数人均未获成功。 至 1952 年，随着每星期约 1 135 名波多黎各人来到纽约，他们已构成福利救济名册中增长最快的部分。 至 1953 年，波多黎各纽约人已占全市人口的 5%，并日益增长地寻求着一种社区意识；例如，1949 年举行了第一次波多黎各日游行。

不过，波多黎各人并非 20 世纪 50 年代惟一来自加勒比海诸岛的移民。由于某种原因，在纽约的海地人和古巴人数量迅速上升。此后，又有成千上万匈牙利人在 1956 年晚些时候取代上述族裔获准进入美国。根据某些资料估计，在这十年期间，共有 200 万人来到纽约，许多人决定留在那里为自己开创新的生活。该市竭尽全力为这些新移民提供住房和关怀，结果供给却更落后于需求。但有趣的是，20 世纪 50 年代的大规模人口流入，并未显著改变市中心的总人口，因为中产阶级继续移往郊县，使该市以几乎相等的速率失去居民。经过一段时间之后，由这些双重移民所造成的少数族裔居民在纽约不断增长的百分比，成为面对该市政治领袖最具爆炸性的问题。

但未来的危机在 1953 年还无法想象。当时人们直接关心的事情，是坦慕尼再一次希望重新掌权的市长竞选。民主党人认识到，简单地断言他们已清除掉歹徒的影响以及腐败现象还不够；他们需要一位"超清白的"候选人来击败平庸的因佩利特里。布朗克斯长时间的政治首领是埃德·弗林，一位承认德萨皮奥党内成就的现实主义者。而且，德萨皮奥是"自墨菲以来我能够得到他赞同而不必费尽口舌的第一位坦慕尼领导人"。于是在 1953 年早期，这两名在位老板选择曼哈顿行政区的年轻区长罗伯特·F·小瓦格纳作为他们的候选人。瓦格纳在纽约政治生活中拥有一个最受人尊敬的名字，而且被证实是一位卓有成效的管理者。也许更重要的，是他信仰党规。虽然埃德·弗林于 1953 年 8 月去世，使德萨皮奥在坦慕尼处于至高无上的地位，但曼哈顿和布朗克斯核心机构的共同努力致使因佩利特里在民主党预选中大败，从而保障瓦格纳获得党内提名。

在"因皮"的队伍未能争取到足够的独立人士赞同，经验党从而失去进入 11 月份选举资格之后，这场竞选实际上已偃旗息鼓。留给民主党人的，仅仅是履行淘汰共和党和自由派候选人，并将剩下的外行政区持异议者置于德萨皮奥统治之下等手续而已。11 月 3 日，瓦格纳当选为市长，成为他在此后相对杰出地担任了 12 年之久的职位。 得胜的德萨皮奥显得十分宽宏大量，甚至对待以往老是不给坦慕尼面子的因佩利特里也一样：他允许瓦格纳任命"因皮"为专门法庭法官。

新组成的瓦格纳候选人名单在"允诺意味着绩效"的口号下当选，没有人对瓦格纳的确作出过允诺存在任何怀疑。 这届政府承诺要配备更多的警察，改善行政部门运作机制，保护并扩大公民权，为各阶层市民建造更多更好的公共住房，整治支离破碎的滨水区，清除并置换 170 所属于"易燃建筑"的学校，以及开始同市政工会"以一种真诚的方式进行集体谈判"。 要实现所有这些目标，完全依靠继续保持为全国最大市场的该市经济。 到 1954 年，纽约仍拥有四万家制造业公司，其 10.4 万家零售商店每年销售价值 100 亿美元的商品。 它的巨大港口吞吐量占美国水上贸易总额的 40%，有 12 条铁路和 750 家卡车货运公司满足其各种需求。 还有更激动人心的，是它的几个机场为全美 37% 的国内航班提供服务。 每天几乎有 50 万上下班旅客进入曼哈顿从事他们的各种行业，由于朝鲜战争最终达成协议，商业甚至更显繁荣。

瓦格纳充分利用了这些繁荣年份的乐观主义。 他在政治上驾轻就熟地作出超常的任命，而同时又与德萨皮奥的核心机构保持着极好的关系。 不仅劳工方面继续相安无事，而且市府还设法为该市居民提供实在的新服务。 例如，该市第一所公共社区学院于 1955 年创立。 历朝元老罗伯特·摩西继续留任以推动哥伦布广场地段的重建，而曼哈顿褐砂石住房的整修逐渐同曼哈顿西区交界。 致力于为居民提供更多的住房，市长使尽他全部的政治实力支持州政府通过米切尔—拉马立法，该项立法为中等收入家庭提供租金适中的公寓套房。 今天，有 10 万以上的纽约人居住在那些单元里，虽然房租已不再那么低廉。

瓦格纳的第一届政府同时也是对种族关系充满乐观期望的时代。 每个人都为黑人政治家胡兰·杰克（1906—1986）于 1953 年顶替市长成为曼哈顿行政区长而自豪。 大多数纽约人深信这预示着黑人将被纳入政治系统。 先前已有如此众多的种族团体被成功地吸收，似乎没有任何理由怀疑社会对黑人的完全接受。 的确，人们对青年团伙以及他们之间的斗殴比对成功的种族融合这类大问题更为关切。 在全国领域，最高法院对布朗诉教育委员会案的1954年裁决宣布："隔离而平等"的学校制度违宪，此举博得不存种族偏见的纽约市民广泛喝彩，在地方上，瓦格纳对其种族团体相互关系委员会的任命赢得人们的普遍赞誉。

总之，20世纪50年代中叶仿佛是一个失去清白的时代。 政治系统似乎包容着一切团体，而经济又好像为衰落的常规部队所必不可缺。该市的不断重建仍在继续：曼哈顿最老的第3大道高架铁路被拆除，阳光普照一度阴暗的街道。 纽约的最大问题似乎是对清除垃圾无能为力，瓦格纳发动一场"防止在公共场所乱丢杂物"运动以鼓励清洁。因此毫不奇怪，他再次获得提名，并于1957年以将近100万张选票大胜弱小的共和党对手。

常被嘲笑为单调乏味和令人厌烦的十年，纽约的20世纪50年代最引人注目之事，乃是再一次改变城市景观的建筑热潮。 高层公寓和贫民窟清除工程几乎在一夜之间兴起，长期开发的主要建筑项目迅速得以完成。 建筑史家可以断定新型的公司风格源自联合国秘书处办公楼的玻璃墙，因为忽然间这一样式为许多办公大楼所采用，如由斯基德莫尔、奥因斯、美利尔建造的杠杆大楼（1952年）。 早些年的砖石结构让位给金属和玻璃建筑，这使纽约的街道产生戏剧性的改观，通常是得到显著的美化。 玻璃墙和开放式庭园空间为曼哈顿传统式局促场地增添了活泼明快的格调。 或许这个十年最伟大的一项成就就是38层高的西格兰大楼，其设计者为密斯·范德罗厄，内部设计则由菲利普·约翰逊担任。 鲜明地远离主导公园大道的白色，这座黄铜和玻璃塔楼诱使行人步入其门廊。 的确，这幢大楼树立起如此高的标准，以致城市分区规划的重大变革于1961年实施，以努力推广其对城市空间的美化效果。 遗憾的是，在以后的十年中，难得有建筑物的质量可与西格兰大楼的相匹敌。

在纽约进行的建设规模巨大。 自1947年至1963年间，该市共增添 5 800 万平方英尺以上的办公楼面积，比其次的 22 座最大城市全部加起来还多。 含有行人广场的大通银行、时代—生活周刊和公正人寿保险公司等大楼，都为空中轮廓线增加了最卓越的内容。 到 1959 年，该市的估定价值飙升至 320 亿美元，其中的 255 亿美元应纳全税。 而且，在 1956 年，价值 350 万美元方圆九英亩的大型娱乐场向公众开放，这是一座旨在确定曼哈顿对于自己系"世界展览之都"断言的建筑物。 纽约基础结构方面添加的公共设施，是州际林肯隧道的第三地铁隧道(1957 年)，林肯中心的主要艺术展览建筑群也同时破土动工。1960 年，德怀特·艾森豪威尔总统选择在纽约举办又一届世界博览会，期待着该市将重复 1939 年至 1940 年的非凡成功。

但如同有时在看似健康的机体里所发生的那样，癌症在体内逐步蔓延滋长。 该疾病恰恰在 1960 年该市人口上升到 7 781 984 名之际显著增长。 20 世纪 50 年代一个内在的现实，是该市经济结构的变化竟然会如此巨大，以致它不再能够帮助其所有居民实现各自的梦想。 将近一个世纪以来，其经济的根本强项是制造业部分，小型工厂为其最典型的商业组织形式。 正是在这许许多多小型企业中，过去潮水般涌入的移民们按惯例找到就业的机会。 虽然在那里，他们所挣的工资微不足道，但这却是成百上千万人走向尊严和独立的必由之路，并激励他们树立更高的目标，如果不是为他们自己，就是为他们的子孙后代。 同样，20 世纪 50 年代的移民们被期待去征服的，不仅是他们的贫穷，而且还包括种族和语言歧视的独特困境。

如果不是就业阶梯的最低梯级突然变窄，或许所有这一切都会有可能发生。 在艾森豪威尔总统任期内，即在 1953 年至 1961 年间，全国经济经历了三次衰退，其所产生的对纽约制造业就业机会的影响极其严重。 即使在幸存下来的工厂里，加快向自动化发展的趋势，需要更多受过教育的熟练工人，同时，对用以维持生产的工人需求日益减少。最后，正如办公大楼建设的大规模激增所证实的，随着城市经济变得更为服务导向型，并由此损害到制造业，纽约对于白领阶层的需求与日俱增。

经济学家和社会科学研究者们很快就察觉到了这些趋势，并推测着它们对于纽约前景将产生的影响。 1959 年，一个以雷蒙德·弗农为首的小组发表一份详尽的报告，事关这一接连三州的大都会地区的未来。在预测整个地区普遍增长的同时，该报告预见到在这三州间地区内，特别是在纽约市，城市社区的未来将遭受挫折。 研究结果表明，公共设施以及私人企业都会逐步显得陈旧过时：工厂程序、住房、运输系统、街道和学校，都简直无法跟上不断变化着的需求。 弗农确信，纽约市"作为全国商业和金融都市的地位，在以后数十年间似乎仍无懈可击"，但他又预期未来就业及商务方面的增长大部分将会在其边界之外。 仿佛是为了强调这一结论，据报道，从 1958 年至 1964 年，大都会工厂就业已减少 87 000 个工作岗位。 虽被广泛批评为过于悲观，但弗农的研究引人瞩目地经受住了时间的考验。

没有让经济学家们独占鳌头，政治学家们到瓦格纳第二任期开始业已完成对纽约市政府的三项主要调查：管理部门委员会（1950—1953）、一个临时的州务委员会（1953—1956）以及城市与州联合财政委员会（1955—1956）。 每一项调查都发现，该市的政治和财政状况存在着严重的缺陷。 调查报告的改革建议大多被瓦格纳市长束之高阁，他认为自己掌握着市政府的管理技巧。 于是，一个容忍多层重叠权力的管理结构得以不受干预而保持下来，因此不可避免地产生腐败。 仅仅在 1959 年，丑行在市场管理局、城市燃用油采购处以及曼哈顿行政区区长办公室时有发生。

1960 年 2 月，仅在导致胡兰·杰克被起诉的最后一次事件发生一个月之后，对该市的第四项调查被公布。 以奥托·纳尔逊为首的纽约州"小胡佛委员会"指控纽约市政府内在的无能，原因是一党独大，市长尽责不力，地方教育委员会充斥着唯命是从的工作人员，以及全美国"作用最弱、收入最高"的市议会仅仅是一枚橡皮图章而已。 纳尔逊委员会抨击瓦格纳个人因其懒散加重了政府的不称职：正如以前调查所表明的，这位市长显然"没有兴趣、意愿或能力发动或进行……实质性的变革"。

　　然而，纳尔逊专门委员会的确提出一系列有针对性的改革建议，如增加现金流转，交错征集不动产税，以及调整债务使用等。 如果这些改革措施得以实行，将会对该市大有帮助。 确实，这些措施很可能使纽约免遭其在 20 世纪 70 年代所经受的全国性耻辱。 但纳尔逊委员会对管理不善和腐败过于笼统的断言，使民主党人能够痛斥整个报告是一个由共和党立法机构资助的"党派政治文件"。 瓦格纳、审计官劳伦斯·杰罗萨和市议会议长艾贝·斯塔克联合起来否认该委员会的结论。同弗农委员会的情况一样，没有任何实质性的改变发生。

　　尽管存在所有这些经济衰落和政治混乱的征兆，瓦格纳时期代表着纽约 20 年来最后一段好时光。 这些年也是坦慕尼大楼发出的最后一次欢呼。 虽然广受欢迎的艾森豪威尔在其两次当选总统过程中两度赢得纽约州，但德萨皮奥仍成功地使民主党人艾夫里尔·哈里曼在 1954 年获得提名并当选为州长。 德萨皮奥甚至亲自出马担任纽约州的州务卿，因此拥有同他在市里一样多的职务任命权可在州一级进行摊派。虽然他把职务任命给有能力然而必须是忠诚本党的人士，但他善于左右局势的名声依然如雷贯耳。 德萨皮奥作为党务经理人的非凡成功使他地位日渐显赫，不知是出自虚荣心还是由于他想要克服"老板"的称号，他开始为自己寻求公众所瞩目的政治中心。 1958 年，他战胜自由派的反对而把自己选定的候选人地方检察官弗兰克·霍根（1902—1974）强加给民主党纽约州代表大会。 失败者们不可避免地发出一片"老板控制主义"的不平之鸣，而德萨皮奥戴着墨镜的形象（他患有眼疾）似乎为之提供了根据。 于是，当霍根和哈里曼两人都被击败之后，他的统治忽然间遭到动摇。 不仅德萨皮奥变为众矢之的以致自己都成为人们的话题，而且他还犯了支持失败者的不可饶恕的罪孽。

　　德萨皮奥在 1960 年总统竞选运动期间失去了一度极为灵验的敏感，他姗姗来迟地加入约翰·F·肯尼迪的行列。 肯尼迪获胜后，决定不通过坦慕尼而通过市长瓦格纳授予职位任命，借以对德萨皮奥进行惩戒。 这就是为纽约历史上所有市长竞选运动中最惊人的一幕所准备好的舞台。 共和党人，急于想同一位被广泛认为懦弱、摇摆不定、任凭本党核心机构摆布的市长竞选，不会被允许如愿以偿。 瓦格纳反而公开同他的导师决裂，宣布他将支持另一位曼哈顿行政区区长，并指责自己在以往八年中所建立起来的政治记录为"老板控制主义"。 那是1961年，充满奇迹的一年，正当一位纽约的北方佬行将打破大个儿鲁斯"无与伦比的"本垒打记录之际，罗伯特·F·瓦格纳开始试图摧毁无往不胜的坦慕尼核心机构的神话。

　　9月，甚至在罗杰·玛丽斯安打他的第61次本垒打之前，这位市长已击败德萨皮奥选定的候选人并赢得民主党初选；他于是立即成为很有把握再度当选的宠儿。 沮丧的德萨皮奥被迫在11月份去支持一名独立候选人审计官杰罗萨。 几乎没有人注意到杰罗萨的声明"真正的问题是这座城市究竟是要摆脱债务还是走向破产"；每个人都知道，惟一的问题是德萨皮奥。 11月7日，瓦格纳以1 237 421张选票彻底击溃共和党人路易斯·莱夫科维茨；杰罗萨仅得全部选票的13%。 德萨皮奥所受的耻辱还不止于此。 他把注意力如此完全集中于市政竞选运动，以致忽略了自己的地位。 在格林尼治村，以詹姆斯·兰尼甘和爱德华·科克(1924—2013)为首的一群党内反对派罢黜了他的地区领导人职位。不仅是瓦格纳废除了"老板控制主义"；而且连老板自己也被推翻。 此后不曾再有任何一位坦慕尼首领支配过纽约。

　　当然，坦慕尼的寿终正寝并非一蹴而就的。 取代德萨皮奥的领导人爱德华·科斯蒂基安是坦慕尼自老板特威德以来的第一位清教徒领袖。 易动怒和独立性使他难以同瓦格纳共事，但对于市长，不计其数的批评者们很快就断言，老板控制主义只是搬迁到了市政厅而已。 再度当选后，瓦格纳立即要求四百名同情德萨皮奥的市政工作人员辞职。瓦格纳明确表示：他既要领导城市又要领导党，他援引1961年经选民批准的市特许状修正案以证明人民渴望强有力的领导。 1962年9月，一个精选小组奉命对所有司法提名人进行审核并使法院脱离政治。 但无论言辞如何娓娓动听，并没有任何实质性的改变。 正是说话尖刻的科斯蒂基安总结出瓦格纳担任市长时的风格："避免树敌，排除异己，明哲保身，不到万不得已不作任何决定。"

然而，第三届瓦格纳政府在政治独立和良好经济时代的喜悦中开始，尽管两者均部分出于幻觉。 该市的人口从未达到过更大规模。 内部改善工程诸如索格斯峡桥(1961)、乔治·华盛顿大桥的第二层面(1962)以及横跨纽约湾海峡的韦拉扎诺大桥(1964)等，将该市与其郊县更紧密地连接在一起。 不过透过表面，逐渐损害该市自给自足地位的各种力量却在不断增长。 从 20 世纪 60 年代早期一直到现在，纽约经历了一连串使之衰落的预算危机。 1960 年，该市共收到 1.5 亿美元以上的联邦拨款，但即使是那样的巨额，也不够满足纽约人需要的所有服务。 瓦格纳不得不同州长纳尔逊·洛克菲勒(1908—1979)讨价还价，专门输入一笔州援助金之后才得以平衡他的预算。 在这位市长开始他的第三任期时，他资金的四分之一来自州和联邦政府，在此后 20 年里，该市用补贴进行采购的开销比例继续增长。 但所有这些灌输只能提供暂时的帮助。 至 1963 年 5 月，作为综合性岁入筹措整套计划的一部分，市议会勉强批准增加销售税。 强烈的抗议颇具声响却十分短命。 虽然该市从未用足其潜在的征税权，但其身处困境的居民们已是赋税负担最重的美国人。 到瓦格纳离职时，该市的预算已达 34 亿美元，并仍在迅速上升。

种族关系问题显得甚至更为重要。 削减市政服务对已在挣扎中的少数族裔人口影响更甚。 正是瓦格纳市长被迫面对源自 1954 年最高法院取消学校种族隔离裁决的种族革命。 但在少数族裔群集于贫民区的纽约，究竟如何实施这一裁决呢？ 瓦格纳政府已使住房种族歧视成为非法——如果不是在实际上，也至少在理论上是如此——数千单元对所有纽约人开放的城区重建公寓得以建设。 米切尔-拉马住房计划为成千上万中产阶级提供住房，纽约市在 20 世纪 50 年代所建造的住房单元，比全国其余地区的总额还多。 不过，需求仍在继续增长。 1960年，住房发展委员会成立以协调住房建设。 在西区重建地段，市长辩解道，所有因新建住房而被迫迁移的少数族裔居民，都有"回归权"入住原地段2 500套期房单元中的任何一套。 然而，高昂的房租使许多少数族裔动迁户望而却步。 尽管动机善良，但纽约的教育系统和住房很大部分仍维持着原先的种族隔离状态。

作为该市努力改善少数族裔低下经济地位方案的组成部分，一项重大的教育革新举措于1961年宣布：创建纽约市立大学，为任何合格的纽约人提供免费大学教育。 这一由多所学院合并起来的大学向所有学生保证，他们都能够获得充分发展各自聪明才智的机会。 人们辩解说，教育的发酵效应，终将提高本市少数族裔的经济收入和社会地位。此外，在1962年，瓦格纳加强了他的人际关系委员会反种族歧视的权力，并创设房租与复兴管理局专门处理贫民的意见。 认为这些努力必将取得成功的乐观主义见解今天看来几乎是乌托邦式的空想。

大多数少数族裔群体的状况仍然阴沉暗淡。 例如，在1960年，黑人占据全市人口的13%，但却接受45%的福利救济。 更令人沮丧的发现，是怀着很高希望到来而占全市人口8%的波多黎各人接受公共补助达30%。 看来在成功的阶梯上几乎没有少数族裔的位置。 同样使人烦恼的，是中产阶级白种居民轻蔑地说起"福利阶级"时所体现出与日俱增的厌恶情绪。 公共住房维修不善造成贫民窟状况四处蔓延，非熟练工人失业人数增加导致犯罪案例急剧上升；纽约的居住社区变得更四分五裂。

1964年4月，又一届世界博览会在弗拉兴草地—花冠公园开幕，心怀不满的黑人领袖威胁要在通往博览会的道路上举行"堵塞交通示威"，从而使他们的事业闻名全国。 此事没有发生，但显然只要有一点失策就可能酿成暴力冲突。 是年晚些时候，在7月份的一次热浪期间，一名警察开枪打死一位黑人男孩，零散的暴力事件在哈莱姆此起彼伏达四天之久。 中间有过多次开火，结果造成140人受伤，1人死亡。

哈莱姆成为"长夏酷暑"即将来临的第一个先兆，但这个预兆却被人们忽略。 一个扰攘不安的种族关系的未来，还可从瓦格纳时代引人注目但未公诸于众的事实中得到体现，那就是 80 万白种居民搬离纽约去郊县居住。 他们在市区的位置为各少数族裔所取代，后者因缺少技能而无法满足工作岗位的要求，但比现存白人需要得到更多的公益服务。

为对付该市和全国所面临的无数城区危机，20 世纪 60 年代的陈词滥调说"强有力的行政领导"必不可少。 在全国舞台，肯尼迪总统努力争取国会的支持，在地方层面，像鲍勃·瓦格纳这样的市长们则竭尽全力仿效他的榜样。 对城市特许状的一次重大修正于 1961 年得到选民批准，新特许状在 1963 年 1 月 1 日生效后，市长忽然间有了前所未有的编制预算权。 他独自有权预计岁入，还有权决定城市为实现其资本建设计划所能承受的债务水平。 在其第一年的经营管理过程中，市长高估总资金岁入达 6 840 万美元。 对于该市财政未来具有同样重要意义的，是洛克菲勒州长批准对地方财政法的一项修正案，允许市长将日常费用款项列入其资本建设预算。 两个导致 20 世纪 70 年代财政灾难的机制便这样配备就绪。

将近瓦格纳第三任期结束，评论者们已懂得，财政和种族是纽约市所面临的两个最重要的长远问题。 除了一些装潢门面的通告和短期措施，这位因其"一心一意的不议不决"而毁誉参半的市长在上述两个领域几无建树。 瓦格纳觉得，强调大都会经济的持久活力，远比对发现资源缓慢流失作出反应更为明智。 在 1963 年，该市仍有 3.3 万家制造业厂商雇佣着 92.7 万名工人，此总数仅为 50 个州中的 5 个州所超越。其服装厂成衣总值占全国 28%，它的许多小型印刷厂和出版社承担全美 19% 的印刷业务。 纽约的零售业超过 50 个州中的 43 个州，同时，该市仍保持其作为全国主导批发市场的传统地位。

看着这样的统计数据，人们很容易忽略以下这些事实：该港口的全国货物装卸总份额在过去十年内共跌落 10%，地方就业市场在 1958 年至 1963 年间仅增长 1.6%，而全国平均为 11%，以及在瓦格纳第三任期，有 227 家制造商迁离纽约市。 在职政府也无从解释为何有更多教师指导更少学生，街上有了更多警察，而城市却仍被众多缺乏教育的逃学儿童和不断增长的犯罪率所烦扰。 如果广大公众察觉到存在任何威胁的话，那可能就是种族关系的紧张状态，这最明显地体现在 1964 年至 1965 年间为各族裔学生得到更平等待遇而展开的一系列斗争方面。由于这些事件扰乱着公众安宁，瓦格纳对此表现出极大的关注，但他的解决办法仅仅是说几句安慰话及任命一位新的教育厅长而已，后者允诺要增强机构对少数族裔事务的灵敏度。

几乎没有人注意到瓦格纳时代最大的失败者系民主党的核心机构。德萨皮奥于 1961 年被市长击溃之后，这位最后一任老板重新掌权的努力先后被格林尼治村的改革派和几场官司所挫败，没有一位被广泛接受的领袖取代德萨皮奥统治曼哈顿。 市长依据才干选拔官员，每一次长期任命都使核心机构的资源进一步短缺。 1964 年，查尔斯·巴克利（1890—1967），这位自埃德·弗林去世后布朗克斯的老板也为一名改革派民主党人所击败；三年后他的离世又减少了一条同过去保持关联的纽带。

虽被人们视作一位毫无建树、优柔寡断的市长，瓦格纳在需要迅速除掉他的政治对手时却显得名副其实地残酷无情。 在其第三任期内，他清洗了民主党内惟核心机构之命是从的政客，即那些有能力拉到选票的行政管理人员。 他们此时很容易成为牺牲品，因为他们所代表的种族群体正是那些搬往郊县的居民。 如同一列多米诺骨牌，他们在瓦格纳的袭击面前迅速分崩离析。 作为对该市历史的一大嘲弄是，恰巧在市长摧毁坦慕尼核心机构残余分子之际，已使该市在奥尔巴尼未被充分代表达 50 年之久的按比例分摊立法被宣布违宪。 由核心机构投票选出的统一城市代表团可能为这座财政陷入困境的城市争取到的利益将永无兑现之日。 纽约最能从按比例分摊中获利的地区是其郊县。 瓦格纳任职 12 年的最终结果是：当这位市长在 1965 年宣布他不再担任第四任市长候选人时，民主党可悲地缺乏组织方面的领导。

瓦格纳这次对时机的掌握同往常一样正确。 他的个性难以同各种抗议运动仿佛被置于公共议程高位的那一年相协调。 目标迥然不同的各种运动，诸如争取妇女权利、保护消费者利益、学生激进主义、黑人权利以及抗议越战等，这一切本该让一位强有力的市长来面对。 在全国范围，新的年轻领袖们正试图披上遇刺身亡的总统的斗篷。 那是一个患上相当严重炮弹休克症的公众希望——或许甚至相信——个人仍有可能起重要作用的时代。

曼哈顿的共和党人深信，他们能够利用民主党人的混乱和公众心理的不适感重新获取权力。 他们所选择的领导他们的年轻卫道士是约翰·弗利特·林赛(1921—2000)，一位44岁的耶鲁大学法学院毕业生，他自1958年起就在国会代表"穿着入时的"曼哈顿东区。 林赛的吸引力在其竞选运动广告中得到很好概括："惟有他精神饱满，其他人都显得筋疲力尽。"由于许诺要征服该市的各类问题，林赛不仅赢得共和党与自由派两方面的提名，而且还得到新闻界的全面支持。《时报》期待着该市的"重生"，《先驱论坛报》从林赛身上发现一种"鼓舞人心的力量"；他向人们展示出对一座物质和精神面貌都大为改观城市的向往。新闻界警告说，如果选民们拒绝考虑选举林赛，那就意味着重返"幕后政府"，此系该市"庸人的天堂"的一个标志，他们将之等同于镇定自若的民主党提名人审计官亚伯拉罕·比姆(1906—2001)。 但所有这一切有利因素，若不是林赛同时得益于第三党候选人保守的专栏作家威廉·F·巴克利(1925—2008)，也许会变得毫无意义。 1965年11月，巴克利从比姆潜在的选民那里赢得的341 226张选票，让自由派共和党人林赛以微弱多数险胜。 接着就得看这人是否恰好生逢其时了。

林赛于11月9日当选后，东北高压电力网立即因罢工断电而造成可耻的"一片漆黑"。 该市有些地区甚至停电达15小时之久；不出所料，在9个月之后，出现一次小小的婴儿出生高峰。 虽然这次断电造成诸多不便，但毕竟是暂时现象，然而这也许正象征着纽约的普遍困境。 该市日益变为它无法控制的外力的受害者。 用更具比喻意味的方式来表达，或可断言，在实际思考该市的 20 世纪 60 年代状况过程中，曾经有过一段漆黑时期，即导致该市 20 世纪 70 年代耻辱的一阶段政治意志丧失。

只需读一读那些年份的报纸和杂志就足以使人们有一个清醒的认识。一名接一名作者准确无误地认定隐约出现的城区危机的性质和原因。在《评论》杂志上，内森·格莱泽发问道，"纽约市是否真的难以治理？"同时又感到疑惑不解，这座城市的主要问题也许并非其巨大规模本身。《先驱论坛报》在 1965 年刊登一长篇宏论，分析该市存在的种种问题，其结语是"纽约是全世界最伟大的城市，然而它的一切全都乱了套"。几乎所有作者都认为该市已到了入不敷出的地步，故财政改革势在必行。在瓦格纳—林赛两届政府的过渡时期，另一个城市财政临时委员会曾下结论说，由于日益扩大的预算差距，"只会早不会晚，（纽约）将发现自己无法偿付当前的各类费用"。

同财政困境紧密相关的，是人们开始感知一个实际上永久性的少数族裔福利阶级正在纽约逐步形成。大多接受福利救济的人都是失业者，他们缺乏服务于现代企业所需要的技能，而他们生来发达的四肢在转型的经济中毫无用武之地。不过，大部分福利阶级系由妇女和少年儿童组成。政治家们联合起来对此问题置之不理或者说些无关痛痒的陈词滥调，而不是勇敢地正视其严重的社会影响。的确，当巴克利异乎寻常的竞选运动对不断上升的福利救济人员名册提出解决办法后，反对派政客和新闻界干脆把他叫做伪装的种族主义者。而引用波多黎各移民赫尔曼·巴迪洛(1929—2014)当选为布朗克斯行政区区长的实例来证明纽约少数族裔居民必能获得平等待遇，要轻而易举得多。无论如何，纽约的未来成为林赛在元旦的疑难问题。

1966 年 1 月 1 日，早冬时节美丽清朗的一天，气温 61 度①，纽约的前景变得暗淡无光。清早 5 点，麦克·奎尔领导 3.3 万名运输工人关闭

① 华氏 61 度，约合 16 摄氏度。——译者注

了世界上最大的运输系统，他的工会原本一贯态度强硬但从未在该市举行过罢工。 接踵而至的 12 天罢工一直被描述成"自大萧条以来的最大灾难"，无论从经济还是心理角度看都是如此。 这次罢工的经济后果是毁灭性的，商业损失共计 8 亿美元，日均工资损失达 2 500 万美元，同时，其连锁反应波及全国。

然而更具破坏性的，是对林赛"热心肯干"形象所造成的损害，他曾无效地试图处理好这场灾难。 他做了一些人们预期中的事，如步行去上班等，但他却发狂似地挥动双臂寻求解决办法。 他谴责纽约的"权力经纪人"——并含糊其词地加上一句"他们知道他们是谁"——是罢工背后的真正罪犯。 1 月 4 日，林赛准许将奎尔以领导罢工罪实行监禁。"红色麦克"正求之不得，对法官喊道"去他的穿黑袍的"，他甚至轻蔑地拒绝把市长的名字说准确。 因困扰而感到绝望的林赛终于批准一项和解，数目是运输工人工会原先要价的两倍。 他不仅接受了一份市府难以负担得起的契约，而且他并未因此而得到劳工的同情。 其他市级工会组织都感觉到可对他在政治上进行试探，随即串通一气，使这位改革市长遭受双重损失，他不得不分别同这些工会达成和解，数额比它们曾经从脾气随和的鲍勃·瓦格纳那里得到的大得多。 看来，纽约富有魅力的新市长毕竟是一位同所有其他人一样的政治家，或许只是少了一点外交手腕和意志力方面的天赋。 林赛试图从管理上进行弥补。 1966 年 1 月，他通过行政命令创设庞大的公共交通管理局来重建有缺陷的运输系统。 他还想调动卓越非凡的罗伯特·摩西前往领导三行政区大桥管理局。 但强有力的摩西像他以往避开所有那些攻击一样，卓有成效地将林赛的挑战搁置一边。

林赛的"在职训练"并未与他在公交事务方面的无能表现一同结束。 他早先对于"权力经纪人"的谴责尚未被支持他当选的纽约权势集团忘却。 这位市长指责商人没有为帮助市府而贡献足够的时间和金钱，这被人们解释为对他自然支持者的又一无端侮辱以及他政治偏执狂的又一明证。 至 3 月，林赛已使投他票的联盟的主要成分（银行家、商人及纽约律师协会和世纪俱乐部成员)开始持敌对态度，后来经过好几个月的时间，他们才原谅他。

居然这还不够，林赛接着决定挑战一个最显眼的官僚机构：纽约市警察局。 作为平息自由派人士和少数族裔聚居区对该局批评的一项措施，市长建议成立一个市民审核委员会以获悉和监督警察的执勤情况。在一座每年有着 15 万起重罪案发生的城市，广大公众，尤其是那些来自少数族裔群体的人们，无疑都将此建议视为束缚警察手脚及悉心照料罪犯之举。 林赛任命一位新的警察局长，任务是实施市长提议及"改革"警察局，这可怜的人几乎被处于牢固地位的警察权势集团彻底摧毁，最后被驱逐出纽约市。

在结束其总体上令人忧郁的入门阶段之际，林赛还同共和党州长纳尔逊·洛克菲勒发生争吵，从而使自己与政治支持无缘。 两人都是有当总统抱负的自由派政治家，他们之间的争斗持续了好些年。 而且，在地方战线，林赛还蓄意轻蔑地对待民主党市议会议长弗兰克·奥康纳，即便奥康纳至少还懂得城市如何运作。 瓦格纳，其遭到诽谤的政绩忽然间似乎变得令人钦佩，很快就指出林赛的言谈和他成就之间的差距，并预见到一场彻底的失败。 早在 1966 年 6 月，《财富》杂志就在一篇题为"这位林赛担负起那座城市"的文章中重复了这一判断，并哀叹纽约市新领导的对抗性姿态。 当此城市耗尽时间之际，这位市长却陷入毫无建树并置大都会逐步衰落于不顾的一系列争斗的泥潭。

1966 年 7 月，不过是另一个委员会，以厄尔·施伍尔斯特为首，不出意外地报告说，纽约的根本问题是缺乏资金。"目前市府尽可能为每一件事情借钱，包括某些州政府允许它提供资金的名副其实的日常费用。"其结果是庞大的债务服务费用和过高的税收。 报告承认该市提供"异乎寻常而极其昂贵的"服务，如市政医院系统、高额员工退休年金以及纽约市立大学等，但报告又力主需有额外岁入来支撑这些开支。林赛自然早在报告发表以前就知道这些结论，他漫不经心地应答说"纽约一向处于绝境"。 在对他城市所作的一次炉边谈话中，他承认他将不得不增加税收，但他从未改变有计划有步骤地运用他所继承下来的虚假赤字财政的技巧。

刻不容缓的预算问题于 1966 年 7 月 1 日得到解决，通过与立法机构旷日持久的斗争，城市居民收入税和市民月票所得税开始征收。 但无论新岁人数额如何巨大，该市仍无法取得收支平衡。 为使市区地铁继续运行，交通费又一次涨价至 20 美分，是年秋季，该市发行追加公债券，为突然增加到 45 亿美元的预算筹措资金。 预算已在十年里翻了一番，据预测到 1974 年又要翻一番；而实际结果远更超出预期。

约翰·林赛从未取得对其预算的控制。 他接手一个摇摇欲坠的旧系统，效率低下的管理层，以及在瓦格纳治下就已开始的有疑问的财政惯例，由于忽略了根本性问题，致使上述情况进一步复杂化。 这当然不全是他一个人的过错；银行、立法机构、州长乃至人民都有责任。但领导的任务就是他的职责，从这方面讲，他是失败的。

林赛对付财政问题的无能造成长远的影响。 在短时期内，这位市长实现了每一位政治家的梦想：他在头版头条新闻中占据首要地位。有时，报道的事件是灾难性的，如 1966 年 11 月，选民们以几乎二比一的优势否决了他关于成立警察审核委员会的提议，有时，事件又是凯旋式的，如市长通过谈判，于 1967 年赢得联邦政府 3 000 万美元样板城市援助，但总是林赛"榜上有名"。 他创建公共发展公司，推动商行迁移至纽约，并制止工作岗位逐步流向郊县。 人力资源管理局集福利、人力和反贫困规划于局长一身。 1968 年，计划成立的三个用以重建市政府的超级机构开始运转。 其他类似机构不是夭折，就是像交通运输超级机构那样被否决。 一个显而易见的问题是，市长无法留住能干的各局局长：14 位局长先后在他政府任期的前两年辞职。 一位胜任的官员是公园管理局的托马斯·霍温，同他的上司一样，具有霸占头版头条新闻的本领。 总之，经过一个障碍重重的开端之后，林赛政府安下心来维持这一系统，而不是设法控制该系统。

林赛最伟大的成就是在种族关系方面，他在 20 世纪 60 年代后期普遍存在不满情绪的年代始终使纽约街道保持"冷静"。 令人震惊的是，1966 年人们忽然发现，在纽约学校里白人成为少数民族，教育系统基本上处于种族隔离状态。 由此释放出来的恐惧和精神冲击导致 1968 年晚些时候的"学校大战"，黑人与犹太人支配的教师组织争夺对教育过程的控制权。 林赛最终在该市推行一个分权教育体制，该制度一直被沿用到 20 世纪 80 年代。

在种族抗议的更大舞台，林赛更为成功。 虽然学生领导的争取民主社会的暴力抗议运动席卷整个哥伦比亚大学，反越战示威群众时常挤满着大街小巷，但种族问题始终趋于缓和。 或许完全靠着林赛领导有方，才使纽约没有遭受其他城市如底特律、纽瓦克和华盛顿等经历的动乱的冲击。 虽福利救济人员名册激增至 80 万名以上，但随之而产生的费用同一些评论家预期的种族战争的经济损失相比，仍显得微不足道。 并非因其代价高昂才使纽约幸免于难；这是由于一位几近英雄人物的市长，穿着衬衫走遍少数族裔聚居区的大街小巷，并真情关切这些群体。那是林赛最微妙的时刻。

当纽约临近充满困扰的 20 世纪 60 年代末时，很少公众意识到该市正在经历根本性的经济和社会变化。 也许下意识地，每个人都感觉到这种危险，但人们仍倾向于关注头版头条新闻事件而不是潜在的现实。 再说，纽约市怎么会陷入困境呢？ 它仍比联合国 122 个成员国中的 67 个国家都大，它的市长督导着全国第二大预算。 林赛常说他拥有美国第二份最棘手的工作，许多人猜测他想试试那第一份最棘手的工作看看是否合适，尤其当他利用自己克纳委员会①成员身份于 1968 年成为城

① 1967 年，在纽瓦克、底特律和华盛顿等地发生种族暴乱后约翰逊总统所任命的调查委员会，由伊利诺伊州长奥托·克纳主持，共 11 名成员，其正式名称为"国家平民暴乱问题咨询委员会"。 对 20 世纪 60 年代中期种族暴乱事件作了调查研究，将暴乱的根源归诸"白人种族主义"。 他们认为，美国正在走向两个社会，一个是黑人社会，一个是白人社会，两个社会"隔离而不平等"。 提出改善学校和住宅状况、对黑人居住区加强治安维护等建议。 ——译者注

市美国代言人之后更是如此。 毫无疑问，纽约市在 1968 年实力仍然相当雄厚，但日复一日，其财政状况逐步恶化，其难以控制的少数族裔渐显愠怒，其公共机构组织越来越弱，其富有活力的精神被一点点地侵蚀磨损。 考验的时刻正在逼近，许多人怀疑纽约能否度过 20 世纪 70 年代。

第十章

灾难和再生

在动荡的 20 世纪 60 年代，城市危机已在美利坚民族心目中变得确凿可见。 在底特律、纽瓦克和华盛顿发生的暴力事件造成大量人员伤亡；少数族裔移居城区中心继续加剧种族间的紧张关系；各城市岁入及其所提供的支持性服务之间的差距萦绕在全国市长们的心头；成千上万个工作岗位从都市化的东部移往阳光地带①气候更温暖的诸州。 正是这一系列变化的事实，将城市置于全国舞台的中心。

没有哪一座美国城市其城区居民的梦想同他们烦恼的现实间的矛盾会像在纽约一样明显。 市长约翰·林赛以微弱多数赢得他第一次选举并非由于他是一位共和党人——根据纽约人的投票记录，这种想法显得特别荒唐可笑——而是因为市民们都相信他是有机会解决他们所在城市问题的最佳代表。 举例证明纽约所处困境的，是林赛当选前不久出现在《财富》杂志上的一篇文章，题目是"一座自我毁灭中的城市"。 接着，在他任期第一个月的初期，正当纽约挣扎着爬出运输灾难的废墟之时，《美国新闻与世界报道》发问道，"纽约市究竟还有没有未来？"（1966 年 1 月 24 日）。 除了 12 天运输工人罢工之外，林赛第一年任期的经历还包括：25 天报纸新闻封锁、33 天码头工人罢工以及 75 天航运送货中断。 这一年充满着永无休止的种族冲突，这些冲突体现在夺取教育优先权的斗争、警察同少数族裔间的关系以及支出在 5 年翻了一番

---

① 指美国自加利福尼亚州起东至北卡罗来纳州和南卡罗来纳州一带。 ——译者注

的福利制度等各个方面。 似乎这些折磨尚嫌不足，该市还遭受连续 5 年干旱，餐馆被迫停止为顾客用餐提供饮水。 最后，严重犯罪事件在 20 世纪 60 年代增长至三倍，"街头犯罪"成为该市居民的一种先入之见。 至 1968 年，许多纽约人都同意林赛所信任的一位局长出于绝望的评论："这座城市已开始走向死亡。"

但尽管存在所有这些困难，纽约的社会结构继续保持稳固，该市再一次证实其坚忍不拔的秉性。 正当全国各城市中心为种族冲突所震撼之时，纽约却相对未留下伤痕。 维护和平的大部分功劳理应归于林赛个人。 这位市长还在林登·约翰逊的国家平民暴乱问题咨询委员会中表现不凡。 1968 年 3 月，他推动向全国提出城市权利法案，号召"合作解决困扰被剥夺基本权利人们的难题"。 但这一努力在被越南问题弄得心神不宁的华盛顿没有得到应有的重视。

林赛的纽约继续得益于为工人阶级居民提供适当工作机会的强大经济。 事实上，该市 1969 年的失业人数比除了达拉斯之外的任何其他主要美国城市都低。 1969 年春，市长提交一份 61 亿美元的运营开支预算，但这个在短短 10 年内增长了三倍的数字竟没有让任何人感到震惊。《时报》，林赛坚定的支持者之一，视之为一份"智慧和公平"的预算，并告诉读者此届政府一直坚持熟练而谨慎地运用城市资源。

不过对于林赛的批评者来说——而且这些人有一大批——出自《时报》的赞扬听上去像是在虚张声势。 有人指责他凭借为纽约少数族裔提供全国最慷慨的福利优惠，来买得种族间的平静。 也有人怪罪他为抵消私人工作岗位创建方面的衰落，盲目扩大公务员人数。 几乎所有诋毁他的人都认为，这位市长过于怯懦地同好斗的市政工人达成敲诈性的劳工和解方案，希望以此避免 1966 年 1 月灾难的重演。 增加的退休年金责任加重了公务员薪金额度增长的困难：1966 年，凡服务满 35 年的警察都被赋予全额退休年金，翌年，消防员也取得相等待遇。 公共卫生工人于 1967 年赢得 20 年半薪退休年金，如同公共运输工人所争取到的一样。 1968 年，市教委、市立大学以及别处的员工工会都迅速加入这一行列，纽约甚至同意用支付更大年金成本百分比的形式对一些合同进行"优化"。 林赛的对手们发问，纽约在其高额税收导致企业和白人外逃的情况下，怎么会有希望在将来付清这批账单？ 随着纽约成为"重税之地"，"金钱供应者们"正纷纷逃离其各个行政区，而对城市资源的需求却在不断增长。 有着将近 100 万福利救济人员，唯有小心谨慎才是明智。 尽管有这些不祥之兆，该市对于其各项政策仍锲而不舍，它的市长仍表现得趾高气扬。

回想起来，1969 选举年代表着纽约历史的分水岭，因为这是该市十年经济繁荣的最后一个年头。 就业人员达到天文数字 388.4 万，从而树立起一个或许永远无法打破的城市记录。 但在工作岗位统计数据之外，该市经历了一系列难忘的情绪高低波动。 首先是一次集体大出风头，那是在 1 月 12 日，一支被低估而充满自信的纽约喷气机橄榄球队，以乔·内穆斯为首，击败阵容强大的巴尔的摩公马队，为纽约赢得第一次超级杯赛的胜利。 庆祝活动几乎还没来得及结束，2 月份一场突如其来的暴风雪使这个全国经济枢纽变成一块冻结的废墟。 曼哈顿的积雪被迅速铲除，但其他行政区的街道却被忽视达一周之久。 市政大厅对于市民困境仿佛无动于衷，致使许多人对市长怒不可遏。 这位力主纽约市必须在一场城市复兴运动中引领全国的市长，忽然间变成一名甚至无法保持街道畅通的"区区政客"。

当时，这位市长正面临他党内深度的政治危机；共和党中坚分子认为他只忠于少数族裔选民和曼哈顿东区"漂亮的人们"。 他们深信林赛已抛弃传统的党的原则并"出卖"了这座城市。 在民主党人中间，以仿佛永无休止的罢工和冲突为特征的林赛第一年任期鼓舞着大批候选人急切地反对他。 因此，当林赛在 7 月共和党初选大会上被一位受人尊敬的州参议员约翰·马尔基击败时，并未让消息灵通的观察家们感到意外。 更少被预见到却仍不出乎意外的是：一场激烈的五角民主党大混战也选择了他的反对派。 胜利最后归属于马里奥·普罗卡奇诺，一位几乎名不见经传而且多少显得有点无能的俱乐部会所政客，他想当然地认为，他得到提名就意味着恢复正常的民主党控制。 不过，尽管面对被抛弃及惨淡的前景，林赛仍不善甘罢休。 在取得自由党提名之后，林赛还设法使他的名字作为一名独立党人列上选票。 马尔基（共和党保守派）和普罗卡奇诺（民主党超党派）也都拥有两个选票系列，但在激烈的竞选运动中，他们拼命争夺的，实质上是相同的保守主义和少数族裔选民群体。 两人都未能争取到少数族裔贫民或以曼哈顿为据点的自由派人士——即林赛实力的主要成分——的支持。 况且，一个久经考验、不言而喻的事实是，纽约市的市长们并非依靠预报强劲的经济而当选。林赛允诺他将维持那些资助该市最不成功居民的计划，直至他们能够成为具有生产力的公民并加入实现美国梦的行列。 结果，他的 1965 年融合派—自由派联盟恰好有足够的力量联合最后一次，1969 年 11 月，林赛以 42% 的微弱多数再一次当选而入主市政大厅。

许多权威学者断言，林赛以相对多数票获胜是一个政治奇迹，但真正的纽约人都知道，一个大得多的奇迹曾在选举前一个月发生。 1969年 10 月，长期运气不佳的纽约大都会队赢得世界棒球锦标赛。 很多人认为，看到一支末位球队夺得冠军所激起的高昂情绪，是林赛在其竞选运动忙乱的最后日子里的最大资产。 虽然对于这一论点无法量化，但一项对 1969 年选票的分析没有对以下观点留下任何疑问，即林赛的胜利得益于在纽约日渐衰落的党派影响，这是一个自瓦格纳政府以来日益明显的变化过程。 占所有登记选民 70% 以上的民主党人，拒绝联合起来支持他们的官方候选人，他们一度自吹自擂的组织里的残余分子不再为党的候选人名单拉得可靠选票。 中坚力量已土崩瓦解；民主党总人数处于自 1933 年奥布赖恩大败以来的最低点，共和党人投票数也跌落到四十年的低谷。 公民们的冷漠态度是林赛赢得第二任期的原因之一，有如他的实际成就或大都会棒球队的胜利一样。 党派忠诚的继续衰落在 1971 年 8 月 10 日得到进一步强化，正是在此日这位市长宣布他脱离共和党而加入民主党。 共和党人高兴地看着他离开，民主党人则怀着矛盾心情欢迎他的变节。

一个确凿无疑的事实是：纽约作为美国最大的城市仍未受到挑战。1970 年的人口普查显示，该市人口数量已达到其顶峰 7 894 862 名，不过 20 世纪 60 年代的人口增长率已减缓到 1.5%。人口猛跌注定是此后十年的现实。在其第二任期，林赛竭尽全力取得对被称为纽约市的庞大市政当局的行政控制权。他的市长任期一直包含着两方面的内容，即市长职务本身以及作为城市美国代言人的更令人向往得多的角色。市长被事实证明为一位比预期更有能力的行政官员，他继续实施他的宏伟计划，将许多市府行政部门合并成十个超级单元。奥尔巴尼配合默契，于 1969 年授权大都会运输协会处理市区地铁、公共汽车以及上下班乘客问题。无论如何，对林赛的行政管理记录毁誉参半；市府行政部门从未有效地花费即使是它们白白收到的资金。例如，购买一辆垃圾车需要通过十个行政机构和七十一个独立的步骤。决策过程十分缓慢，1969 年，该市未能花费从联邦样板城市计划中得来的 6 500 万美元。在 1970 财政年度，该市失去 1 600 万美元的州教育援助金，原因是它未能将以前所得资金分发。此类管理失误在林赛的第二任期变得较为少见，但一直没有完全杜绝。

在 8 年时间里，林赛从未解决该市长年不断的住房危机。1965 年，他许诺到 1970 年将为中、低收入家庭建成 16 万套住房单元，但私人建筑商就是不造除了适合富有家庭居住以外的任何住房。该市试图利用州和联邦资助来填补这一空白，但仍然未获成功。仅 34 167 个单元开始了 5 年期的建造工程，其中 8 920 个单元系适合低收入家庭居住的公寓套房。在此同一时期，有 20 万个坚固大楼内的现存居住单元不是被其业主丢弃，就是成为火灾或野蛮破坏的牺牲品。为从保险中牟取暴利而进行纵火成为该市最盛行的犯罪行为之一；20 世纪 70 年代早期的重要经历，是火灾将南布朗克斯变为城区衰败的一个全国性象征。该市已拥有 189 个住房项目，据住房委员会称，这些项目通常经营较为妥善并比该市其他地区较少犯罪隐患。批评家们普遍嘲笑这一断言。即使存在数目众多的城市住房项目，也来不及补偿住房储备的持续耗减。

为控制这一局面，市政府试着改革分区制，引进"分散住房供给"以及将零售和娱乐设施融入新建筑。 但似乎什么都无法阻止住房单元的继续衰败和房源枯竭。 在 1970 年至 1975 年间，仅南布朗克斯就失去其所有住房（4.3 万套公寓套房）的 16%，平均每周因实质性衰败及火灾失去 4 平方大楼。 加速逃离遭到破坏的居住区是不可避免的结果。一些布朗克斯白人往北迁至韦斯特切斯特县。 其他人则向东移往广大的城市合作公寓开发区，1969 年 12 月开始挤满其 35 座公寓套房塔楼。有相当部分的白种、黑种和西班牙语裔的中产阶级干脆决定离开纽约。

向都市郊县的人口迁移，作为长期以来一个全国性的现象，对于纽约有着深远的影响。 人口普查统计数据表明，几乎所有美国城区在 20 世纪 60 年代的增长都不是发生在中心城市，而是在近郊孤立的小块地区。 市郊间上下班族的生活方式创始于纽约及其城郊住宅区，无论其位于 19 世纪的布鲁克林高地，还是 20 世纪的曼哈西特或梅欧帕克。但在 20 世纪 70 年代早期，一个毁灭性的趋势变得十分明显。 不仅是城市居民逃离，而且他们似乎还带走了自己的工作岗位。 从韦斯特切斯特到曼哈顿上下班族的数量自 1950 年以来增长约 50%，而在此相同的 20 年间，纽约人乘车往北上班的百分比增长了惊人的 500%。 至 1970 年，每天有 11.5 万韦斯特切斯特的居民前往纽约市，数量几乎同乘车北上的城市居民相等。

1970 年，纽约仍是全国财富 500 强中 125 家公司的总部所在地，不过仅仅在这一年内，就有六家公司决定搬离曼哈顿，不满纽约的氛围——其犯罪率、肮脏及税收——似乎在决策人员中十分普遍。 大批公司搬离致使总部运作机构到 1975 年已减至仅存 94 家，这一过程导致构成该市经济的工作岗位不断外流。 经过一场大规模的公司往康涅狄格、韦斯特切斯特或新泽西的搬迁运动，所有高级执行人员中，约 80% 至 100% 仍保持其原职，相对而言，此百分比在低级工作人员中仅为 10% 至 25%。 也许最引人注目的，是纽约巨人橄榄球队的离去，这一市级机构于 1972 年拿定主意放弃狭窄的布朗克斯露天体育场，前往新泽西的哈肯萨克。 布鲁克林智者棒球队和纽约巨人棒球队已于 1958 年移至加利福尼亚，现在深受人们爱戴的巨人橄榄球队又逃往泽西的一块沼泽地。 或许美国的团体机构确实知道些什么？

毫无疑问，公司决策人物大量流失的一个主要原因，乃是郊区生活同城市不断奔忙和可感危险相比所呈现出来的吸引力。 但还存在一些客观上的原因，在曼哈顿经商的成本一直在不断增长：1970 年，公交票价再一次上涨，销售税增加到 7%。 虽然市政工作岗位就业开创空前的最高纪录，但职工总体质量已明显随着学校系统的衰落而逐步下降。企业厌恶承受 100 万福利救济对象永无休止的负担。 即使该市的运营收支预算超过 66 亿美元，市政业务仍日显异常，创建超级机构也未能改善这种局面。 从人性的角度看，犯罪和对暴力的恐惧已成为城市生活中广为人知的现实。 市长的领导至此已使纽约免遭重大种族暴力事件之累，但 1970 年 10 月纽约市监狱的一场骚乱提醒人们，这类事件随时会在城市生活中发生。 林赛自称监狱人质事件是他所经历过的最艰难时刻。 总之，搬离该市的公司自有其确凿溜之大吉的理由。

林赛在第二任期不断地挣扎着为他的城市提供其所要求的服务，这也是该市若想保持其主宰地位所必需。 但这位市长被迫凭借增长缓慢的岁入展开战斗。 虽然新的应急手段诸如场外赛马赌博等，为该市的金库增添数百万美元，但加速增长的成本迅速把这些边际收益抛在后头。 从 1961 年到 1975 年，该市的债务几乎增至三倍，而负债服务成本则增长了 500% 以上。 在该市控制范围之外的全国性不可抗力——农场机械化、空运移民以及郊县生活的吸引力——促使 160 万白人在 1950年至 1970 年间同相等数量的少数族裔居民进行置换。 这场大规模的移居运动使该市的种族特质大为改观，迫使其在福利和保健计划上的花费远远超出预期。 林赛以曼哈顿为中心的一孔之见是否加重了他所继承下来的困难尚可探讨。 而纽约的改革显然在他的领导下进行。

虽对林赛两届任期的各家评估大相径庭，但可以肯定，他理应被列为现代纽约的建筑大师之一。 他在建设上的成就使罗伯特·摩西倍感痛苦，作为林赛最严厉的批评者之一，他被人们广为援引的一句话是，"如果你选举一位受女戏迷欢迎的男演员当市长，你会得到一届音乐喜剧式的行政管理。"林赛对城区规划深感兴趣，并敢于坚持在设计市政项目时顾及地方群体的特殊需要和愿望。 作为这一主张的部分反应，该市至 1975 年已有街区协会将近 1 万家。 城区设计部在城市规划委员会内部创建，在完成设计大量警署、消防站、运动场、游泳池和图书馆建筑之前，都要有意识地咨询过 62 个社区委员会。 在林赛领导下，该市加入林登·约翰逊样板城市的行列，并从该计划中脱颖而出建成第一批居住单元。 一个新的总体发展规划于 1969 年颁布，规划和发展市中心区、下曼哈顿、牙买加（王后行政区内）、布鲁克林中心区、斯塔滕岛和福德姆路（布朗克斯行政区内）的专门班子分别组织起来以开拓各种项目。 作为林赛领导下首创"奖励性分区制"的成果之一，仅在 1970 年，就有 17 幢摩天大楼增添到纽约的空中风景线。

这一波异乎寻常的建筑热于 1972 年达到高潮，是年，由港务局在 1966 年开始建造的 110 层世界贸易中心"双厦"终于竣工对外开放。这两个由山崎实和埃默里·鲁思合伙人设计的边长为 209 英尺的正方形建筑，含有 900 万平方英尺以上的办公室面积，并被期待着激发起下曼哈顿地区的一轮重大复兴。 世贸大厦及时成为该港口国际贸易社区的中心，驳斥了其办公室难以出租的断言。 世贸中心巨型建筑的鼓吹者们强调其绝对的规模和宏伟的工程：大楼有其自身的邮政编码，消耗足够的电力使全部楼层灯火辉煌，每天接待 5 万名工作人员和 8 万名来客。 虽被有些建筑学批评家指责为以"纯属捧场"的高耸大厅为特色的"通用汽车哥特式建筑"，但公众仍欣然接受这种构造。 双厦迅速成为市中心活动的固定场所以及世界最著名空中风景线必不可少的组成部分。 10 年后，当此贸易建筑群包含有六幢大楼时，从该项工程中挖出的泥土被用于为炮台公园填筑 23.5 英亩新地域。

在林赛时代渐近尾声之际，很少有公众或私人意识到纽约即将因一场财政恶梦而遭受精神创伤。 将近 20 年来，该市始终尽一切可能为它的居民提供最大范围的各类服务，而付款票据正面临到期。 林赛在结束其 8 年市长任期时，他的告别演说没有任何对于危机的暗示。 列举在 17 个不同领域所取得的进展，这位市长声称他离任时纽约正"处于其从未有过的最佳状态"。 在《纽约时报》编辑们的一次访谈中，林赛援引在工人生产率、岗位责任制和已改善管理技能方面所取得的显著进展。 将其众议院席位换取市长职务赐予他"我一生中最好的八年"。林赛显然相信他的一系列成就。 他是一位对其财政上恣意挥霍的长远影响视而不见的天才领袖。 他的经历引人注目地表明，他缺乏许多现代政治家所具备的技术专长。

一个更现实的结算必须从纽约尚未在 1969 年衰退中复苏这一事实开始。 工作岗位减少以及白人逃离继续使该市大出血，在林赛第二任期，有 25 万工作岗位消失，人们却无可奈何。《制造业年鉴》于 1973 年显示，纽约在工人附加价值方面仍高于全国平均水准，但制造业工人在该市所占百分比已低于 5%。 即使是进步也会有代价，因为许多失去的职位应归咎于该市引以为荣的建筑热潮：世贸中心就应对曼哈顿限制性附属细则贸易的实际消失担负全部责任。 由于通货膨胀，岁入在林赛担任市长期间继续攀升，但提供社会服务的成本，因接受人口百分比的不断增长而每年超出收益达 9%。 尽管存在这一差距，林赛仍给预算增添新的义务。 例如，市立大学于 1970 年开始对所有应届高中毕业生公开招生，比原计划提前整整五年。

林赛同审计官亚伯拉罕·比姆密切合作，他们每年都一起宣称该市又一次取得预算平衡。 这些年度公告最终看来像是一出长期闹剧的多幕演出。"创造性会计"便是这一天的命令，朝不保夕的稳定只能通过发行更大数目的短期债券来获取。 在 1965 年至 1973 年间，运营预算的额度增至原先的四倍；为 30 万名市政合同劳工大军加薪远远超出生活费用的上涨；义务性年金福利的规模增至三倍，但其中大部分尚未设立起基金。 有待偿还的债务上升到 80 余亿美元。 诸如以上这些事实，均未在林赛的总结中得到陈述，同时也为大多数纽约人所漠视。由于忽略了该市已变化的人口组成、资金外流以及日益增长的所需服务，人人都以为好日子会永久延续下去。

也许最异乎寻常的，是令人忧郁的财政状况也同样被不久成为林赛接班人的审计官亚伯拉罕·比姆所忽视。 在 1973 年 6 月期间，他们俩一起周密地制订出一份 1973 年至 1974 年度开支预算。 这些精心策划形成的文件有助于比姆当选，但不幸的是，此文件依靠为掩盖该市财政困境而制作出来的预算骗局。 这些创造包括：将 5.64 亿运营开支置于资金预算之中；为 3.08 亿美元 1971 年旧债券发行新债券，此举几乎将"未雨绸缪基金"耗费殆尽；以及干脆在"专门"岁入中虚拟 1 亿美元，结果却让审计官察觉。 经过所有这些骗术之后，该项预算仍含有2.11 亿美元的账面赤字，两位笑逐颜开的领导人期待着奥尔巴尼立法机构来填补这一差额。 两年后，当该市在无力偿清债务状态中苟延残喘时，比姆声称林赛留给他 15 亿美元预算差额。 1973 年，在这最后一个财政"一切如常"之年的夏天，他故意对存在这一巨大裂口置若罔闻。作为审计官，比姆当然懂得过多短期借贷的危险。 但无论如何，他出面证明城市岁入得以分别支付林赛的最后四项预算。 同年秋季，他接受民主党提名，以"深谙理财之道"者的身份竞选市长。

对于大多数评论家而言，亚伯拉罕·比姆是一位悲剧人物，他在大纽约财政危机中扮演一个令人可怜的角色。 但从另一个角度来看，他正体现着纽约传统上提供给全世界饱经风浪颠沛者难以想象的机会。比姆全家系来自波兰的移民，父亲是一名切纸工人。 在下东区的社会主义喧哗声中成长，年轻的比姆在参加过各种虔诚徒众使人觉醒的聚会之后确认，教育和政治在美国提供更有希望的通往成功之路。 从市立大学毕业后，比姆忠诚地为布鲁克林的民主党核心机构工作达数十年之久。 在 20 世纪 60 年代他担任审计官之职，并在 1965 年的市长竞选中负于林赛。 1973 年，比姆的坚持不懈终于使他如愿以偿。 忠实胜任，他还是当选来领导纽约市的第一位犹太人。 尽管比姆的批评者们认为他是一个俱乐部会所中的党派仆从，没有能力和主见，但纽约人仍期待着奇迹般的改革发生。 难道那年秋季惊人的大都会队不曾再一次赢得全国联赛锦旗？ 毫无疑问，比姆一定会使该市在建筑方面保持领先。

无论如何，正常的民主党潮流再一次压倒共和党候选人约翰·马尔基，1973 年 11 月 6 日，比姆取得他一生中的最高成就：当选为纽约市第 104 届市长。 接着，在 1973 年 12 月，正当比姆准备宣誓就职之际，西区高架公路一个长路段在一辆满载沥青的修路大卡车的沉重负荷下倒塌。 封闭重要城市干线的混凝土倾泻物，是行将泛滥纽约市各种灾难中的第一前兆。

比姆于 1974 年 1 月走马上任，那是一个以总统理查德·尼克松辞职为标志的经济滞胀之年。 整个美国社会处于危机之中，纽约的经济特别脆弱，因为它尚未从 1969 年至 1970 年衰退中恢复过来。 经济大潮正同这座城市的发展逆向而流，该市所赚金钱仍占全美 10%，并为财富 500 强中 96 家公司的总部所在地。 纽约，拥有美国十大银行中的六家、六大保险公司中的四家、90%最成功的广告代理商以及三分之一全国最有声望的律师事务所，将要经历其最凄凉暗淡的时刻。 这座城市还拥有 28 000 家餐馆、1 000 家外国公司、500 家美术陈列室、类似数量的外百老汇和外外百老汇剧院、61 个博物馆和 30 家大型百货公司。 要设想这样一个权力与天才的完美结合体竟会崩溃，完全出乎人之常情。

当然，并非所有这些机构和企业都土崩瓦解，而是它们的东道主城市。 纽约为其市民所承担的开支，按人均计，比任何其他城市的两倍还多。 有着比瑞典还多的人口以及实际同印度相等的财政预算，该市在教育、医疗和社会服务等方面为它的公民所提供的帮助，比大多数国家都多。 这些服务项目的运营开支常被转移到长期预算账户上，至 1975 年，几乎有一半的资本预算用于应付日常开支。 纽约领导人每年花钱就是多于市政收入，他们凭借创造性会计手段隐瞒差额；每年都发行预期收入本票用以弥补资金短缺。 随着债务在 20 世纪 70 年代早期的不断积累，该市通常已无力在其财政年度末的 6 月偿还其待支付本票。 大约 10 年来，它一直用发行新债券来代替旧债券，借贷更多以支付日常开销及先前发行本票的累计利息。 这一做法存在着其固有的弊端，但只要没人抱怨，银行又愿意接受市府的借据，此种方式极为有效。 毕竟，城市的更多债务对银行本身而言意味着更多的业务量。 即使当纽约所销售的短期票据占到全国所有同类票据的 30% 之后，仍无人显得过分担心。 一笔 45 亿美元的城市债务看来并不怎么打扰艾贝·比姆，他正在为他所坚信将成为他一生中最伟大四年的职务安顿下来。

至 1974 年 5 月，财政罪恶的报应开始显现。 纽约州的监察人员宣布该市正处于"前所未有的财政危机"之中，州长马尔科姆·威尔逊正在起劲竞选连任，他以批准一项专门措施授权该市借贷更多作答。 在已过去的 10 年中，纽约的开支预算增至三倍：其债务总值超过 130 亿美元，据 1975 年至 1976 年的估算，仅债务服务一项的开支就超过 23 亿美元。 7 月，市审计官哈里森·戈尔丁被迫为销售一年期城市本票支付 8.586% 的利息，纽约长期债券给投资者的回报达到空前未有的7.9%。 戈尔丁在 1974 年 11 月出版年报中给予预示灾难的警告：除非城市减少借贷，否则审计官办公室有可能无法继续推销债券。 11 月 8日，市长也加入这一合唱行列中来，他承认仅在数月前开始生效的 1975财政年度预算，已出现 4.3 亿美元赤字。 比姆还透露必须分阶段裁减数千名市政雇员。 至 12 月，处于困境的市府不得不支付"惊人的"9.479% 利率，以获取一笔 85 亿美元的短期贷款；该市在 10 月上市的债券已被所有投资者置之不理。 进一步加剧这一危机感的，是由奥尔巴尼出资的城区开发公司（UDC）于 1975 年 2 月倒闭，从而使该州的信用等级也成了问题。

财政灾难堆积如山，比姆却获得最后一次政治成功；他在本党操纵使休·凯里成为帝国州①州长民主党提名人的过程中起了关键作用。

---

① 纽约州的别称，因该州在人口、贸易、交通运输和金融等方面一直居于全国领先地位。 ——译者注

身为一名来自布鲁克林的前众议员，凯里于 1974 年 11 月当选州长，这在很大程度上得益于从纽约市涌出的大量选票。 作为报答，凯里一定会拯救这座他热爱的城市！ 此后多年，他对这座城市的同情以及他在政治上的驾轻就熟，成为该市的主要——仅偶尔起作用——保护伞。

上任伊始，凯里就被迫应对由于城区开发公司的违约而造成的对州信用的威胁。 他处理此事极为迅速有效。 奥尔巴尼戏剧性场面的效果令人担忧，因为它使投资者的注意力立刻集中于南方，在那里一场远更巨大的财政灾难正迫在眉睫。 随着关于纽约市确切消息的到来，惊恐万状的投资公众不仅不愿提供支持，而且只顾仓促保全自己。 比姆未能应付好财政现实状况，于是休·凯里，几乎在缺席的情况下，被留下来成为纽约的主要保护人。

1975 年 2 月 27 日，正在考虑将要发行城市债券的一家银行辛迪加的律师们——因城区开发公司倒闭突然变得谨小慎微起来——要求调查市政账簿。 他们承认着实为自己从中发现的违反规则现象和资金亏空情况而感到震惊，尽管他们所代表的银行在那些快乐的日子里已细查过这些会计方式。 报告一经发表，市府便无法为其待发行的本票争取到任何买主。 并且，已发行纽约债券的价格骤跌至面值的三分之二。 标准普尔评鉴公司极不礼貌地匆匆作出反应，暂时吊销其所给予该市荒谬可笑的高 A 信用等级。 至 4 月，市政厅已无力偿还债务，只有一笔州政府提供的 4 亿美元应急贷款使该市保持着偿付能力。

凯里州长迈出了一系列月度挽救行动的第一步。 比姆对此首度危机所作出的贡献，就是反复重申他对纽约的信心并取消他一年前决定的分阶段裁员。 他的演说变成委婉探究过错方的责难。 他似乎无法确认究竟责任者应是华盛顿、奥尔巴尼、银行、工会、林赛还是上帝，但他十分明确：反正不是艾贝·比姆。 5 月 29 日，他痛斥报界凭借报道财政坏消息制造一种"怀疑和不确定气氛"。 比姆常以一个孩子般的感人信念断言"危机已落在我们后头"。 很少有一位政治家曾如此脱离实际。 事实上，纽约市的事务正逐步被人从比姆手中夺走，他在任期的余下日子里成了一名傀儡市长。

带领纽约走出长期危机的关键机构，均系凯里州长和州立法机构创建：即市政援助公司（MAC），被人谑称为大马克，以及紧急财政管理局（EFCB）。 杰拉尔德·福特总统于 5 月宣布，这座全国最大城市不要再指望从华盛顿那里获得专门援助。 该月期间，正是由奥尔巴尼预先提供的岁入分享基金——这次倾注 2 亿美元——让该市能够支付日常开销。 但无论如何，市立大学不得不暂时关闭，其教职员工同其他市政工作人员一样，当纽约在正式破产的边缘摇摇欲坠时，短时间内不发给工资。

没有任何缓解的迹象，因为公共市场已完全拒绝接受所有纽约市新发行的债券，而此时数百万美元的市政债券正面临到期。 奥尔巴尼，不是市政厅，在偿还最后期限临近之际，成为深夜会议和施展复杂计谋的舞台。 直到 6 月 10 日清早，州立法机关才同意创建市政援助公司，这是一个特意设置的机构，它将为纽约的短期债务再筹措资金，从而缓解即期现金流危机。 大马克还将监督该市的长期借贷政策。 为了以现金而非允诺支持发行新债券，通过征收城市销售税和股票过户税所筹集到的资金，专门被拨给大马克。 纽约州坚称，保护购买市政援助公司债券的投资者免遭违约之苦是其"道义责任"，一笔 10 亿美元的储备基金在奥尔巴尼建立起来以支持这一允诺。 尽管比姆坚持不懈地抗议，当前城市岁入和对纽约市财政未来的控制现已归属一个由州创建的实体。"地方自治"暂停实施，州府、市府、银行以及工会官员同舟共济，竭尽全力拯救纽约市。

比姆市长则被实际替代及忽略。 在随后可怕的数周内，他违抗地断言市政工作人员永远不会承受一次工资冻结，接着他却实施了一次。他在声称不可能有任何一个预算封顶之后，竟又同意设置一个。 他的挚友即第一副市长被献祭给州府新的财政监察人员。 公交票价上调至半美元，纽约市立大学经受严酷的裁员，城市服务到处遭到削减。 该市被告知它必须采用新的会计程序，并逐渐将运营成本从其资本预算中剔除。 许多工作人员忽然间意识到预算削减即意味着自己丢掉饭碗。警官们作出强烈反应，他们分发小册子力劝旅游者别去"危险城市"以及下午6点后别上街。 那不是警察局最合意的时刻。 环境卫生工人也不甘人后，他们举行未经工会正式批准的"野猫式"罢工，让5.8万吨垃圾堆积在街上，消防队员则以"集体托病怠工"进行抗议。 至7月25日，即使是市议会，作为一种持续长时间的笑料，也从昏睡中惊醒。意识到这场危机的严重性，它决定将前往斯塔滕岛的来回轮渡票价格从10美分增加到25美分。 在如此危难之时，该市距无政府状态或神经错乱似乎仅一步之遥。

大马克在6月份售出10亿美元的新债券以防拖欠，但其与比姆之间的长期不和看来注定会有第二次销售。 来自所有地区的压力，使市政厅的反对归于失败，8月6日，市长对一个含有绝对开支最高限额的三年预算计划表示赞同。 数周内，大马克得以推销又一笔9.6亿新债券，保住了该市的偿付能力。 此8月一揽子计划之所以成为可能，完全由于凯里州长的又一笔预付款项以及若干市政雇员退休基金的及时参与。 市政援助公司首席财政洽谈人费利克斯·罗哈廷干脆称之为"月度奇迹"。 不过，天赐的干预差不多刚结束，细查市政分类账目的会计师们便发觉，赫然耸现的1975年至1976年度预算赤字达28亿至33亿美元，决非比姆不切实际的数字6.41亿美元。 日益明显，市长缺乏作出严酷政治决策的坚强意志，甚至似乎反对改革。 投资者们竭力避免投资更多的市政援助公司债券，看来纽约必定很快破产。

凯里州长开始公开出面干预，完全绕开比姆并说服立法机关作最后的"孤注一掷"，一次最后的"作重大努力以挽救一座城市和保卫一个州"。 9月9日晚，奥尔巴尼在一项23亿美元的援助法案上取得一致意见，对该市实行严格的财政管制，并将所有其货币决策控制权授予州政府任命的紧急财政管埋局（EFCB），该机构的主席即州长本人。 自11月1日起，所有城市岁入都属于该局，它将在三年期间根据一个总体财务计划分派这些资金。 还将任命一位专门负责纽约市事务的州副审计官监督该市的遵从法律情况。 现存市政工资冻结被纳入州的法律系统，所有新的城市合同都必须得到紧急财政管理局的批准。 凯里强调，只有最严厉的措施，才可将这座城市、这个州以及这个国家本身从"不定期无法估计的损害"中拯救出来。 虽然比姆系紧急财政管理局的成员之一，但州长完全支配整个过程。 管理局的立法完成了使纽约市长变成一个傀儡的进程。 在纽约陷入混乱期间，以及尽管其崩溃将会给全国乃至全球商业带来毁灭性后果，华盛顿却几乎是超现实地漫不经心。 财政部长威廉·西蒙表示，纽约市不偿还债务只可能造成"有限的和相对短暂的混乱"，福特总统对此过程似乎毫无兴趣。 10 月 2日，永无止境的危机导致穆迪投资者服务公司对所有纽约州和纽约市证券评估降级，并撤回其对别的州机构债券的评级。 分析家们估计，如果纽约无力履行债务合同，全国一百家银行有可能倒闭，其他州和市将经受这场危机的涟漪效应；它们会被迫为推销自己发行的证券而支付更高的利息。

一个由 15 位市长组成的代表团拜访福特总统，警告他"大苹果"一旦破产，就会产生多米诺骨牌效应。 联邦德国总理赫尔穆特·施密特评论说这场危机甚至扰乱着苏黎世和法兰克福等金融中心的运作。副总统纳尔逊·洛克菲勒，在他担任纽约州长期间曾批准过许许多多不良贷款，现在论证说只要存在纽约无力偿还债务的可能，就会引起美元价格在国际市场上暴跌。 10 月 18 日，"洛奇"①同共和党队伍分道扬镳，成了第一位支持为纽约提供直接联邦政府援助或贷款担保计划的行政官员。

危机在 10 月份非但没有减弱，反而进一步加剧。 10 月 17 日，该市的现金需求达到 4.77 亿美元，但它在其所有的现金账户中仅存 3 400万美元。 纽约在当日下午离拖欠债券仅 53 分钟，此时，最后一刻注入从教师退休基金中借得的现金，刚完成又一个复杂的财务一揽子计划。

---

① 拟为洛克菲勒的谑称。 ——译者注

办公时间一直延续到夜晚，以便市府可偿还前往兑现者总价值共计达45 310万美元的本票。市政援助公司主席费利克斯·罗哈廷悲叹道："堤坝在崩溃，而我们已用尽伎俩。"凯里给福特总统拍发海底电报，乞求他承认纽约是"这个国家的一部分"。

紧急财政管理局于10月20日最后拍板一个三年期城市紧随计划，要求比姆进一步降低对这一时期资本—开支的预测。国会现实而勉强地开始考虑这座城市的困境，但在总统于10月29日发誓要否决任何联邦政府"紧急财政援助"后中止。福特建议国会只需调整现存破产法，在该市违约后对市政债务进行"按部就班的重组"。他利用这次机会专门批评市政工作人员的高工资和高退休金、纽约市立大学、含18单元的医院系统以及城市福利救济名册中不合格的接受人。总统顽固的全国新闻俱乐部演说，导致《每日新闻》以"福特对纽约市说，去你的"为其下一版头条新闻。凯里预期该市将于12月1日陷入破产状态，并流露心头痛苦地评论道："总统……是在踢纽约……人民的腹股沟，这样做很不公平。"1975年10月，也许是两个世纪以来第一次，这座哈德孙河上的城市成了名副其实的丧家之犬。

许多华盛顿的保守主义人士都接受福特的"无紧急财政援助"立场，但大部分知情舆论和财务事实显然都表明，联邦政府采取措施已势在必行。11月1日，国会联合经济委员会宣称，纽约一次违约将会立即给无业人员名册增添30万名工人，并使美国的实际国内生产总值减少整整一个百分点。福特讲话后分别进行的三次民意测验显示，人们都不同意他的强硬立场：调查对象认为，是整个国家，而不仅仅是这座城市，将承担这场灾难的后果。到10月31日为止，已有2.9万名工人被解雇，数百万市区地铁乘客不得不支付更高的票价，没有人可以合乎逻辑地断言这座城市不想改革。逐渐，联邦政府的不妥协立场有所松动，11月26日，福特请求国会考虑在一个"合理的基础"上，赋予纽约23亿美元直接联邦贷款担保。苛刻的偿还条件被坚决要求遵守；对于纳税者将"无成本"可言，因为所有一年未偿贷款都得还清，然后才会有新的资金提供。 美国财政部着实在这些贷款上赚取了数百万美元的利润。

由凯里州长精心策划的几项州一级的新举措，已在联邦政府最后突然转向之前得到实施。 11月14日，州立法机关通过一则颇有争议的债务延期偿付程序，让纽约市能够推迟3年偿还其16亿美元短期本票本金。 债券持有者们被给予选择机会，接受十年期利率为8%的大马克债券，或继续持有现存本票，利率为6%。 两者中无论作何选择，人们都不被允许立即赎回他们所投入的本金。 从严格的财务条款来说，这就是违约，虽然没有人承认这一点。 凯里的第二项伟大成就，是在福特11月26日讲话前夜使2亿美元税收一揽子计划就位。 此项立法措施是一个从该市退休年金系统中吸取资源的66亿美元三年期精心融资计划的顶峰。 来自州长的压力加上出于利己之心，终于使纽约各家银行也来参与救援行动。 曼哈顿最大的金融机构同意延长它们已发行本票的期限，并接受较低利率。 最后并且已不可避免的步骤于12月9日得到落实，此日福特为纽约市签署了国会的季节性贷款担保计划。 经过几个月的危机，该市的债务清偿能力得到保障。 剩下的任务就是实施预算削减和忍受苦难的煎熬。

财政危机在1975年12月州法院作出确认对债券赎回实行延期偿付的裁决之后，暂时得到缓解。 经过又一年的上诉程序，弗拉兴国家银行的律师们在1977年使纽约上诉法院信服，这一立法行为违宪，该市则匆匆忙忙试图找到另一笔十亿美元资金。 在经历1975年的创伤之后，此类运作方式已显得相对简单，因为，正如比姆市长报以一笑之言，"我们细看过每一个钱袋"。 更削弱该市实力的，是城区经济的持久恶化。 自1974年12月至1975年12月，纽约又一次失去共计14.3万个工作岗位，重要政治领导人公开声称，宁可让纽约不偿还债务，也不要使平民百姓继续作出牺牲。 他们的劝告被置之不理。

在援救行动留下的废墟中，有几丝希望在闪光。 统计资料显示，被长时期忽视的纽约港在1974年所处理的货物长吨量，超过自1941年以来的任何一年。 集装箱运输设施迅速得以配置齐全，如此长久以来保障曼哈顿繁荣的巨大海港正在慢慢恢复生机；它仍然是美国最繁忙的港口，每月大概有六百艘轮船在此结关。 尽管经济不断缩减，该市在1975年仍拥有17.2万家付税的工商企业。 城市居民即使面临各种服务的减少，该市的应变活力仍十分令人吃惊。 数千街区协会继续保持着他们的社区精神，潜在的自豪感使信仰各异的许多地区开始复苏，包括曼哈顿的小意大利区和索霍居住区、布朗克斯的贝尔蒙特、王后行政区的长岛和阿斯托利亚以及布鲁克林的公园坡等。 看来，逆境似乎会触发对过去的美好回忆，由此萌生一种对传统事物的保护主义精神，从而创建起数十个专门史迹保存区。 终于，在市中心曼哈顿地区大厦耸立的街道两旁，20世纪70年代早期办公楼供过于求的现象显示出终结的迹象，新的建设计划已被列入议事日程。 就这样，通过各种微小而又重要的方式，这座处于困境中的城市向世人证明，其生命力并未被摧毁。

经过两年持续不断的苦难的折磨，日益增长的心理复苏在1976年建国两百周年时达到高潮。 庆祝活动在全美各州隆重举行，但继续持久地铭刻在美国人记忆中的，是一幅显示经纽约港直驶哈德孙河的"高桅横帆船"游行的图画。 在大量白帆背后，纽约现代空中轮廓线的美丽景观，向全国公民活生生地揭示出这座城市在历史上经久不衰的重要地位。 到8月，这种精神在该市主办民主党全国代表大会时再一次得到证实。 2万名代表及来宾几乎一边倒地提名吉米·卡特竞选总统。忽然间，城市前景变得光明远大起来，因为比姆是声势浩大的卡特这一派的首批政治家之一。 经过在两年痛苦创伤中苟延残喘，甚至游览观光者都已开始回到曼哈顿；1976年，他们构成该市的第二大产业，共有834场大会在那里举行。 在一座对其体育运动队决意作出小镇姿态的城市，纽约的新英格兰人回到他们修整一新的露天体育场，并旗开得胜，迅速赢得一面锦旗。 在许多层面，纽约的转向已经开始。

1977年早些时候，大马克债券以高于票面价值销售，由于使债券延缓偿还期无效所造成的短暂紧急状态就此结束。 吉米·卡特当选入主白宫；政治气氛中充满着乐观主义精神；看来任何情况都有可能发生。 因此，在1977年3月，比姆在自己作市情咨文期间宣布，他，作为一名"强有力的"领导人，决定竞选下一任。 这位市长觉得自己确有资格获得再选连任，既然是他作出的"强硬"决定挽救了纽约。 此项声明所引起的怀疑很难再被别人创造出来，因为即使是感觉最迟钝的选民也意识到，所有那些"强硬"决定都是强加给一位持异议的市长的。 但比姆继续向前推进，4月，紧急财政管理局批准他提交的139亿美元预算。 该预算的规模十分引人注目，就像其危机前主观臆断一样。 比姆建议提高市政工人薪金，增加资本建设支出，结束削减服务项目，同时允诺今后五年保持财产税不变。 尽管比姆采取如此虚张声势的举动，确实有一大群蜂拥着的民主党人争先恐后反对他。 由于市长保持着剩余行政区核心机构选票的支持，他很可能在一个充满事变的初选场上获胜。

也许没有人比休·凯里对于比姆的决定更感震惊，他决定性地采取行动防止闹剧式的提名。 凯里不仅公开支持另一位候选人马里奥·科莫(1932—2015)，而且还下令将民主党初选延期至9月。 到那时，他相信，被长时间耽搁的证券交易委员会对于纽约市危机原因的调查结果将被公诸于众。 调查报告实际上发表于8月，严厉批评市府官员不向投资者通报市政债券的实情。 比姆的竞选运动遭受到报告的时间选择和蓄意破坏反对声的伤害。 市长承认自己在财务问题上说过谎，但完全是为了城市的最高利益。 比姆辩解说，因为市政府每一个人都有城市清偿能力永久不变的错觉，没有人真正犯有欺诈罪。 选民们——明知他们受着奥尔巴尼的统治，支付着更高的公交票价和纽约市立大学学费，以及花费更多美元而接受更少服务——当然不会同意。

经过一个奇迹般复杂的政治活动季节，纽约市民转而向民主党官方提名人求助领导。 胜出者既非艾贝·比姆也不是马里奥·科莫，而是爱德华·欧文·科克，一位自恃为"支持死刑的自由主义者"的改革派民主党人。 科克以一种实事求是、生硬粗暴和正面交锋的风格赢得本党提名，这种风格对选民来说极具吸引力。 甚至在他当选之前，科克就显示出一种稀罕的思维独立性。 在吉米·卡特作适于上电视镜头的短途旅行以查看遭荒废的南布朗克斯期间，他亲手递给总统一封信，反对美国政府的以色列政策。

在一场同保守派、自由派以及共和党候选人对抗的四方竞选中获胜后，科克宣布他打算连任三届市长，恢复纽约的繁荣和社会理想。 他的就职演说表达了数百万人民的真情实感，当时，他坚定地宣称："纽约在人类文明史上是独一无二的。"这位市长还论证说："纽约决非问题症结。 纽约是天才之举。 这座城市从其最早年代起，就一直是无家可归者的救生船，食不果腹者的领袖，心智匮乏者的活图书馆，被压迫者乃至有创造力者的庇护之所。"科克承认过去曾有过几次市政失误，"但我们的错误都是在决心方面。"他许诺要足够强硬以维护整个复苏过程。

至1978年，复苏确已可被人们感觉到。 劳工统计资料表明，经过八年衰退，纽约的制造业工作岗位于1977年已不再呈现减少势头。 也许工作岗位的大量流损，因1969年以来共消失近65万个职位而使人们终于变得对此麻木不仁。 在这十年的所余时间里，就业每年都有少量增长，虽然其大部分局限于各服务性行业。 生活费用指数证实，纽约已不再是全美国居住最昂贵的城市；事实上，它已退出为首十大城市的行列。 并且，少数族裔的大量流入业已停止，至少是暂时性停止。 领取福利救济人员名册已在1977年6月降至907 126人，这是由于该系统已得到更有效的管理。 长期滞留的多余办公楼空间终于被租赁出去，一个建筑热潮似乎即将到来。

作为新乐观主义的象征，位于列克星顿大道上的花旗公司大楼恰巧在科克走马上任时隆重开张。 休·斯特宾斯的915英尺高塔楼，系设计用作临近地区的一个运作部分，它成为一项商业成就，如果还算不上一项决定性成就的话。 用于美国电话电报公司和国际商用机器公司的类似建筑也在规划之中。 虽公民预算委员会告诫科克预算问题仍赫然耸现，但这位市长显然宁可记住，曼哈顿一百多块不动产地皮的价值每一块都在1 000万美元以上。

尽管有着一个光明美好的预测，科克政府的第一优先仍然是资金问题。 一个争取延长联邦政府贷款担保的政治运动在华盛顿开展并获得成功。 所有1975年援救行动的参与者都曾一致坚称，一次性注入联邦政府资助足以挽救纽约，但他们都说了谎。 虽然该市已成功地偿还所有联邦政府的季节性资助，加上1 200万美元利息，其现金流转问题仍需得到华盛顿的关注，以镇定一个多愁善感的投资界的神经。 有着一位民主党总统掌权，这件事情很好商量，吉米·卡特不久即前往曼哈顿，签署延长贷款担保计划直至1982年的有关立法。 当他草签该法案时，卡特赞扬这座城市的复原能力和精神面貌，该市堪称全国"大苹果达两个多世纪之久"。

科克，常易显示因过分乐观而产生的情绪高涨，声称纽约正在经历一场复兴。 至少有十六位诺贝尔奖得主把纽约称作为家，他举出这一事实以证明该市在文化领域继续处于支配地位。 因财政成功而兴高采烈，科克一时忘记他被选举出来是为了使城市事务恢复正常，而不是像往常一样创造商机。 福利救济人员名册虽已降到自1969年来的最低点，但仍包括907 126位主顾。 6月，同市政工人联盟谈判后达成的协议只给增加4%工资，考虑到日益严重的通货膨胀，这实在太过菲薄，但市长也未能获得工会许诺的"福利归还"①。 断言生产力的增长源于提高工资是过去更为典型的一厢情愿，完全不符合当前的实际情况。指责科克屈服的批评家们恰恰忘记了，工会投资和工人们作出的牺牲正是挽救这座城市极重要的因素。 期待工会或他们所支持的市长可以避免一个相互祝贺的协定也许太过分。 远更难以证明有充分理由的，是市长于1980年签署的讨人喜欢的"赶超"协议。

---

① 指资方在作出增加工人工资之类让步后要求劳方放弃工会先前争取到的小额福利优惠。 ——译者注

日益改善的经济状况有助于该市在 1978 年和 1979 年增加岁入，短期债券持续被赎回。 1979 年 7 月，该市仅以计划好的 128 亿美元预算开始其财政年度，同 1975 年相比，只增长 7%。 奥尔巴尼的财政监测官和华盛顿的总审计局（GAO）不断要求紧缩预算，以便到 1982 年，根据普遍接受的会计原则，有可能达到收支平衡。 一份规划委员会报告承认，纽约将来会变得小一些，但当新的十年开始时，它却被证实对为其资金寻求安全庇护所的外国公司极具吸引力。 该市经历的困难，已使财富 500 强公司总部在纽约运营的数量减少到仅 80 家，但这一缺憾很快被亟欲利用弱势美元的外国公司和银行所填补。 而且，国内公司忽然间发现营业费用在纽约实际上还相当便宜，托运人察觉到经改进的港口设施使处理大宗货物更为迅速便捷。 1979 年 7 月，4 年来第一次，一放款银行集团同意销售 6 亿美元城市预期收入本票，且无须任何退休基金的参与。 这是迈向担负货币责任的试探性的一步。 预算继续得到节约，用于重振摇摇欲坠的基础结构的额外资金仍需等待若干年，但纽约又一次回到财政部署中来。

到 1980 年早些时候，显然难关已经渡过。 一次虽然严重损害林赛的市区地铁罢工甚至也无法阻止复苏。 科克市长在 1980 年 4 月以实力和愉快心情经受一次为期十一天的罢工。 他的询问"我干得如何？"在每一个行政区都可被听到，而公众的回答仿佛是"不错"。 随着建设项目的激增，有不少于五家大型旅馆开张以应付大批自 1975 年以来每年增长的旅游观光者和商务来客。 每夜的住宿费已超越 100 美元大关，但诸如 1980 年民主党全国代表大会等的代表们，好像对此并不在乎。剧院比以往售出更多的戏票，最高票价达 40 美元，常年的歌剧观众可在已竣工的林肯中心两家互相竞争的剧团之间作出选择。 接受福利救济的人数继续减少，大马克的居民魔术师们宣布，要为所有剩下的短期债务进行再融资。 该市的生活趋势又一次明确地朝着积极的方向发展。

居民的态度也体现出根本性的转变。 他们开始接受这一观点，即未来的纽约将变小,学校、医院和企业也会比以前相应减少。 虽然工厂工作岗位取得的一些边际增长于 20 世纪 70 年代末有所报导,但该市再也无法重登制造业榜首。 过去,制造业工作岗位刺激纽约变大,而且始终面向其有抱负的贫民开放。 但到 20 世纪 80 年代及以后,该市转向服务型经济,要求受过更好教育的工人。 现代工作技能需要更好的学校,因此提供教育服务成为公众最关心的问题。 蓝领工作岗位的惟一主要来源,是市府整修其摇摇欲坠的基础结构的义务。 数亿美元的资金被用于翻新道路、桥梁、下水道、废物回收利用,滨水区改造工程和工业园区项目。 至 1981 年,一场短暂的建筑业繁荣使新的办公楼面积建设回到 1975 年的水平,850.4 万平方英尺的办公楼面积于 1982 年竣工。 但关键问题在于,这样的办公楼面积所要求的高效率工作人员,正是纽约所大量缺乏的。

尽管存在 1980 年至 1981 年的"滞胀",办公楼建设和大规模项目的再现预示着未来的繁荣。 在东河水边及哈德孙河上的炮台公园,广阔的居住房屋群同曼哈顿西区的新会议中心一样在建设之中。 分区制改革得到实施,以便让新的建设项目避开建筑过于稠密的市中心至曼哈顿西北区地域,并转移到外行政区。 一个工业园区在衰败的南布朗克斯开放,一项复杂的 70 亿美元公共交通修复计划终于就位。 因其臭味和杂乱涂画而遭鄙视的市区地铁系统,由于能够高效率向工作岗位输送劳工,仍然是该市最大的潜在实力之一;但在 1982 年,乘客人数自 1917 年以来第一次跌落到 10 亿以下。 不可否认,即使制造业长期下滑,曼哈顿仍是全国的服装业中心,14 万名合法工人——以及数千名低收入的非法服装工人——每天出产带交织织物商标的成衣。

1980 年人口调查显示,共有 3 298 400 人在纽约工作,该市仍保持着 11 321 个制造业企业并由此提供 28 万个工作岗位。 尽管历经艰难,纽约大都会地区时至今日仍系美国最大的制造业中心。 作为对其过去的另一个反映,此项人口调查为纽约由多种族群体构成提供生动证明。该市仍可自夸其拥有比特拉维夫更多的犹太人,比都柏林更多的爱尔兰人，比佛罗伦萨更多的意大利人。　但这些官方数据还证实关于该市从其先前主宰地位严重萎缩的传闻。　制造业衰落，中产阶级逃往郊县以及对于日益增长暴力的普遍关切等种种因素结合起来，使纽约总人口减至 7 071 030 名，少数族裔几乎占其一半。　共有 1 723 124 名黑人和 1 405 957 名西班牙语族裔居住在该市，许多人怀疑还有数千人没有被统计进去。　那样众多的人群包含大批有才能的企业家和埋头苦干的工人，但也包含构成对该市社会服务、医院设施和福利救济最大需求的市民群。

少数族裔团体的社会统一受到难以消除的种族敌意和不同住房方式的阻碍，毫无疑问，政治权势集团力图阻止这些团体获取权力，直至后者达到似乎足以产生这一要求的数量为止。　但在 1977 年的民主党市长初选中，来自黑人和波多黎各社区的候选人占有显著地位，人们普遍期待，经该市过去得到充分证明的少数族裔的成功，终于也会包括这些群体。　与此同时，社区领导人预计到，他们的时代已最终到来。

埃德·科克当选市长，有赖于许多黑人和西班牙语族裔的选票。但他的第一任期却被财政危机搞得焦头烂额，以致他作为一名对少数族裔预期十分敏感的格林尼治村自由派人士的声望遭受损害。　科克将自己视为要同"一切照常"政治决裂的人，尽管他依靠外行政区政治老板的支持当选。　布朗克斯和布鲁克林的现代"老板"提供了他在 1977 年战胜马里奥·科莫的选票差额。　考虑到自己是一名改革者，科克对凭借庇护人身份进行统治深恶痛绝，并在被敦促降低市政服务水准之际感到极度痛苦。　他在第一任期被迫这样做时，最受预算银根紧缩影响的，恰好就是那些对黑人和西班牙语族裔最为敞开的服务。

紧缩政府雇用人员意味着削减行政部门工作职位，市政雇员从 1975 年的 332 298 名被无情地砍到 1978 年 6 月的 245 618 名。　纽约市立大学，通往教育和中产阶级生活的传统途径，削减注册人数 7 万名，而且很不相称地影响到少数族裔学生。　当市长于 1979 年决定关闭服务少数族裔人口但经营极糟的西德纳姆医院时，周边社区的反应如此强烈以致暴力事件仅勉强得到避免。 西德纳姆决定造成科克的黑人和西班牙语族裔副市长们辞职，市长自己写道，这"造成我同黑人关系的最严重损害"。 少数族裔人口受公交票价不可避免涨至75美分的影响也最大，涨价于1981年7月生效。 虽然交通费已不再是市长的责任，但他和黑人选民之间的误解裂痕进一步扩大。 这种误解又及时地发展为不信任，科克自此直至其政治生涯结束，很少再得到黑人的支持。

科克第一任期的主要课题，是必须重新控制该市的财政。 削减成本和控制开支成为老生常谈，预算只被允许增加到通货膨胀率的60%。 因为资金匮乏，科克的许多早期提案仅成为象征性姿态。 有些根本就不必花费分文。 由于他被比姆市长最后一刻任命一批法官的行动——一种报答忠实朋友和本党坚定分子的传统手法——所激怒，科克建立起一个新的程序，以便使新法官的选择在送交市长之前都得经过法定评审小组的筛选。 这一"论功行赏"制度的建立对于科克来说极为重要，他本人则视之为他政治成就中"可能最有益最持久的一项"。 在1978年间，科克的行政命令消除了在授予市政合同和分配住房过程中的基于性别倾向的歧视。 在1977年竞选运动中，科克曾深受关于他是同性恋者谣言的伤害，他的行政措施看来是为保持纽约生活所必需的宽容所作出的适度反应。 多年后，在他的第三任期，这位市长签署了在私营部门也禁止这类歧视的立法。

行政改革还被市长用以向纽约人显示，城市所有阶层都在分担财政紧缩的痛苦。 政治环境和他自己的意向允许科克将副市长的人数从7名减少到3名。 他宣告"从工会和特别利益集团手里夺回公立学校、交通和医院系统"是他的头等大事，接着，就向这些领域积极进取。新任教育系统的负责官员弗兰克·马基亚罗拉，作为一个保持此职位5年之久的有效选择，成功地使退学者成为一个含轻蔑意味的词语。 正当该市为逐步回到财政健全而努力开辟一条出路之时，迎合中产阶级的需求成为一种强有力的凝聚剂。

至1981年，报偿已可被感觉到。 1月，科克的预算提案要求扩大先前被减少的市政服务。　2月，该市售出1亿美元短期本票，利率低于8.5%，这是该市自1974年以来第一次进入债券市场。　这次销售，是靠未来的税收支撑，因该市已改革其可疑的会计方法，这是一个更容易断定的收入来源。　到春季，审计官办公室自财政危机以来第一次推出20年"投资等级"债券。　终于，市长能够宣布，根据普遍接受的会计原则，1981财政年在6月30日结束时已取得真正的预算盈余。　确实，通货膨胀对于增加的税收有一部分功劳，但市政府可合情合理地夸耀说，它比州政府指令提前整整一年制服预算这一巨型怪物。　这位尖刻而热情奔放的埃德·科克在大马克和紧急财政管理局的可贵支持下，使这只"烂苹果"又一次变得美味可口。

　　1981年，科克宣布自己作为一名挽救了纽约的百折不挠的奇迹工作者争取再获提名。　反对他的成就似乎不可思议，尤其是新的预算提案许诺要雇用更多的警官、消防员和教师以重建被削减的服务。　9月22日，市长荣膺一项史无前例的成功，同时赢得民主党和共和党两个组织的提名。　一下子，每个人的选择爱德华·欧文·科克，这位1977年处于劣势的候选人，于1981年11月3日胜利获得再选连任。　他的胜利，是对他在惨淡环境中领导成就的亲切承认，但也代表着选民中日益增长的一致意见，即党派不如绩效重要。　政治忠诚已衰落达一代人之久，至1981年，两党中都很难找到一名"老板"。　作为一位曾"许诺上帝"连任三届市长的称职候选人，科克的实际加冕，现在回想起来，似乎是不断减少党派归属相关性发展过程的一部分。　中产阶级选民显然普遍赞赏为这座恣意挥霍的城市恢复收支平衡所采取的严格措施。　少数族裔选民投票选举科克，是因为他们除了相信他的基本政治哲学外别无选择。　整个城市则庆贺自己在创纪录的时间内完成一项难以置信的艰巨任务。　纽约人至此可以合乎情理地期待他们的繁荣和影响将得到完全恢复。

　　如果可以说财政枯竭年代尚存一线希望，那么正是它使得纽约甚至在全国进入迅速增长十年期之际仍能恢复其竞争优势。　在纽约经商的高昂成本到 20 世纪 70 年代早期已令人难以容忍，有数十家重要公司相继撤离该市。 但减税政策和得到改善的投资环境让美国公司在纽约又一次有望成功。 而且，里根的共和党纲领在全国范围的胜利，使 20 世纪 80 年代成为给真正信仰资本主义美国的人们带来几乎是无限制机会的时代。 美国大都会的再生使之从被称作"贪婪十年期"中充分得益。 财政灾难和城市霸权地位的丧失得到克服，该市再一次准备好引领全美国前进。

第十一章

当代纽约

纽约总是以其非永久性著称：它因瓦解和更新而同时受到鄙视和妒忌。在埃德·科克的领导下，这座城市面对 20 世纪 80 年代的挑战，至少显得在政治上是统一的。人口统计数据表明，它在前十年经受创伤期间失去将近 82 万居民，但其 707.1 万人口仍是长期为第二大城市芝加哥的两倍。世界上很少城市人口较之更多，许多城市仅仅是面积较大而已；还有一些更富于自然景观，当然更平静更安全；但没有一座城市能像纽约一样全面代表其社会精神。华尔街继续是美国资本主义的中心，此星球上一个最为成功所驱动的社会的真正偶像。

纽约有 202 家商业银行、82 家储蓄机构和数百家证券代理商，面向全世界的投资者服务。城市生产总值在 1980 年超过 1 000 亿美元。其破旧失修但仍卓越非凡的港口每年吞吐 5 000 多万吨货物。当纽约进入一个新的十年期之际，其零售额已增加 20%，第一次超越 240 亿美元大关。也许最给人以深刻印象的，是该市——深受自 1969 年来抹去 60 万以上工作岗位的制造业衰落之苦——已改组其经济，以便使一半服务型行业都从事提供信息，这是后工业化时代繁荣的一个关键预言性因素。该市看来已准备好要主宰这一新兴的自动控制世界，如同其曾一度领导经济发展的组建阶段一样。

不仅如此，该市还继续是全国的文化和教育中心，拥有 65 家博物馆和历史会社、1 500 多家艺术作品陈列室以及 29 所大学和学院。百老汇剧院行将开始其最繁荣的时代。全国和全世界其他地区的人们也许有充分理由陷入沉思，一个只占美国3.1%的人口，挤满全国仅1%中的十分之一领土，何以竟能如此支配时代精神。

在试图从整体上解释清楚当时代的过程中，历史学家们发现，很难确定或过高估计罗纳德·里根1980年11月当选后发生的美国政治思想的变革。身为一名因政治便利从昔日的自由派民主党人转变而成的保守派共和党人，里根正体现着一代美国人的希望和失意，这代美国人认为这个国家不知怎的已失去其道德方位。新总统温和地领导着从心理上拆散联邦政府权力，鼓励国会减税并削减在住房和福利救济等社会计划方面的全国开支。里根坚信，华盛顿在那些领域的过度花费，从根本上削弱了美国人一向持有的自力更生精神。与此同时，他调整美国的预算优先，使之旨在着重加强军事实力，让这个国家重新致力于同苏联"邪恶帝国"的正面交锋。因此，在他两任总统期间，全国债务增至三倍，即使在此同一时期，美国对公民自由和社会福利计划的投入大为减少。

虽然关于他政府的历史结论仍然悬而未决，但毫无疑问，里根强调个人成就和精简政府却正代表着同大多数美国人一致的价值观。而且，他不妥协地进行到底的一场新冷战确实加速了苏联的灭亡。不过在国内，里根决非各大城市的朋友，老是似乎情愿把最贫困最陌生的群体排斥在政府援助计划之外。理所当然，他在全国最大城市的声望从来没有很高。

纽约预算对于联邦及州政府援助计划的依赖自1961年以来逐步扩大，20世纪80年代有计划有步骤减少资助造成一座复苏中城市的极大痛苦。至1981年，当全市21.7%的居民收入低于全国最低贫困线时，该市的多单元医院系统和数十万住房单元的生存完全依靠联邦政府的补助。随着对传统上由全国最自由化城市提供的许多"福利州"计划的联邦融资部分逐步下降，这一十年期的每一笔城市预算都引起激烈争执。众多服务机构竞相从日渐收缩的基金中获取他们"合法的"份额，相继几位市长挣扎着为选民提供他们觉得"有权得到"的援助计划。 如何巧妙获取朝不保夕的资源为贫困人口提供服务，成为对每一位市长年度绩效的评估标准。

身为纽约"救星"，爱德华·I·科克于 1981 年同时获得两大政党的提名，从而赢得他的第二任期。 以允诺 148 亿美元预算扩大公益服务的政纲在选举中获得巨大多数，科克很快就意识到，城市将面临的是紧缩，而不是他曾漫不经心地信誓旦旦的增长。 更何况该市的社会问题依然如故。 暴力备受公众瞩目，犯罪率因毒品文化的扩散继续向上攀升，仅 1981 一年，在该市范围内就有 1 800 多起谋杀案发生。

好像这些还不够，国民经济似乎正在陷入衰退。 从积极的方面看，该市难以想象的高额短期债务负担已被市政援助公司的严厉措施和科克的管理从实际上根除；于 1982 年 6 月结束的 1981 财政年已连续第二年为市库取得盈余。 但在此之前，市长曾于 1982 年 1 月 16 日被迫承认，只有通过他新的预算中所提议的"大幅度"削减才可保持该市的清偿债务能力。 这些竞争中经济因素间的相互作用在科克心目中并不确定，但这种错综复杂性导致他犯下他一生中最大的错误。 进入他曾发誓要完成的第二任期不到三个月，他即宣布将争取纽约州州长民主党候选人提名。

美国政治的一个经久不变的事实是，获得纽约市长的职务，就是获得政治上的最终极限位置。 一位前在任市长曾极其虚张声势地将总统职位置于入主市政厅的机会之下，但拉瓜迪亚和林赛都一度梦想过总统职位已不是什么秘密。 在 19 世纪，只有约翰·霍夫曼，在集团势力的支持下，以及德威特·克林顿，曾高升进入奥尔巴尼的州议会大厦。历史本身似乎就反对市长的雄心壮志，围绕科克为取得州大街上的快乐而进行的毫无结果的探求过程徘徊不前，未免显得有些愚蠢。 这位市长在其考虑欠周的竞选运动中，毫无必要地辱骂州北部地区的选民居住在一种"枯燥乏味的"环境里，他在辩论和谋略上均输于马里奥·科莫，一位在 1977 年同他竞选市长时被他轻而易举击败的候选人。 在 9

月的初选中，科克遭到屈辱性的失败，各地选民拿定主意"让市长继续
当市长"。 受了惩戒的科克回到格雷西大厦，哀叹着一个"出于同等傲
慢自恃和大胆放肆的抉择"。 在其余六年市长任内，科克再未公开追求
过更高职位。

科克转而将其政治技巧用于向奥尔巴尼不情愿的立法者和华盛顿吝
啬的官僚为纽约索要尽可能多的援助。 20 世纪 80 年代是对城市资源
的财政需求不断增长的时代，迫使这位市长变为一名成功的乞丐。 每
当必要时，科克不是强调该市扶摇直上的需要，就是强调如果忽略其困
境将造成的可怕后果。 无家可归问题、艾滋病护理、毒品干预、儿童
供养、环境安全和一连串其他当务之急总是出现在他的议事日程上。
科克能够在 1985 年清偿纽约的联邦政府贷款，比该市被指令的年份要
早得多，充分体现出他的政府在利用其他级别政府援助方面的能力。
不过，到该十年中期，尽管国民经济持续改善，而该市收入低于全国贫
困线居民的比例并未降低。 事实上，此比例继续向上攀升，从 1975 年
的 15% 猛增至十年后的 23.9%。 两度增加贫困补助津贴也未能扭转这
一趋势。 即使科克创造出他的年度预算都取得平衡的奇迹，即使他重
新补足在财政危机时期被裁减的市政职位，但仍存在着一种未被公认而
令人忧虑的感觉，即该市正日趋贫困和凄凉。 例如，在 1985 年，纽约
人死亡的主导因素，年龄自 20 至 24 岁的，系自杀，25 至 44 岁的，则
为艾滋病。

但是按捺不住的科克拒不承认他的计划或他城市的居民有任何不
足。 他的个人口头禅"我干得如何？"以他自己的乐观主义精神感染着
全体人民，他很快就克服了因进军奥尔巴尼过早惨败而萦绕脑际的厌恶
情绪。 他作为增长导师的声望于 1985 年得到进一步加强，是年恰好是
选举年，曼哈顿建筑繁荣的效应十分明显。 菲利普·约翰逊的美国电
话电报公司大楼(1984 年)被断定为一项成就，炮台公园市的世界金融
中心始成雏形。 后一项目还同时为曼哈顿的各色公寓居民提供住房。

市长的批评者们指责他不适合地加入与建筑及不动产利益集团间的

联盟，允许同优先企业进行私下交易。 随着工作岗位和建筑场地向外行政区扩展，这种挑剔受到抑制，因为城市经济显然正在增强。 年度预算继续上升，但最大的好处是有更多的资金来雇用更多的警官、消防员、教师和公交工人。 1985 年，共有 1 700 万名来客在纽约花掉 24 亿美元。 城市破产的痛苦创伤逐渐退入人们的记忆之中。

以他习以为常的傲慢姿态领导经济转向，科克在 1984 年出版了《市长自传》一书，这是一本自谋私利的回忆录，他在书中直言不讳地对当代的政治人物作出评估，谁曾有助于以及谁又阻碍过纽约的复兴。他关于财政危机的一面之辞吸引了公众的全部注意力，同时也受到一些政治家的怨恨。 科克在准备竞选其第三任市长时，政治状态极为良好，如果他能够赢得这场竞选，他就是履行了对万能上帝的许诺。

科克在 1985 年创建的取胜联盟，是以中产阶级的支持为基础，同时也包括大量自由派改革人士和保守派少数族裔选民。 他的城市，"我的，一切全是我的"，已克服了巨大的灾难并恢复到相对繁荣。 因此，对科克的政治赞同跨越各个种族；他在西印度群岛人种和西班牙语族裔社区均获得可观的支持。 科克坚称他在帮助黑人方面也做过许多工作，并自豪地指出他任命本杰明·沃德成为该市历史上第一位非洲裔美国人警察局长(1984—1989)。 经过甚至两届任期的折腾，科克的地位依然十分稳固，他在 11 月份赢得 78% 的选票。 凯旋的市长似乎已摆好架势，不仅要享受他第三任期的乐趣，而且或许还要获取史无前例赢得第四任的伟大业绩。

1986 年 1 月 9 日，唐纳德·马内斯(1934—1986)，工后行政区区长和县民主党领袖，被发现躺在大中央景区干道上的一辆车内，流着鲜血，最后证明那是他加于自身的刀伤。 马内斯，该市最强有力的政治家之一，曾是科克在 1982 年亲自选定的接班人，以备有可能自己竞选州长职位取得不同结果。 马内斯在家从异乎寻常的事故中得到康复后，调查报告慢慢揭开了一个庞大的贿赂和权势网络的盖子，并宣扬说其已将城市合同承包过程变为一个"市政市场"。 越来越明显，在

1977 年支持过科克并从此成为他盟友的政治领导人，后来便利用这位市长的声望为他们掠夺城市提供掩护。 随着调查的迅速铺开，马内斯的第二次尝试成功地结束了他自己的生命。

在 1986 年至 1987 年间，一大批市政官员，主要来自外行政区，不过中间许多人都声称同市长关系密切，被控告、承认有罪，或就各类腐败指控受到审讯。 虽然没有任何个人不诚实的蛛丝马迹从这些丑闻中玷污科克的名声，但他仍沦落到为他以前的朋友道歉，勉强承认他监督不力，并同人们日益觉得他不中用的看法进行斗争。 由于在前两个任期相对而言鲜有丑闻发生，科克曾天真地夸耀他给政府机构带来的秩序。 现在他得解释清楚为何他亲自选定的这六位高官会去占据监狱牢房。 贿赂团伙分别在停车违规管理局、住房管理局、环境保护局、总务管理局、教育委员会和出租汽车管理局中发现；在缓慢的刑事审判程序结束前，总共有将近 250 名低级官员被判刑。 一份题为《供出售的城市》的尖锐揭露性文本出现于 1988 年，详细陈述这些腐败行为，并证明，即使从最乐观的方面看，科克的行政责任心过于松懈。 一系列调查发现，几乎在所有市府机构都存在贿赂系统，十分及时地，有半数下水道与电气检查员以及四分之一住房检查员因受贿被捕。 科克事后曾暗示，他在 1987 年 8 月遭受的一次小中风，部分即由这些丑闻造成。 除了腐败之外，这位市长的难堪在贝斯·迈耶森因另一毫不相干但极其紊乱的婚姻兼刑事丑闻而被迫辞职时又得到加重，后者曾在 1977 年的竞选运动中同他保持一致，之后便就任他的文化事务局长。骄傲而健谈的市长默默地忍受着"一千次刀绞之死"，他的声望也随着每一次审讯的结束而逐步降低。

持续不断的公开丑闻侵蚀着他的权威，而这位虚弱不堪的科克每天仍须面临一大堆似乎对市长的解决方案已具备免疫力的市政问题。 一场新的殊死的与"平价强效纯可卡因"有关的毒品灾祸在一些街区蔓延，某几条城市街道迅速变成毒品贩子为独占地盘互相残杀的战场。随着犯罪率急剧上升，成千上万各种肤色的中产阶级人群决定逃离这片荒废之地。 贫困率发展到 25% 以上，无家可归者流落街头，即使此时各种报刊的金融版面充斥着华尔街企业兼并和举债收购的新闻。 纽约的阶级差别看起来比以往任何时候都大。 一度曾是很小威胁的艾滋病逐步升级为一场名副其实的瘟疫。 科克最晚在 1985 年就已被人们指责没有对此疾病予以足够重视，但当艾滋病不可阻挡地扩散到淫逸成风的社区以外之后，便成为公众全神贯注的头等大事。 全美国艾滋病例中有四分之一以上发生在纽约，科克竭力为艾滋病人争取新的联邦基金。虽然纽约所面临的问题本质上完全是全国性的，但无论如何"市长阁下"仍不得不同认为他所热爱的工作正在摧毁他的看法进行战斗。

1987 年 5 月，科克提交了他的"最佳预算"，奢侈的 227 亿美元，在此预算下，市政就业超过 1975 年的水准。 科克辩解说这次扩充不仅他负担得起——该市在他任期内已增添 35 万个其他方面的工作岗位——而且十分必需。 他赢得了辩论，不料却使他的城市重振起来的乐观主义在一天之内就烟消云散。 1987 年 10 月 16 日，纽约证券交易所损失 508 点，即其总价值的 22.6%。 虽然纸面损失经过再几个月的交易得到恢复，但这次小型暴跌所产生的心理震荡久久难以平息。 从财政的观点看，1987 年是该市拥有庞大就业大军(361 万人)的经济成功之年，失业率降至 17 年来最低点，应纳税不动产大幅度增加。 但由于九千个工作岗位从城市岁入的发动机——华尔街上消失，在 4 个月内，所有其他正面的统计数据全被丢在脑后。 科克在他 1988 年 2 月的预算提案中要求减少服务、提高税收以及冻结市政就业。

被困于所有战线，纽约第 105 届市长在他的第二任期接近尾声时为重获其平衡而尽力奋战。 非同寻常地，一份题为《纽约的命运》并非不加批评的报告，由科克任命的一个委员会起草，为他的政治复兴提供了某种推动力。 形成于 1929 年和 1969 年的地区规划基础上，这份新的文件竭力避免任何过于乐观的暗示，但不失为一个未来发展的行动计划。 科克的调查员们确认，日益上升的贫困线正威胁着该市的社会和谐，纽约必须扭转在教育、公众安全和服务传送方面越来越糟的绩效。

科克也未能被一名分析员饶恕，后者称他的政府没有为未来的城市需求作出规划为"目光短浅"。 而且，通过支持如此众多的商务项目，发展一直"过快，过大，过密"，城市现在正面临供应过剩的办公楼空间。报告下结语说，既然该市四分之一的人口，包括所有40%的儿童，据统计数据显示为贫困，那么纽约就确实面临一个凄凉暗淡的未来。 市长只有承认这些长期的趋势，才会希望扭转它们。

身为一名能力出众的政治家，科克从报告中选择了几个专门成分，用以形成他1989年竞选市长的政纲。 他宣布一个重建该市基础结构的计划，这是一次将创造更多建筑就业岗位并使城市条件更适合企业发展的实质性努力。 即使没有联邦政府的资金，科克发起一项重大住房立法提案，至1996年建成或重建25.2万个单元。 不像大多数其他类似计划，这一次很成功。 公立学校系统——自1969年来推行权力下放，除利文斯顿街的官员外，所有人都视之为灾难——被交托给一位许诺要彻底改造教育程序的"外人"。 教育系统负责官员理查德·格林以前所未有的方式开始他的任期，在最初的记者招待会上，他对科克说"坐下"而其被委派者巧妙地答复记者们的问题。 为了拓宽他的选民范围，这位市长还将他的"镇选民大会"日程安排扩大到地方社区，在那些会上他谈论着悬而未决的削减或新的提案。 这些活动使他能够亲自接触到小的群体，包括对他的政府不抱幻想的各少数族裔。

在1988年的总统竞选运动期间，科克对杰西·杰克逊[①]的批评使自己疏远了黑人选民，他的社区会议让他亲身体验到纽约四分之一投票人口的愤怒。 科克真诚地相信他的那些计划都是在帮助所有的少数族裔，所以当他受到黑人发言人的质问时，他的好胜性格也几乎无从缓和这种关系。 他再次当选的希望被进一步抵押给人数不断缩减的几个群体，包括中产阶级、房地产开发商、他有足够理由不信任的政治家以及一批不稳定的选民。

---

① 黑人民权运动领袖，基督教浸礼会牧师。 1984年和1988年两度竞争民主党总统候选人提名。 ——译者注

1989 年 3 月 22 日，美国最高法院给一次已成问题的市长竞选添加又一复杂成分。 在一次全体法官一致对市财政预算委员会诉莫里斯案作出的裁决中，拜伦·怀特法官判定纽约市现政府的一部分违宪——违反一人一票的原则。 此案始于 1981 年，当时国王县居民上告法院，声称市财政预算委员会给予布鲁克林和斯塔滕岛两行政区各相等一票的代表权为非法，因为前一行政区的人口是后一行政区的六倍。 最高法院最后表示赞同。 受人尊重的市财政预算委员会，自 1864 年以来一直是市政府的一部分并从林赛政府起构成其目前的形式，在法律上顿成无效。 纽约受到指令，必须在 11 月向选民呈现一个新的政府构架。 产生一部新特许状的艰巨任务在 60 天内得以完成，结果是选出一个庞大得多并含有更多种族的市议会。 无论如何，在法院指令下构建一个新政府的程序给迫在眉睫的选举更增添紧张气氛。（作为一则补充的说明，斯塔滕岛的居民把他们被减弱的影响看得如此屈辱以致支持一项要求从大纽约市分离出去的动议。 经州政府批准关于此项议案的一次公民复决促成四年后一位融合派候选人获胜入主市政厅。）

继续的丑闻审讯和经济困境使科克变得岌岌可危，8 位民主党候选人于 1989 年 6 月初选季节开始时宣布竞选市长。 在各种不同领域内，对在任市长的最大挑战来自戴维·迪金斯（1927— ），曼哈顿行政区的黑人区长，他认为科克对少数族裔关注的事务反应冷淡。 虽然在这位市长的三任期间不曾有过种族骚乱爆发，但几件引起公众高度注意的警察虐待黑人事故进一步损害了科克在黑人社区的脆弱地位。 这位胜任的候选人已成为造成不和的人物，且许多白种自由派人士抱有同感，即自 1977 年以来种族分歧已显著加深。 迪金斯则代表自己，既作为一名能缓和黑人焦虑的领袖，同时又可服务于全体市民。

在 20 世纪 80 年代，中产阶级从城市到郊县的逃亡在继续，留在外行政区的白种人群看来越来越被极具煽动性的黑人"领导人"所激怒。 这种来自王后区、布鲁克林和斯塔滕岛的观点认为，任何集团都没有资格"理所当然"地获得政治权力。 科克同样以逆向偏见的罪名迅速打发走这些种族主义发言人，这加剧了感情的直白表露，并进一步削弱黑人对他的微薄支持。 迪金斯，显得平静又有大将风度，是一位不排斥白人选民的黑人政治家。 确实，他似乎对这类声嘶力竭的领导人与科克持相同评价。 他的吸引力是双重的：首先，在位的科克已日显陈腐和心胸狭窄，其次，权力经过一定时期便转移给投票民众中新的成分已成为纽约的一种传统，这次却被一个坚定不移的现存体制耽搁得过于长久。 无论谁赢得民主党初选，也许谁就成为市长，但实际气氛远比任何人预期的更容易为种族问题所一触即发。

尽管存在所有这些困难，科克仍以一名久经考验的胜利者姿态开展竞选。 他设法同迪金斯打成平局并远远超出其他民主党对手，这时离初选阶段结束仅剩数周。 接着，8 月 23 日，在布鲁克林的本森赫斯特，一位名叫尤素福·霍金斯的黑人青年被一群意大利裔美国人杀害，他们误解他在同一位白人姑娘幽会。 行宗教仪式的葬礼成为黑人演说家们纷纷谴责白人种族主义者宽容谋杀的大规模集会。 列举以前发生的偏见事端，他们在一个充斥着抗议游行、紧张局势和相互憎恶的气氛中进一步煽动起种族仇恨。 迪金斯因其安详的风度并呼吁互谅互让而赢得很有分量的报刊评论的赞扬，虽然他曾明确表示，他深信如果种族主义者决意要杀人，那么"任何老黑也会那样干"。

将自己作为一名乱世的医治者呈献给选民，迪金斯赢得许多白种自由派人士的支持，他们认为科克、他的垄断郊县的警力以及白种人群总体上不愿接受一座多文化城市的现实。 虽然《时报》描述迪金斯的履历为"谨小慎微到几近怯懦"，但到 9 月 12 日，民主党选民们仍决定结束科克时代。 科克则出乎预料地以仁厚的风度承认失败，他许诺并履行在对付共和党提名人鲁道夫·朱利亚尼（1943— ）竞选运动期间给予本党全力支持。 民主党占优势的纽约将要选出其第一位非洲裔美国人市长。

在科克时代，纽约政治形势的特点变得种族意识远胜于思想观念。1989 年在迪金斯和朱利亚尼之间展开的市长竞选巩固了这一不幸趋势，并使党派准则进一步土崩瓦解。 纽约，这座数十年来民主党权力的堡垒，已慢慢转变为自由运动种族竞争的热锅，在整个竞选运动期间，双方都求助于使用种族代名词。 在他第一次竞选运动中，朱利亚尼的公众形象以他身为一名美国律师积极进取的经历为特征。 朱利亚尼已让从华尔街到桑树街的非法勾当团伙成员们信服；他甚至曾对科克的数项丑行提起过公诉。 冷静而清晰，他几乎没有他的民主党对手所显示的政纲之便。

迪金斯于 11 月获胜，借助于建立一个包括 90%黑人选民、73%西班牙语族裔以及仅 27%白人（含三分之一大量犹太人选票）在内的选举联盟。 在一座 80%以上选民为民主党人的城市，迪金斯被证明不能有效地吸引外行政区的白种人群。 种族敏感性对于这场竞赛至关重要；共和党人吸引着白人；迪金斯想方设法仅以 4.7 万票的优势战胜了一名未经考验的笨拙候选人。 民主党的得胜幅度是 8 年中最小的，不过迪金斯和他的党仍保持了对市政厅的指挥权。

离开他由选举产生的职位，而去涉猎法律、广播、学术和出版等领域，埃德·科克承认，是选民把他从市长职位"解放出来"带给他的快乐，他曾常暗示这个职位理所当然属于自己。 在一篇主要为其接班人准备的嘱咐性告别演说中，科克对迪金斯说，他必须永远不害怕领导这座城市，因为只有这个品质才会为他赢得选民的尊敬。"历史将对我和我的政府作出评判。 我一直试图竭尽全力，你也会那样。"但他又告诫迪金斯，千万牢记选民们总希望他们选出的官员强而有力。"你要毫不示弱地进行反击"便是科克的离别劝告，没有听众会怀疑科克自己以往所遵循的就是这一信条。 在全国范围，迪金斯在一座城市的就职典礼仅受到四分之一黑人的热情赞扬，作为宽容和能力仍系纽约杰出特质的明证。 在市内，大多数居民则希望迪金斯能够克服竞选运动中的誓不两立，并鼓励不同种族群体间的合作。

在科克连续三任市长期间，该市经历了一次巨大的经济转向。 随着其财政健全得到确立以及不受限制的资本主义成为 20 世纪 80 年代的主导精神，该市在新一轮地区繁荣中遥遥领先：纽约在税收、创造就业机会和薪资收入方面，增长速度均高于全国水平。 美国十大银行中仍有七家坐落在大苹果，最大金融机构中的六家以及六大保险公司中的四家也同样如此。 证券业雇用的所有美国人中有 75% 在纽约工作，许多人都在十年扩张期建造的 5 700 万平方英尺面积的办公楼里上班。 有些经济学家论证说建房过多是 1989 年不动产价格下跌的原因，但科克大规模基础结构更新的长期开支使建筑商们一直应接不暇。 不过，华尔街却把成千上万个工作岗位从曼哈顿移往外行政区的"后办公室"或去新泽西州。 虽然一些名牌公司（莫比尔石油公司、J·C·彭尼百货公司、埃克森石油公司）在 20 世纪 80 年代离开曼哈顿，但近年却有 350 多家新的国内外金融公司搬入该市。 纽约仍以拥有 25 幢世界最高大楼而自豪；其港口仍是全国最活跃的；1989 年有 2 000 万名来客在该市花去 100 多亿美元。

除了其经济力量之外，纽约市仍然如实地以美国最多种族城市的形象进入 20 世纪 90 年代。 自国会于 1965 年改革全国移民限额以来，重新开始的移民潮又来到纽约，这股人流又因 1986 年通过辛普森－罗迪诺法案而得到进一步加强。 移民数字显示，在 20 世纪 70 年代有 80 万名新移民入境，80 年代又有 85.4 万接踵而至。 这些新移民已不止弥补那些年离开该市的 100 万白人。 1990 年的全国人口调查包含对芝加哥支持者们的一次巨大打击，其美国第二大城市的地位已让位给洛杉矶。但此最终数据反而增强了纽约在统计学上的优势；它在 1990 年 4 月 1日的 7 322 564 人口标志着自 1980 年以来已增加 25 万余人。 不过城市人口学家第一次发现，其白种人口的比例已低于 50%，外国出生居民的比例已剧增至 28% 以上。 与较早时期的移民相比，最新的纽约人大部分来自加勒比海诸岛、中东和东亚。 这座拥有比都柏林更多爱尔兰人，比耶路撒冷更多犹太人的城市，现在可以说在它这里居住着比夏威夷更多的亚洲人。 王后行政区包含 110 个民族集团，布鲁克林则拥有比巴巴多斯本身更多的巴巴多斯人。

在他成功的竞选运动中，迪金斯强调纽约是一幅包容全世界所有文化和语言的"光辉灿烂的交织画面"。 不过，甚至就在他说这话的当儿，该市的街区结构一直在经历不断的种族变化。 多米尼加人，目前的主要移民群体，正充斥着华盛顿高地的前犹太人居住区，那里曾一度聚集过来自德国的难民。 俄罗斯流亡者将布鲁克林的布赖顿海滨转变为一个"小敖德萨"。 哥伦比亚人聚居于王后区的杰克逊高地和科罗纳。 大批流入的亚洲移民，主要是朝鲜人和中国人，往往会在王后区定居。 中东人则成群成簇地在布鲁克林的大西洋大道两旁居住，海地人也大部分在布鲁克林定居。 移民潮再一次以出乎预料的方式改变着这个大都会的面貌。

穆斯林世界的宗教领袖声称，共有 70 万名伊斯兰教信徒在纽约的 70 座清真寺举行聚礼。 无论这个数字是否被夸大，城市政治家们迅速赋予穆斯林们在宗教礼拜时间可无视供选择街道停车规定的特权。 朝鲜人在蔬菜水果生意上占主导地位；为卡普尔兄弟干活的印度人看来要销售掉该市半数的报纸。 王后区亚裔人口的剧增致使爱说笑打趣的人们管弗拉兴 7 号线火车叫做"东方特快列车"。 随着种族多元化的扩散，纽约混合的文化和人群需要一位具有治愈手法的领袖，他能够克服不可避免的种族摩擦。 20 世纪 90 年代行将对纽约人继续自我标榜的宽容进行考验。

当然，面对属于迪金斯城市的问题随着该市人口的多元化而扩大。 每年因毒品被捕的人数正达到 10 万人；用于一支至少有 1 万人的无家可归者大军的市政开支超过 2.25 亿美元；在他举行就职宣誓典礼时，已有 6 000 名艾滋病人挤满医院系统。 迪金斯发誓要成为本市全体人民的市长，他告诉他的听众，孩子们的福利是他最优先考虑的。 知道他的批评者们认为他会偏向黑人，迪金斯坚称所有群体在他手里都会获得公平待遇。 但如同坝时代的每一位市长一样，迪金斯立即意识到财政事务永远是一名市长的优先事项。

在新旧政府更替的过渡期，迪金斯的专家们发现当前的预算正在积累赤字。 1 月 3 日，就职还不到 72 小时，这位市长就被迫延缓雇用 1 800 名警官，下令削减开支，并提出增加房地产税。 该市的资金问题在此后 4 年中从未减轻，迪金斯看来从未取得对货币过程的控制。 他曾经在更有局限性的行政区区长范围内取得过巨大成功，但他作为一名市长的责任却是另一回事。

在迪金斯的第一年任期，财政拮据状况又回返纽约。 事实上，1990 年是从 1982 年以来城市经济表现最差的一年，仍处于里根衰退期，而"大牛市"尚未到来。 市内零售额严重衰落从而大大减少该市在销售税上的收入。 奥尔特曼商店，一家长期以来出类拔萃的百货公司，于 1 月份关闭，其他著名商店如金贝尔、科尔韦特和亚历山大等，也成为人们日益偏好前往郊区购物中心购物的牺牲品。 甚至在全国滑入衰退之前，纽约大都会地区已陷入了不祥的统计结果的泥潭。 全市生产总值在 1990 年呈逐季度下降趋势；仅第三季度失去的工作岗位就超过 3.4 万个；建筑业呈现萧条。 纽约是 7 万名律师的安身立命之所，这是一个长期被认为不受衰退影响的职业，但在 1990 年，不少重要律师事务所在人们记忆中第一次裁减合伙人。 商业环境变得如此糟糕以致破产程序成为一个不断增长的法律专业。 在迪金斯仅有的一届任期内，该市共失去 40 万个工作岗位，这场经济灾难将科克时代积累起来的所有收益一笔勾销。 虽然现在的这位市长表现得勇敢无畏，声称该市事务正常运行，但该市的债权人并不这样认为。 1990 年 10 月，标准普尔公司的评估员将该市列为"信用戒备"。

银行家并非惟一对市长的绩效没有留下深刻印象的纽约人。 迪金斯当初对许多选民的吸引力，来自他要消除种族间紧张状态的誓言。长期生活在哈莱姆，这位市长显然懂得什么是挫折以及如何以贫困但有抱负者的雄心壮志唤起人们对这一群体的注意。 但在布鲁克林一位朝鲜裔食品杂货商与其黑人顾客间的一次争吵，发展成一场誓不两立的由激进分子领导的抵制运动之后，市长却拒绝出面干涉。 他对及时处理这一小小争执迟疑不决，实际上使每一位相关人士都开始对他持敌对态度，并导致更广范围的市民开始质疑他对于种族司法平等的承诺。 更糟糕的，是在他任期的第一年夏天，一系列同毒品有关的飞车射击造成数名儿童死亡。 市长再一次显得优柔寡断，致使《邮报》刊出一条可概括他时代的经典通栏大字标题——"戴夫①去干点事！"该市各家媒体，因感觉到他要么是软弱无能，要么就是矫揉造作，经常暗示说迪金斯对他的日常网球活动和办公室的繁文缛节比管理市政事务更感兴趣。在他的第一年任期结束以前，一个信用差距赫然呈现，此后，这位市长从未能够使之消失。

1991 年 1 月，年度预算的折腾再一次开始。 其预后并不令人乐观。 该市的开支在过去的十年中已翻了一番，而生活费用仅上涨50%。 无家可归者比以往任何时候都更显得随处可见。 1990 年可征税不动产的价值下跌7%，这是十年期中的第一次亏损，主要产生岁入的南曼哈顿地区受到的影响尤甚。 尽管该市的计税基数在萎缩，迪金斯仍同工会谈好一系列成本很高的协议，与之达成对方不必在提高生产力方面作任何让步的和解。 市长的批评者们特别为公立学校教师得到大规模加薪——批评者们认为负担不起——而感到愤愤不平，而教师工会则一向给民主党候选人名单以强有力的支持。

形势是如此严峻，以致有传言说州政府将再一次接管该市财政。通常只有向居民征收新税连同减少市政服务才会制止这种可能。 但甚至在此"末日审判"预算获得通过之后，衰退的急剧下行依然如故，工作岗位的丧失继续升级，很少有追加的州或联邦援助得以实施。 因而人们对他繁忙的社交活动安排的冷嘲热讽与日俱增。 为试图证实他自己也在分担该市的财政紧缩，迪金斯极不情愿地取消了原定于 9 月份去南非的旅行，然而这一次努力仍然徒劳无功。 在非洲人国民大会同意为他在 11 月的访问提供资金后，批评变得更为尖锐。 这位市长或许有着一项外交政策，但他显得对他城市的困境麻木不仁。 市政援助公司

---

① 迪金斯为姓，其名戴维。 戴夫即戴维的昵称。 ——译者注

董事长费利克斯·罗哈廷，一位 1975 至 1976 年危机中涌现出来的英雄，抨击市政府竟让城市"自暴自弃"。一位杰出的学者写道，纽约的状况是一场因故意忽略财政现实而造成的"自食其果的灾难"。

迪金斯并不十分固执地全心投入纽约为其市民提供了两代人之久的"独一无二的福利社会制度"；但他坚信那些让美国视其城市为穷光蛋和流浪汉之家的应得权利。按照地方法规，纽约不但参与许多联邦计划如医疗补助制度、对有子女家庭补助计划和收入资助，而且还为没有住房的个人和家庭提供巨额附加救济，保护领养儿童以及照料艾滋病人。作为该市最大的房地产主，纽约每年差不多要花费 50 万美元用以维护属于已取消回赎权力房产的 4.8 万套公寓单元，同时它每年还要改造另外 1.5 万幢建筑物。只有纽约市保持着拥有 1.1 万张床位和 16 个单元的医院系统，为贫民们提供最初保健护理，但其每年成本高达 8 亿美元。纽约市立大学拥有 19 个校区，容纳 19 万名学生，提供全国最廉价的教育，但那也得支出大笔金钱。

其他城市的装饰性事物对于纽约生活而言却是必不可少的，迪金斯，作为一位将其前程建筑在这一假定之上的自由派人士，把所有这些功能都作为必需品全盘照收。事实上，该市在教育和公园方面的人均花费比别的主要城市中心都低，其在治安、消防和公共卫生服务方面的支出仅仅相对略高而已。只是数目的庞大，加上官僚制度的效率低下，才使得城市开支如此之巨。在里根经济政策继续影响和预示 20 世纪 90 年代政治的压力下，纽约不得不考虑对大政府进行缩减。也许要期望市长丢弃他毕生承担的义务纯属徒然，因为他深信，帮助其所有居民是这座城市的责任。

除了源于财政形势的社会困境之外，迪金斯原先获得的小幅度的政治支持，也因他显得比对其他群体更偏向他的黑人选民而日渐削弱。观察家们认为他的工作班子无能，而他则更无可非议地被指责为任人唯亲。当直言不讳的黑人发言人大声宣告最终"轮到我们"来领导这座城市时，迪金斯酝酿着的沉默仿佛赞成他们的推理。1991 年 8 月 19 日发生在布鲁克林王冠高地的一场惨剧，似乎在许多纽约人的心目中固定下了这个结论。一名七岁圭亚那男孩被一辆载送犹太教仪式派拉比——即犹太教哈西德教派领袖——的汽车撞倒而丧生。错误的报道却暗示，孩子之死系一辆犹太人救护车拒绝送他上医院所造成。愤怒的黑人群众走上街头，突然间爆发出"杀死犹太人"的喊叫声在夏日的空中不绝于耳。事故发生后3小时，确实有人用刀杀死一名犹太人。接踵而来的，是连续4个夜晚的骚乱，官方反应冷淡，完全是由于市长和警察局长都不愿对抗黑人暴民。直到市长官邸周围被投掷到石块后警察才开始出动进行清场。10月，一陪审团提出警察处理证据不当而决定释放谋杀者被告，但几乎没有人相信确实进行过审判。迪金斯与其先前对待霍金斯事件如出一辙，未曾对一名犹太人被杀作出同情的表示，这使他在这座全世界最大的犹太人城市所付出的代价极为高昂。就连最自由化的犹太人都认为市长并未不偏不倚地处理好这件事。甚至迪金斯在1992年洛杉矶骚乱期间保持纽约城市和平的杰出表现都未能恢复他作为治愈者的信誉。越来越多的报纸专栏作家称他为过渡市长。

这就是戴维·迪金斯的不幸命运，他在掌管纽约之际恰逢该市20世纪80年代的繁荣进入一个短暂的低谷期。在华盛顿的布什政府正试图阻止一次全国性的衰退，而该市的岁入急剧下降。但福利和扶贫的开支跃升至20年以来的最高点。面对1993年的连任竞选运动，迪金斯觉得要削减市民们已习以为常的各类服务，从心理学的角度来讲几乎不可能。失业和福利救济人员名册同时扩大而资金来源进一步缩小。城市困境的基本要素是导致不景气年份后果加剧的结构不平衡，以及使储蓄在情况改善后仍不可能实现的思想倾向。甚至迪金斯提交的1993财政年度"苦行简朴的"预算也会增添不确定性，该预算把给予文化机构的资金削减了几乎30%。至1992年，该市已提前于全国开始出现经济反弹，其不动产的岁入出乎意料地上涨。但迪金斯未能预期经济趋势或显示熟识城市财政的深奥细节使他疏远了模棱两可的选民，他们业已感到他的工作表现堪称低劣。 经过更缜密思考的批评家们，在确定他的软弱和财政不稳定的同时，简直就觉得他无能。

最后，其所属种族与迪金斯的未能当选连任，至少与他四年前的胜利同样有关。 未能领导城市走向更大的种族谅解并形成不承认种族差异的政策，迪金斯政府采取的所有行动，都根据对他们自己种族会产生何种影响而进行判断。 黑人和西班牙语族裔，作为市长联盟的关键成分，长期以来一直认为他们遭受着有计划、有步骤的警察暴行，并要求加强市府监管。 为缓解他们的焦虑，迪金斯同意设立市民审核委员会以倾听民众对警察的抱怨，虽然他明知这一主张以往总是招致不和。该提案再一次引起对抗。 这次的结果是1992年9月16日发生在市政厅广场的一场"警察骚乱"。 一些示威警官对市长表现出来的轻蔑全然是明目张胆的种族主义。 但对即将来临的选举而言，更举足轻重的是鲁迪·朱利亚尼，曾经一度并又系未来的共和党市长候选人，积极参与了混乱。 这位前美国律师在疏远自由派观点的同时，使警察工会对他的支持更加巩固。 尽管存在所有这些争论，市民审核委员会的绩效令人沮丧，它发现自己决无可能审核反对警察暴行的任何案件。

在20世纪90年代，毒品文化成为许多纽约人迫切关心的问题。"平价强效纯可卡因"流行病灾祸如同野火一般迅速蔓延，但警察对于一场大多折磨黑人和西班牙语族裔的瘟疫几乎束手无策。 华盛顿高地因人们在那里公开贩卖形形色色的毒品而变得声名狼藉，在警察杀死一名毒品贩子之后，由毒品贩子们煽动起来的一场"骚乱"打破了城市的宁静。 这场假冒的"骚乱"，恰巧和迪金斯与王冠高地的犹太教仪式派成员们持续纷争中的一次突然事件同时发生，这使得他们反对这位在任市长的立场更加坚定。

市长试过的许多方法都未能扩大他的基础联盟。 该市确实在1992年主办了民主党全国代表大会并推举出一位取胜的候选人，但比尔·克林顿的提携没能在1993年惠及迪金斯。 华盛顿也确实把迪金斯的黑人警察局长吸收进未来的政府，但即使市长选拔一名爱尔兰裔美国人警官为其接班人，这一任命也并未为他赢回警察的支持。 在1993年期间，迪金斯采取新政治的保守主义精神，允诺"政府不再找小型企业的麻烦"，但似乎没有人认真对待这一诺言。 恰恰相反，日益增长的自由派批评家圈子谴责市长削减经他认可的儿童福利计划。 迪金斯市长还由于教委主任约瑟夫·费尔南德斯下令裁减人员而受到来自教育界的批评。 福利局因对城市临时收容系统管理不善被宣布为蔑视法院指令。同19个市政工会签署的协议同意在此后3年内给大家增加8.25%工资，这并未被新闻媒体解释为廉价获取劳工和解，而是被视为市长未能赢得生产力提高的另一项失败。 批评家们说市长企图收买劳工们的选票以获得再选连任，而财政管理委员会则打算取消这些慷慨的协议。福利救济对象又一次超过百万客户大关，艾滋病以及肺结核病护理导致保健成本剧增。 最后，在令人不快的1993年春季，恐怖主义者的炸弹造成对世界贸易中心建筑物的破坏。 城市选民日益渴望能够得到坚强有力和卓有成效的领导。

　　1993年的市长竞选让选民们能有机会在戴维·迪金斯和鲁道夫·朱利亚尼所持对政府的不同见解之间作一抉择。 竞选在人们的政治预计中永远具有从未提及但又举足轻重的影响。 那一年早些时候，几乎每一位时事评论员都预期着一场势均力敌的竞选，增强的种族仇恨造成一种恶毒的气氛；"准则"经常成为情绪不够高涨的代名词。 保守和自由两派争论的奇特互换甚至造成教育系统的混乱，当时正值教委主任约瑟夫·费尔南德斯的合同被市教委终止，他在1989年来到纽约时曾被人们热情赞扬为最富有革新精神的教育家。 占该机构大多数的保守主义人士认为，主宰这位局长的日常工作的，是社会问题而不是教育业绩。 反对者们称费尔南德斯为"孔东①国王"因为他热衷于开展在校性教育，他鼓吹一门讨论各种供选择生活方式的"彩虹课程"也受到谴责。 费尔南德斯从未同市长接近；他老是同迪金斯争吵；但他的自由

---

① 避孕套发明者，此词的引申义即避孕套。 ——译者注

主义观点成为民主党在 1993 年的又一负担。 无能的教育行政管理作为一个问题于 9 月再次抬头，当时，新任命的局长被迫将教育系统关闭 11 天，以便把许多学校大楼里的石棉搬走。

随着竞选运动的进行，它本身逐渐堕落成一场其中选民投票不是发自他们的自愿而是出于恐惧的选举。 十分悲哀，对种族问题的关切竟决定着大部分人投票的期望，正是迪金斯的队伍对引起这一问题负有主要责任。 一位西班牙语《每日新闻报》专栏作家断言：“具有种族主义倾向的人们同情朱利亚尼”，这位市长沉默无语。 当迪金斯的竞选运动经理说朱利亚尼使他想起一位著名南方种族主义分子时，市长的反应仅为“我不会这样表述”。 基督教浸礼会牧师们在表示赞成迪金斯的同时，称朱利亚尼为法西斯主义者，他的支持者们还攻击共和党候选人名单中的波多黎各成员同一名犹太人结婚，这些，市长仍都不加以反对。沉默地诉诸种族归属给民主党的竞选运动增添一层不愉快的色彩，他们显示 1992 年“警察骚乱”期间朱利亚尼表现的一系列“攻击性广告”更是登峰造极。 虽然有足够的证据可说明有些共和党人也利用种族问题进行含沙射影，但都与朱利亚尼个人毫无瓜葛。 在一场足以抹去 1989 年痛苦记忆的远更完美的竞选运动中，朱利亚尼采用一种“有事实根据的”策略，即仅仅攻击迪金斯不称职。 他指责在职市长不了解本市居民以及他们所面临的问题。

1993 年 11 月 2 日，戴维·迪金斯成为第一次尝试竞选连任主要美国城市市长失败的第一位黑人市长。 失败的原因在于他未能扩大他的现存联盟，反而听任其周边逐渐消磨。 迪金斯几乎完全依靠集团种族投票之力，从而失去了犹太人、白人大学毕业生和西班牙语族裔的支持。 他被那些认为他在恬不知耻打种族牌的自由派人士所抛弃。 甚至连他的种族调动策略也没有奏效。 民主党选民登记运动效率是如此低下，以致迪金斯实际上得到的黑人选票还不及在上一次选举中获得的多。 在一座民主党占压倒优势的城市竞选，迪金斯只获得 21% 的白人选票，而朱利亚尼获得十分之七。 政党候选人名单顶端的拉力如此之大，致使其他两位民主党市政官员提名人也未获得白人选票的多数，虽然他们都有足够的其他选票取胜。 尽管迪金斯落选，市政厅以外的所有主要职位仍继续保持在民主党的控制之下。

有些分析家认为选举结果与其说是拒绝一位黑人市长，不如说是拒绝纽约的福利社会版本。 其他人则觉得种族和偏见起着决定性作用。 微薄的共和党取胜差额——仅 5.3 万票而已，可归结为多种因素，包括选民的厌倦、种族主义、不称职，或纯粹就是四年经济混乱。 这位 1989 年的治愈者没能取得一种秩序感，他的大多数政策创举均徒劳无功。 而且，在 20 世纪大都会历史的环境中，纽约选出一位得到自由—改革派支持的共和党市长并非前所未有；似乎每隔 30 年会这样发生一次。 也许是该市已预见到全国不愿完全受民主党控制而在仅一年后将国会拱手交给共和党人。 但就种族问题而论，有一点必须表明。 纽约从未做到不承认种族差异，但它能够做到宽容。 它尊重人才并惩罚政治上的不称职。 由此，断言种族归属应对迪金斯的失败负全部责任显然是庸俗的，甚至是危险的。

当选为纽约第 107 届市长的鲁道夫·朱利亚尼，是以一位融合派候选人的身份参加竞选，因为他希望受惠于这个词从纽约的政治历史中所引起的共鸣。 他是一位保守派人士，但统计数据表明，他获胜的差额是由在票面上自由党一栏里为他投的选票所构成。 朱利亚尼进行了一场安排得当的竞选运动，强调法律和秩序以及政府效率，拒绝参加任何种族竞争。 然而，在意大利裔和爱尔兰裔居住区，朱利亚尼赢得的选票百分比仍与迪金斯在黑人区域所得相仿。 这次选举是如此势均力敌，任何有利条件都可以是决定性的，这位新市长显然赢得了民主党的叛逆者。 最重要的，是前市长科克在 8 月公开支持朱利亚尼并加入他的竞选运动行列。 科克已开始相信他的接替者不称职，而城市正"在所有方面都败落下去"。 再加上费利克斯·罗哈廷辞去市政援助公司董事长之职，他经过 18 年堪称楷模的服务之后，以多次在财政问题上同迪金斯发生公开冲突而告终。 最后，罗伯特·瓦格纳三世，曼哈顿最受尊敬但没有充分引起公众注意的民主党人之一，宣称投给朱利亚尼一票将会"最有利于这座城市"。 这些民主党人的背叛，使那些持相似观点的人们都有可能把选票投给一位共和党人。

如同在他之前的拉瓜迪亚和林赛一样，朱利亚尼是紧随着一位民主党总统取得全国性胜利之后成为纽约市长的。 但又不像他的这两位前任，他完全置身于主宰华盛顿的进步思想意识之外。 新接手这一由选举产生职位的朱利亚尼，决定将自己展现为一名法律和秩序的提倡者，一个主要目标系保护市民免遭犯罪灾祸之苦的普通常人。 尽管据统计在同犯罪的斗争方面取得过一些进展，迪金斯从未让选民们信服他对付街头暴力已足够强硬。 相比之下，朱利亚尼许诺不仅要严惩重罪犯，而且还要加大力度整治导致城市生活如此紧张的"生活品质"犯法行为。 在这座现代化城市的历史上从未有过一位市长同纽约警察局的关系会如此密切。 街头小贩、肆无忌惮的乞丐、硬要给暂停在红灯前的汽车擦洗已很干净的挡风玻璃的"橡皮刷帚人"、市区地铁入口不投专用代币而越过十字转门的乘客、甚至连"地铁专用代币爱好者"，现在都成为警察采取行动的目标。 一名来自波士顿的强硬派爱尔兰裔警察，威廉·布拉顿，在就任警察局长之前曾一度领导过交通警，允诺要发起一场以社区为重点的治安运动，这场运动永远不会"低估离经叛道的危害"。 两位强人联手使纽约市街道恢复了安全，虽然他们的成功从未得到少数族裔社区代表们的完全赞同。 经过一段时间之后，朱利亚尼同他的警长之间的关系出现裂痕，布拉顿在就任仅 27 个月后即离职而去。

在发表他的就职演说之后，朱利亚尼马上接受了每一位新任者的教训，即该市的财政状况比事先预期的更糟。 预算推测不断变动，但其含义，据朱利亚尼的解释，就是迪金斯愚蠢地持续推行慷慨的重新分配政策，而置这些政策对未来预算的影响于不顾。 冻结就业、裁减工人以及要求工会在提高生产力方面让步，都是当务之急。 一个经过整治但开始合作的民主党市议会确实将 1995 年预算削减掉将近 10 亿美元，但朱利亚尼的反应只是提出更多的要求。 他宣布结束语的方式显得生硬无礼和直截了当，这很快就成为他的个人特色。 新市长显然是一位宁可公开交锋而不愿私下谈判的领导人。

朱利亚尼姿态中的胁迫成分，在其残酷无情而没完没了试图控制教育系统庞大开支的斗争中表现得淋漓尽致。 教委主任雷蒙德·科蒂内斯刚于前一年 9 月取代费尔南德斯，但他已获得作为一名课堂革新者的名声。 教育的主要作用在于训练缺乏技能的年轻人这一观点成为越来越多的人的共识。 此外，科蒂内斯还声称，他已在反对利文斯顿街处于牢固地位的教育官僚方面取得进展，这一教育大本营效率曾是如此低下以致不能为系统内的教师们产生跟得上时代的金额。 完全无视这些成就，朱利亚尼公然要求这位教委主任在 1994 财政年度教育开支中进一步削减 3.32 亿美元。 虽这一要求根本不可能付诸实施，但市长仍然硬在教委安插了一名财政监督员。

当朱利亚尼明白无误地暗示他要拆散整个教育系统时，科蒂内斯立即宣布辞职。 虽经州长马里奥·科莫斡旋撤销了这一仓促的决定，但对立情绪依然如故。 市长继续当众羞辱教委主任，并私下称之为宁可做"小小牺牲品"也不愿当教育领导人的"嘀咕者"。 支持科蒂内斯的教育委员会赐予他一份新的合同，但教委主任同市长的公开冲突一直持续到前者于 1995 年 10 月愤然出走为止。 两人的意见分歧并非教育政策，而是向教育系统 100 万名学生、6.5 万名教师和 100 栋教学大楼注入资金的权力。 在成功命名鲁迪·克鲁为其 11 年内的第七届主任前，教育委员会继续忍受着与固执己见的市长充满怨恨的争执。

在朱利亚尼当政的第一个夏天，纽约市警察局周期性的腐败丑闻浮出水面。 梅隆委员会发现，高层警察分局长对下级腐败"故意视而不见"。 这个"蓝绶带"专门小组指控前警察局长本·沃德蓄意拒绝调查这些传言，以避免引起公众注意；以及内部调查组和警察工会串通一气，对于"流氓警察"的罪证置若罔闻。 如同以往经常发生的那样，该委员会声明，只有一个由市长任命的独立调查实体才可改变警察容忍贪污受贿甚至为之辩护的心态。 即便在审讯得以举行且警察被惩处或调动之时，朱利亚尼仍巧妙地利用持续不断的丑闻提倡将该市的三支警察队伍即常规警察、交通警和住宅区警察，合为一体，并置于他的最终管辖之下。 警察及其工会相信市长站在他们一边，因而没有像过去那样激烈反对这个计划。 市长于 1995 年赢得了这场战斗——获得探求已久的联合，从而宣告一项在提高管理效率方面的重大胜利。

朱利亚尼独立孤僻地位的最大明证，是他愿意疏远现存或潜在的政治盟友。 1994 年 3 月，当比尔·克林顿总统前来布鲁克林学院参加一次有关犯罪问题的镇民大会时，这位市长就是不愿改变他的日程安排出席会议。 对于一座依赖联邦政府援助的城市而言，这一招似乎很难说是明智之举。 同年晚些时候，当本州共和党人选出一名坚定支持参议员阿方斯·达马托的州长候选人时，因该参议员系市长的一名宿敌，朱利亚尼拒绝支持自己的党。 不顾埃德·科克劝告他至少应给本党提名人"一块表示赞同的遮羞布"，市长公然支持在任的民主党州长马里奥·科莫。 更有甚者，他称候选人乔治·保陶基为达马托的一名"傀儡"，并称后者将会"丢弃"道德标准。 那年 11 月，当保陶基成为全国共和党高潮的一部分意外地击败科莫之后，朱利亚尼的共和党人身份开始受到质疑。

朱利亚尼是一位在党派中富有独立见解的市长，他的个人偶像是拉瓜迪亚，所以他决不会因孤立无援而感到不安。 他利用他的许多记者招待会作为广告宣传工具，从中制定绝对原则，并嘲弄所有那些不同意他的准则的人们。 1995 年早些时候，朱利亚尼非但没有坚定地站在共和党控制的国会一边，后者正试图通过一部措辞含糊的"与美国的契约"①，他反而公开谴责将美国存在的问题责怪到移民头上的保守主义

---

① 1994 年国会众议院共和党议员制定的政治行动纲领，允诺在赢得对众议院的控制权后，在新一届国会的第一个 100 天内投票立法，就财政开支、赋税、赤字和债务等十个方面采取措施。 民主党抨击说，这个"契约"为消灭预算赤字而将大幅度削减从社会安全计划、老人医疗保险到学生贷款的福利开支，同时却又增加国防经费，极不合理。 ——译者注

倾向。 他自己的政府则支持新移民，甚至为非法移民提供援助。 1995年9月19日，当他成为奥德怀尔之后第一位在联合国致辞的纽约市长时，朱利亚尼充分利用这个讲台赞扬他城市的宽容和多样性，表明这座大都会欢迎强大的代表团与以往欢迎贫困而"颠沛流离"的移民同样热烈。 为了特意让纽约与强烈排外的国会形成鲜明对比，市长宣称，"你不可能是一位纽约人——你不可能成为这座城市的一部分——只要你否认移民的贡献。 ……我们自己国家把它的存在归功于移民们的辛勤劳动、决心和远见。"纽约市经常被指责为推行一项独立的外交政策，大苹果的居民们则十分赞赏他们的市长能够清楚地表达出他们城市的精神面貌。

不过人们更欣赏的，是在朱利亚尼领导下得到恢复的公众安全感。"生活品质"治安被证实为卓有成效：从1994年至1996年，所有主要犯罪指数分别下降16%、14%和7%，谋杀减少一半。 虽然该市从未像其批评者们所指责的那样成为受罪犯支配的城市，但对骇人听闻暴行的过量媒体报道毕竟使之仿佛比全国其他地方远更危险。 朱利亚尼在纽约部署更多的警察，为他们配备更好的武器，提高他们的电脑技术，终于把街道从轻重罪犯手里夺了回来。 尽管拨款是由迪金斯发起，一名前警长又促使街区治安技术得到改进，不过效果到朱利亚尼市长治下才显现出来。 是他和警察局长布拉顿获得显著改善的荣誉，但当布拉顿表现出自以为有更多的功劳时，这位警长随即于1996年3月被迫辞职。 大为惊异的城市居民并不在乎功劳如何分配，也从未考虑过全国的经济繁荣对犯罪率有何影响。 反正在朱利亚尼担任市长期间，他们的生活似乎变得更为安全，一个不可能实现的梦想终于变成为可靠的事实。

朱利亚尼生硬粗暴的作风招徕许多敌人。 他与在奥尔巴尼和华盛顿的共和党人争执，并公然鄙视市议会的民主党多数。 他常常显得同该市慷慨自由的传统格格不入，号召紧缩开支，实行医院私有化，出售城市广播电台和电视台给私人，减少政府对公共图书馆的投入。 市议会要求增加社会服务开支则遭到他的嘲笑，他不听从财政批评家们的劝告而一意孤行，他们认为在存有长期预算失衡的同时进行小规模减税的做法极为荒谬。 他甚至同埃德·科克决裂，后者曾离弃自己的党而支持朱利亚尼当选。 1995 年 12 月，好斗成性的市长漠视科克所建立的司法审查系统的推荐而任命他自己的人选。 因其"最引以为荣的"成就遭到轻视而不胜愤慨，科克即刻指责朱利亚尼"妄自尊大"，并运用自己的报纸专栏痛斥市长；这些攻击性文章后来被收集成《朱利亚尼——下流胚》一书。 在 1996 年之前"自由主义"一词一直被朱利亚尼用作表述性词语，然而他的政策却处处体现出关注削减远甚于同情弱势群体。

但随着批评的增长和选举期的再次临近，朱利亚尼明智地放缓了他的进程。 20 世纪 90 年代中期华尔街的繁荣创造出巨大和源源不断的新岁入流，从而，至少是暂时，使严格控制预算变得毫无必要。 市长于 1996 年决定取消旅馆占用税，此举促成旅游业连续五年巨大增长。1996 年出现创纪录的 3 120 万人造访纽约；这一数字逐年递增，直至2000 年达到峰值 3 940 万人。 公众由于市府对虐待儿童案处置不力而产生的忧虑，因 1996 年创建一个掌管儿童服务的独立性机构而得到缓解。 市长罢黜了他认为无能的教委主任，轻松自在地协同新主任鲁迪·克鲁向一个沾沾自喜的教育官僚机构发起攻击。 1996 年，"鲁迪俩"赢得立法机构批准一项法律，将任命权从效率低下的教育委员会交还给地区学监、教委主任乃至市长。 虽然朱利亚尼从未实现他希望市长控制教委的长期目标，不过在同这样一位乐于协作的教委主任合作期间，更多的计划得到拨款，一些测试结果表明，学生成绩有所改善。最后，1996 年全国性的福利改革，让朱利亚尼得以创立并继续夸耀全国最大的"工作福利"①计划，这种抚慰民心的"强硬爱护"方式，使接受福利救济人数从迪金斯领导下的 110 万名减至 1997 年的不到 70 万

①　经过改革的福利制度，强调享受社会福利者必须从事某种公益工作或接受培训。 ——译者注

名。 批评家们声称，很少人真正得到过工作岗位，也没有学到什么技能，但仅其规模就使该计划显得举足轻重。 至2001年底，福利救济人员名册大概下降到48万名以下。

当市长面临1997年又一次选举时，一个支持他再度当选的无可争辩的事实已尽人皆知：犯罪率继续下降。 人们相信他们生活得比以往更安全；自1990年以来杀人案件已降低了令人惊讶的63%。 这些成就不免被1997年8月发生在布鲁克林院落中的严刑拷打恶性事件所玷污；犯下这一暴行的警察被指控曾夸口说这是"朱利亚尼时代"。 但事实上警察从未说过这一类话。 朱利亚尼谴责对于阿布纳·卢伊马的攻击，虽然他与黑人社区的关系因而受损，他从不依赖这一投票集团的支持。 他还遭遇到一位民主党对手露丝·梅辛杰，不过她已被意见不一的初选削弱。 市长指责她是西区花钱大手大脚而对城市生活的现实孤陋寡闻的自由主义人士。 竞选双方的力量对比一直相当悬殊。 朱利亚尼当选绰绰有余，他的外行政区联盟因妇女和犹太人群的支持得到进一步的支撑。 种族归属并非这次选举的决定因素，但白人倾向于选举朱利亚尼比黑人多出四倍，而偏爱梅辛杰的黑人则占有同样大的优势。

朱利亚尼在政治上极有创见，是一位坚信他自己永远正确的领导人。 他的许多仇敌都称他为恶霸和控制狂，而他的支持者们则视之为一个有实力制服一座野蛮大都会的人物。 选民们于1993年批准一项特许状修正案，规定他的第二任期为其最后一届，但很少观察家会预料到这位前检察官为之花费这么多时间在法律辩论上。 他始于起诉《纽约》杂志宣称自己为"朱利亚尼还没有为之居功自傲的……唯一好事"；这场官司自然是他输。 更重要的，是他与法律援助协会的继续积怨，以及法官们所作关于第一修正案的一系列决定，拒绝了他想保守城市公文秘密的努力。 这位市长还提议变更城市特许状，企图以此达到其政治目标。 在法庭上的继续失败使朱利亚尼看起来幼稚可笑，心胸狭窄。 市长因倾向于反对1999年和2001年"颓废派"艺术展而拒绝为布鲁克林博物馆提供资金，从而再一次导致令人难堪的法律抵制。

创立一个"情理委员会"几无成功希望的尝试可说是狂妄自大。也可说是一场闹剧,这取决于每个人的不同观点。他的确设法摒弃了教委主任克鲁,但却未能将他选定的接班人安插进教育委员会。与此同时,他第一任期的行政紧缩逐渐烟消云散,自 1994 年至 1997 年已减少 2%的开支,在他的第二任期增长 11%;市政雇员人数跃升至 25 万以上。市长显得既厌倦又好斗成性。他已使这座城市完成了为期四年的"服从培训",现在似乎急着要离开。

有些人认为朱利亚尼的冷漠态度源自他争取更高职位的野心,但他几乎不像在为自己铺平通往奥尔巴尼或华盛顿的道路。他同共和党州长乔治·保陶基争执不休,他和港务局的不断冲突使相互仇恨达到顶点。市长与城市少数族裔的试探性关系在两名黑人因警察过激行为而丧生后跌落到最低点。阿马杜·迪亚洛(1999 年 2 月)和帕特里克·多里斯蒙德(2000 年 3 月)命案并非过度诉诸武力的仅有事例,但在联邦官员宣布纽约警察局处理残暴虐待案严重失当后,市长不假思索地为他的警察们辩护。他对于过分行为未能真诚致歉致使他的支持率在 2000 年夏下降到 32%。

尽管存在所有这些轰动事件,朱利亚尼仍是共和党 2000 年参议员提名人的优先人选。朱利亚尼似乎已作好准备成为纽约市长从不进而担任更高职位惯例的一个例外。但朱利亚尼并未举行加冕典礼,而是经历了一段"骇人听闻时期"。他扰攘不安的婚姻土崩瓦解,他同一位新的侣伴在公众面前频频亮相,很难使他作为一名道德仲裁人的形象增辉。最重要的是,这位市长由于被诊断为前列腺癌而将其名字从参议员考虑名单中删去。他经过难以忍受的治疗之后获得康复,这一意志和药物的胜利为他赢得了普遍的尊敬。2000 年 12 月,他告诉这座城市说,他任期的最后一年被"给予我"并将卓有成效地为纽约努力工作。

什么是朱利亚尼政府的遗产恐怕很难评价。他在减税 30 亿美元的同时大大增加了城市债务,从而留下一个结构上不平衡的预算。他的"工作福利"计划减少福利救济人员名册达一半以上,但很少有人真正受到过固定工作岗位的培训。 他许诺增加住房和改善与少数族裔的关系从未实现。 他在 2001 年花费大部分精力在建设两座小型棒球联合会露天体育场，同时为扬基队、大都会队和火箭队谈判主要联合会设施。读着他任期的资产负债表，人们不难发现，富人变得更富（华尔街，拥有该市 4％工作岗位而享受全市工资的四分之一），而穷人则变得较为安全（犯罪率在 2001 年又下降 12％）；一个令人忧郁的事实是，该市在他 8年任期的末了增加施食处达 50％，无家可归和贫困现象更为多见。

然后，来了 9 月 11 日。 在此遭受恐怖分子袭击的日子，总统实际上已不便同外界接触，鲁迪·朱利亚尼挺身而出，代表起纽约的精神面貌和国家的决心。 这位市长来到现场，并从倒下的建筑物中逃生。 他的一举一动都十分正确，他的到场表现出勇气和同情。 那些已威胁到在 7 年 8 个月中所取得成就的琐碎小事，在代表全市和全国最完美典型的个人英雄主义面前显得黯然失色。《时代》周刊要命名他为本年度风云人物；法国总统要叫他"坚如磐石的鲁迪"；英国女王伊丽莎白二世要授予这位已成为"世界市长"的领袖以爵士身份。 恐怖主义者们把朱利亚尼从一个麻木不仁的任期将满而不能重新当选的官员变成一位事实上的圣人。

然而，这一转变无法完全抑制旧的"坏"鲁迪。 过分的赞扬导致自信不可替代，他支持一项允许他再任一届的城市特许状修正案。 虽然这一计划未获成功，但民主党市长候选人认为，延长原市长三个月任期或许是明智之举。 奇怪的是，共和党候选人，商界传奇人物迈克尔·布隆伯格不同意这一建议。 在前一年 12 月，布隆伯格曾前往市政厅要求朱利亚尼支持看起来像是一位堂吉诃德式的候选人，但他被迫一直等到 10 月晚些时候才得到他所渴望的支持。 朱利亚尼实际上拒绝给予支持直至意识到自己必须离职。

2001 年选举是纽约历史上最奇怪的一次选举。 由于民主党在登记选民中享有几乎五倍的优势，其市长提名人通常就决定任何选举结果。但是"9·11"恐怖袭击迫使他们取消原定的初选，并推迟未能在四个选择中选出一名多数派候选人的投票。 直到 10 月 11 日第三次预选，马克·格林才获得提名。 格林，该市的公共律师，长期以来一直是朱利亚尼最不看好的民主党人。 他取胜甚为艰难，被指责为听任甚至怂恿种族主义谣言攻击他的西班牙语裔对手。 格林只有不到一个月的时间努力团结起他的党，但未获成功；大批西班牙语裔和黑人选民"拒绝参加"11 月份的选举。 由于民主党的分裂，才使一名共和党人取胜成为可能。

迈克尔·布隆伯格，一位民主党人，为着竞争入主市政厅的虚荣而改换党派门庭，于 2001 年 4 月语出惊人地宣布，他愿意花费 3 000 万美元参加竞选。 至 10 月，他已经这样做了，民主党内讧的事实忽然间使他的胜利变为可能。 因为他所花费的资金都是他自己的，所以他竞选运动的开支不受任何限制，他立即包揽下所有空余的广告节目档。 由于同时有朱利亚尼和科克的赞同，这位亿万富翁的竞选运动，随着纽约人开始确信一种经营企业的方式将有利于城市治理而得到广泛热情的支持。 格林后来说他的竞选运动是一场"完美风暴"的牺牲品，其中的每一个因素都在竭力增强压倒他的风力。 结果，布隆伯格共花去 7 223 万美元赢得美国历史上最昂贵的非总统选举。 每一张选票花费他 96.99 美元的广告成本，他于 2002 年 1 月 1 日宣誓就任纽约市第 108 届市长。

没有人，也许甚至连布隆伯格本人，都未曾预见到他的胜利。 上任伊始，这位新市长就发现，市政食橱空空如也，同时，他第一财政年度的预算赤字推断结果达 47.6 亿美元。 为帮助他计划必须的削减，布隆伯格挑选四名副市长和一名市政当局法律顾问，都是注册的民主党员，许诺要与新选出的民主党市议会、公共律师和审计官密切合作。新的市政府除名称外，是一个地地道道的自由派民主党政府，但它能否合拢裂开大口的赤字并全面实施削减仍然无法确定。 最重要的是，布隆伯格马上立足于他不是"朱利亚尼岩石"。 雷蒙德·凯利回来担任警察局长，市长邀请黑人、西班牙语裔和工会领导人前往市政厅参加会议，这是他的前任老是拒绝给予的一种礼仪。 他力主联邦政府应兑现

200 亿美元建筑援助的允诺，认为在"爆心投影点"建造一个合适的遇难纽约人的纪念碑无须占据整个部位，巧妙地将朱利亚尼建造新露天体育场的计划束之高阁。 他为乔治·布什总统主办一个资金筹集会，前往奥尔巴尼接受保陶基州长的赞助，甚至授予朱利亚尼通过私人承包商组织他报纸的特权。 作为一名从未有过政治熏陶的新手，布隆伯格迅速地精心组织起比朱利亚尼更具广泛基础的市政府。 他以经营企业的方式，为势必会打击到纽约的财政风暴作好准备。

纽约是最能体现美国精神的城市。 2000 年人口统计表明，它的人口第一次超过 800 万；其中几乎 40% 的居民系外国出生。 其人口特点为"占据多数的少数族裔"，这反映出全球的实际情况，容纳着来自地球上每一个国家的人们。 这座城市使他们受同化如此成功，以致每天有 300 人宣誓成为美国公民。 甚至在"9·11"悲剧发生之后，大都会仍然是全球卓越的商业舞台及其最重要的知识和艺术中心。 虽然失去了双厦，纽约仍拥有全世界 50% 以上的 50 层摩天大楼，并全力以赴准备建造更多的同类大楼。 当然，这是一座不断处于危机中的城市。 其中小学教育是一场灾难，其港口已迁往别的州，其捷运系统每天向市民发出挑战。 但不知怎的，纽约始终保持运转。 纽约人并非与生俱来，而是被造就而成。 作为一个残酷筛选过程的幸存者，他们傲慢地坚信，"没有任何其他地方更适合"他们。 尽管存在种种矛盾和不幸，认为新世纪的挑战会击败这座令人赞叹的城市的想法是十分荒谬的。

附录一

纽约市历任市长与任期

托马斯·威利特(Thomas Willett)1665

托马斯·德拉瓦尔(Thomas Delavall)1666

托马斯·威利特(Thomas Willett)1667

科尼利厄斯·范斯滕韦克(Cornelius Van Steenwyck)1668—1670

托马斯·德拉瓦尔(Thomas Delavall)1671

马赛厄斯·尼科尔斯(Matthias Nicolls)1672

约翰·劳伦斯(John Lawrence)1673—1674

威廉·德瓦尔(William Dervall)1675

尼古拉·德迈耶(Nichdas De Meyer)1676

斯特凡努斯·范科特兰茨(Stephanns Van Cortlandt)1677

托马斯·德拉瓦尔(Thomas Delavall)1678

弗朗西斯·龙布(Francis Rombouts)1679

威廉·迪勒(William Dyre)1680—1681

科尼利厄斯·范斯滕韦克(Cronelius Van Steenwyck)1682—1683

加布里埃尔·明维列(Gabriel Minvielle)1684

尼古拉斯·贝亚德(Nicolas Bayard)1685

斯特凡努斯·范科特兰茨(Stephanns Van Cortlandt)1686—1688

彼得·德拉诺伊(Peter Delanoy)1689—1690

约翰·劳伦斯(John Lawrence)1691

亚伯拉罕·德佩斯特尔(Abraham De Peyster)1692—1694

查尔斯·洛德威克(Charles Lodwik)1694—1695

威廉·梅里特(William Merrett)1695—1698

约翰尼斯·德佩斯特尔(Johannes De Peyster)1698—1699

戴维·普罗沃斯特(David Provost)1699—1700

伊萨克·德赖默尔(Issac De Reimer)1700—1701

托马斯·诺埃尔(Thomas Noell)1701—1702

菲利普·弗伦奇(Philip French)1702—1703

威廉·皮尔特里(William Peartee)1703—1707

埃比尼泽·威尔逊(Ebenezer Wilson)1707—1710

雅各布斯·范科特兰茨(Jacobus Van Cortlandt)1710—1711

凯莱布·希思科特(Caleb Heathcore)1711—1714

约翰·约翰逊(John Johnson)1714—1719

雅各布斯·范科特兰茨(Jacobus Van Cortlandt)1719—1720

罗伯特·沃尔特斯(Robert Walters)1720—1725

约翰尼斯·詹森(Johnnes Jansen)1725—1726

罗伯特·勒廷(Robert Lurting)1726—1735

保罗·理查德(Paul Richard)1735—1739

约翰·克鲁格(John Cruger)1739—1744

史蒂芬·贝亚德(Stephen Bayard)1744—1747

爱德华·霍兰(Edward Holland)1747—1757

小约翰·克鲁格(John Gruger Jr.)1757—1766

怀特黑德·希克斯(Wliltehead Hicks)1766—1776

戴维·马修斯(David Matthews)1776—1784

詹姆斯·杜安(James Duane)1784—1789

理查德·瓦里克(Richard Varick)1789—1801

爱德华·利文斯顿(Edward Livingston)1801—1803

德威特·克林顿(De Witt Clinton)1803—1807

马里纳斯·威利特(Marinus Willett)1807—1808

德威特·克林顿(De Witt Clinton)1808—1810

雅各布·拉德克利夫(Jacob Radcliff)1810—1811

德威特·克林顿(De Witt Clinton)1811—1815

约翰·弗格森(John Ferguson)1815

雅各布·拉德克利夫(Jacob Radcliff)1815—1818

卡德瓦勒·D·科尔登(Cadwaller D.Colden)1818—1821

史蒂芬·艾伦(Stephen Allen)1821—1824

威廉·波尔丁(William Paulding)1825—1826

菲利普·霍恩(Philip Hone)1826—1827

威廉·波尔丁(William Paulding)1827—1829

沃尔特·鲍恩(Walter Bowne)1829—1833

吉迪恩·李(Gideon Lee)1833—1834

科尼利厄斯·W·劳伦斯(Cornelius W.Lawrence)1834—1837

阿龙·克拉克(Aaron Clark)1837—1839

伊萨克·L·瓦里安(Isaac L.Varian)1839—1841

罗伯特·H·莫里斯(Robert H.Morris)1841—1844

詹姆斯·哈珀(James Harper)1844—1845

威廉·F·哈夫迈耶(William F.Havemeyer)1845—1846

安德鲁·F·米克尔(Andrew F.Mickle)1846—1847

威廉·V·布雷迪(William V.Brady)1847—1848

威廉·F·哈夫迈耶(William F.Havemeyer)1848—1849

凯莱布·S·伍德哈尔(Caleb S.Woodhull)1849—1851

安布罗斯·C·金斯兰(Ambrose C.Kingsland)1851—1853

雅各布·A·韦斯特维尔特(Jacob A.Westervelt)1853—1855

费尔南多·伍德(Femado Wood)1855—1858

丹尼尔·F·蒂曼(Daniel F.Tiemann)1858—1860

费尔南多·伍德(Fernado Wood)1860—1862

乔治·奥普代克(George Opdyke)1862—1864

C·戈弗雷·冈瑟(C.Godfrey Gunthes)1864—1866

约翰·T·霍夫曼(John T.Hoffmann)1866—1868

T·科曼(T.Coman)1868(代市长)

A·奥克利·霍尔(A.Oakley Hall)1869—1872

威廉·F·哈夫迈耶(William F.Havemeyer)1873—1874

S·B·H·万斯(S.B.H.Vance)1874(代市长)

威廉·H·威克姆(William H.Wickham)1875—1876

史密斯·埃利(Smith Ely)1877—1878

爱德华·库珀(Edward Cooper)1879—1880

威廉·R·格雷斯(William R.Grace)1881—1882

富兰克林·埃德森(Franklin Edson)1883—1884

威廉·R·格雷斯(Willcam R.Grace)1885—1886

艾布拉姆·S·休伊特(Abram S.Hewitt)1887—1888

休·J·格兰特(Hugh J.Grant)1889—1892

托马斯·F·吉尔罗伊(Thomas F.Gilroy)1893—1894

威廉·L·斯特朗(William L.Strong)1895—1897

罗伯特·A·范怀克(Robert A.Van Wyck)1898—1901

塞思·洛(Seth Low)1902—1903

乔治·B·麦克莱伦(Goerge B.McClellan)1904—1909

威廉·J·盖纳(William J.Gaynor)1910—1913

阿多尔夫·L·克兰(Arddf L.Kline)1913(代市长)

约翰·普洛伊·迈特克尔(John Purroy Mitchel)1914—1917

约翰·F·海兰(John F.Hylan)1918—1925

詹姆斯·J·沃克(James J.Walker)1926—1932

约瑟夫·V·麦基(Joseph V.Mckee)1932(代市长)

约翰·P·奥布赖恩(John P.O'Brien)1933

费奥雷罗·H·拉瓜迪亚(Fiorello H.La Guardia)1934—1945

威廉·奥德怀尔(William O'Dwyes)1946—1950

文森特・R・因佩利特里(Vincent R.Impellitteri)1950—1953

罗伯特・F・瓦格纳(Robert F.Wagner)1954—1965

约翰・V・林赛(John V.Lindsay)1966—1973

亚伯拉罕・D・比姆(Abraham D.Beame)1974—1977

爱德华・I・科克(Edward I.Koch)1978—1989

戴维・N・迪金斯(David N.Dinkins)1990—1993

鲁道夫・W・朱利亚尼(Rudolf W.Giuliani)1994—2001

迈克尔・布隆伯格(Michael Bloomlberg)2002—2013

白思豪(Bill de Blasio)2014—

附录二

纽约市各行政区历年人口统计
(1790—1990)

年份	曼哈顿区	布朗克斯区	布鲁克林区	王后区	斯塔滕岛	总计
1790	33 131	1 781	4 495	6 159	3 835	49 401
1800	60 515	1 755	5 740	6 642	4 564	79 216
1810	96 373	2 267	8 303	7 444	5 347	119 734
1820	123 706	2 782	11 187	8 246	6 135	152 056
1830	202 589	3 023	20 535	9 049	7 082	242 278
1840	312 710	5 346	47 613	14 480	10 965	391 114
1850	515 547	8 032	138 882	18 593	15 061	696 115
1860	813 669	23 593	279 122	32 903	25 492	1 174 779
1870	942 292	37 393	419 921	45 468	33 029	1 478 103
1880	1 164 673	51 980	599 495	56 559	38 991	1 911 698
1890	1 441 216	88 908	838 547	87 050	51 693	2 507 414
1900	1 850 093	200 507	1 166 582	152 999	67 021	3 437 202
1910	2 331 542	430 980	1 634 351	284 041	85 969	4 766 883
1920	2 284 103	732 016	2 018 356	469 042	116 531	5 620 048
1930	1 867 312	1 265 258	2 560 401	1 079 129	158 346	6 930 446
1940	1 889 924	1 394 711	2 698 285	1 297 634	174 441	7 454 995
1950	1 960 101	1 451 277	2 738 175	1 550 849	191 555	7 891 957
1960	1 698 281	1 424 815	2 627 319	1 809 578	221 991	7 781 984
1970	1 539 233	1 471 701	2 602 012	1 986 473	295 443	7 894 862
1980	1 428 285	1 168 972	2 230 936	1 891 325	352 121	7 071 639
1990	1 487 536	1 203 789	2 300 664	1 951 598	378 977	7 322 564

注：① 行政区按 1898 年合并时界定。

② 自 1874 年至 1895 年纽约市由曼哈顿和部分布朗克斯组成。 该市总人口在 1880 年为 1 206 299 人，1890 年为 1 515 301 人。

资料来源：美国商务部人口调查局，《人口调查》1960（第一卷，分册甲，表格 28）、1970、1980、1990 年版。

图书在版编目(CIP)数据

纽约简史/(美)约翰·J.兰克维奇
(George J. Lankevich)著;辛亨复译.—2版.—上
海:上海人民出版社,2020
书名原文:New York City:A Short History
ISBN 978-7-208-15927-3

Ⅰ.①纽…　Ⅱ.①约…②辛…　Ⅲ.①城市史-纽约
Ⅳ.①K971.2

中国版本图书馆 CIP 数据核字(2020)第 086724 号

责任编辑　吴书勇
装帧设计　李婷婷

纽约简史

[美]约翰·J.兰克维奇　著

辛亨复　译

出　　版	上海人民出版社
	(200001　上海福建中路 193 号)
发　　行	上海人民出版社发行中心
印　　刷	上海商务联西印刷有限公司
开　　本	635×965　1/16
印　　张	19
插　　页	3
字　　数	259,000
版　　次	2020 年 8 月第 2 版
印　　次	2020 年 8 月第 1 次印刷
ISBN	978-7-208-15927-3/K·2867
定　　价	69.00 元